A TORRE

COLEÇÃO ARQUIVOS DA REPRESSÃO NO BRASIL
Coordenação de Heloisa M. Starling

O Brasil contra a democracia: A ditadura, o golpe no Chile e a Guerra Fria na América do Sul, Roberto Simon

Contra a moral e os bons costumes: A ditadura e a repressão à comunidade LGBT, Renan Quinalha

Os fuzis e as flechas: História de sangue e resistência indígena na ditadura, Rubens Valente

Herói mutilado: Roque Santeiro e os bastidores da censura à TV na ditadura, Laura Mattos Soares Quintas

Lugar nenhum: Militares e civis na ocultação dos documentos da ditadura, Lucas Figueiredo

Tanques e togas: O STF e a ditadura militar, Felipe Recondo

A Torre: O cotidiano de mulheres encarceradas pela ditadura, Luiza Villaméa

A TORRE

O COTIDIANO DE MULHERES ENCARCERADAS PELA DITADURA

COLEÇÃO ARQUIVOS DA REPRESSÃO NO BRASIL

LUIZA VILLAMÉA

COORDENADORA DA COLEÇÃO
HELOISA M. STARLING

COMPANHIA DAS LETRAS

Copyright © 2023 by Luiza Villaméa

Grafia atualizada segundo o Acordo Ortográfico da Língua Portuguesa de 1990, que entrou em vigor no Brasil em 2009.

CAPA E PROJETO GRÁFICO
Kiko Farkas e Gabriela Gennari/ Máquina Estúdio

FOTOS DE CAPA
Arquivo Público do Estado de São Paulo. Reprodução de Luiza Villaméa

FOTOS DE MIOLO
p. 261: Folhapress; pp. 262-70: Arquivo Público do Estado de São Paulo. Reprodução de Luiza Villaméa

PREPARAÇÃO
Baby Siqueira Abrão

ÍNDICE REMISSIVO
Luciano Marchiori

REVISÃO
Clara Diament
Renata Lopes Del Nero

Dados Internacionais de Catalogação na Publicação (CIP)
(Câmara Brasileira do Livro, SP, Brasil)

> Villaméa, Luiza
>   A Torre : O cotidiano de mulheres encarceradas pela ditadura / Luiza Villaméa — 1ª ed. — São Paulo : Companhia das Letras, 2023. — (Coleção Arquivos da Repressão no Brasil/ coordenação Heloisa M. Starling)
>
> ISBN 978-65-5921-531-7
>
> 1. Brasil – Política e governo 2. Ditadura militar 3. Ditadura – Brasil – História – 1964-1985 4. Militância 5. Mulheres na política – História 6. Mulheres – Aspectos sociais I. Título. II. Série.

23-146382   CDD-320.98108

Índice para catálogo sistemático:
1. Brasil : Ditadura militar : Memórias : História política 320.98108

Aline Graziele Benitez – Bibliotecária – CRB-1/3129

Todos os direitos desta edição reservados à
EDITORA SCHWARCZ S.A.
Rua Bandeira Paulista, 702, cj. 32
04532-002 – São Paulo – SP
Telefone: (11) 3707-3500
www.companhiadasletras.com.br
www.blogdacompanhia.com.br
facebook.com/companhiadasletras
instagram.com/companhiadasletras
twitter.com/cialetras

Para
Glória

PRÓLOGO 9

1. ALGEMAS NOS PULSOS 13
2. CELAS ABERTAS 56
3. TERRITÓRIO (QUASE) DOMINADO 104
4. ECOS DA DERROTA 151
5. CONSTRUÇÃO CONDENADA 189

EPÍLOGO — UM PORTAL PARA A MEMÓRIA 229

AGRADECIMENTOS 233
NOTAS 235
ENTREVISTAS 251
SIGLAS 253
REFERÊNCIAS BIBLIOGRÁFICAS 255
FONTES 259
ÍNDICE REMISSIVO 271

PRÓLOGO

EM OUTUBRO DE 1970, aos 21 anos, detida ilegalmente e submetida a sevícias em um quartel do Exército, no Rio de Janeiro, onde chegou a servir de cobaia em uma aula de tortura, a historiadora Dulce Pandolfi desejou muito ser transferida para uma prisão. Ela soubera que no Instituto Penal Talavera Bruce, no bairro de Bangu, dez presas políticas viviam em um pavilhão especial. Ficavam em celas pequenas, em pares, confinadas à noite, mas podiam circular pelo corredor durante o dia. Tinham direito a banho de sol, ocasião que aproveitavam até para jogar vôlei.

Levada para o complexo no final do ano, Dulce precisou superar frustação em dose dupla. Primeiro porque acreditava que seria libertada: havia passado por um exame de corpo de delito para entrar na troca por um embaixador sequestrado pela guerrilha. Depois, por ter sido trancada em uma solitária minúscula, destinada a mulheres com perturbações mentais: "Foi uma barra pesadíssima. Achava que estava sendo transferida para o aeroporto do Galeão, para sair do país, e me deparo no Bangu, em condições horrorosas".

A galeria que coube a Dulce era comprida, com umas trinta solitárias, a maior parte desocupada. Sem ninguém na vizinhança imediata, ela ficou totalmente isolada. Na cela de pé-direito muito alto havia uma abertura pequena e inalcançável, com grades pelas quais entravam alguma luz e escassa ventilação: "O calor era alucinante. No espaço exíguo e com pouca circulação de ar, não dava para caminhar nem fazer exercício".

Uma mureta baixinha separava a cama de alvenaria do vaso sanitário sem tampa, com descarga do lado de fora da cela. Depois de usar o banheiro, ela precisava bater na porta de ferro maciço. Dependia da boa vontade do agente penitenciário de plantão para fazer jorrar água no vaso. A porta era aberta apenas em momentos pontuais, como para entregar ou retirar a bandeja das refeições.

O uniforme listrado azul e branco só podia ser tirado no sábado pela manhã, quando Dulce tinha direito a receber visitas. Tinha também direito a banho de sol, quando ficava sozinha em um pátio. Aos poucos, por meio de agentes penitenciários mais camaradas, ela soube que outra presa política vivia nas mesmas condições havia alguns meses. Era Jessie Jane Vieira de Souza. Depois, chegou Estrella Dalva Bohadana.

As três se encontraram poucas vezes, a maioria delas devido à benevolência de algum agente penitenciário. Numa ocasião, um dos agentes as levou para ver, através de uma grade, o pavilhão das outras presas políticas: "Não chegamos a entrar. Elas tinham uma salinha". Passados mais de cinquenta anos, a historiadora ainda não encontrou nenhuma justificativa para a diferença de tratamento: "Foi uma nova modalidade que decidiram implementar naquele período".

Em tempos de exceção, era assim mesmo. Às vezes, nem os advogados que ousavam defender presos políticos conseguiam explicações razoáveis. Na ditadura militar, as capturas ilegais foram normatizadas e a tortura se tornou método de interrogatório. Ter a prisão reconhecida pelo Estado demorava. Em geral, envolvia uma etapa anterior — sobreviver a centros de tortura. Não por acaso, em outubro de 1970, Dulce Pandolfi sonhava ser transferida para o Talavera Bruce.

Embora exista considerável bibliografia sobre a atuação das mulheres na resistência à ditadura, ainda há lacunas sobre os espaços nos quais elas foram confinadas depois de oficialmente presas, seja à espera de julgamento, seja para cumprir pena decretada pela Justiça Militar. Entre 1969 e 1979, penitenciárias do gênero registraram a presença de uma média de vinte presas políticas, com passagem em distintos períodos, em seis cidades: Recife, Salvador, Rio de Janeiro, Belo Horizonte, Juiz de Fora e Porto Alegre.[1]

Em São Paulo, uma Torre centenária encarcerou pelo menos 132 mulheres, algumas por mais de três anos, a partir de maio de 1969.[2] Encravada no Presídio de Recolhimento Tiradentes, no bairro da Luz, a construção alta e redonda tinha as janelas bloqueadas por chapas de ferro. Ser transferida para a Torre era um desejo daquelas que estavam em lugares de tortura e ficavam sabendo de sua existência, mesmo sem garantias de que não seriam levadas para novos interrogatórios e sevícias.

Em maio de 1973, a Torre foi demolida, tijolo por tijolo, junto com a penitenciária, para viabilizar as obras da linha norte-sul do metrô. Este livro retrata o cotidiano das mulheres na Torre, escrito com base em cem entrevistas realizadas no decorrer de dez anos, em pesquisas em milhares de documentos dos arquivos da polícia política, da Justiça Militar e de instituições governamentais, além de consultas a acervos particulares, a depoimentos públicos, à imprensa e à bibliografia sobre o período.

Entre as mulheres encarceradas em diferentes momentos, algumas tiveram postos de direção nas organizações que combateram a ditadura militar. Outras empunharam armas nas chamadas ações de expropriação ou se preparavam para delas participar. A maior parte fornecia apoio logístico às organizações, de transmissão de mensagens a abrigo a militantes na clandestinidade.

Elas eram vinculadas, direta ou indiretamente, a organizações políticas de diferentes matizes ideológicos. Os dois agrupamentos mais expressivos no enfrentamento à ditadura surgiram de dissidências do Partido Comunista Brasileiro. Essas dissidências, por sua vez, protagonizaram seguidas cisões e se desdobraram em novas organizações.

Quanto à origem social, havia predominância da classe média urbana, da baixa à alta, com acesso à universidade. Nesse universo, uma parcela pertencia à segunda geração de imigrantes vindos da Europa, algumas de ascendência judaica, ou do Japão. Havia também aquelas de procedência operária, em geral nascidas em famílias com militância na esquerda.

As idades variavam de dezoito a 55 anos. Quase todas eram brancas ou pelo menos assim foram registradas pela repressão do país entorpecido pelo arbítrio e pelo mito da democracia racial. Das fichas localizadas pela autora, apenas uma presa política foi identificada como preta, outra como parda clara e uma terceira como morena.³ Em comum, todas tentaram superar o medo dos riscos concretos que corriam e transformar o período de liberdade cerceada em uma experiência pelo menos tolerável.

Nas próximas páginas, o dia a dia dessas mulheres é reconstituído com base na memória dos entrevistados e em registros documentais. Exaustivamente checados, alguns episódios parecem ficção, mas são pura verdade. De todo o complexo, só sobrou o portal de pedra que dava acesso à prisão, na avenida Tiradentes, número 451, na capital paulista. A Torre foi demolida, mas perdura em lembranças, traumas e afetos.

1. ALGEMAS NOS PULSOS

A MAIORIA USA APENAS CALCINHA E SUTIÃ em cores claras. De corte alto, as calcinhas cobrem o umbigo e marcam a cintura. Os peitos ficam turbinados. Quase todas exibem o sutiã modelo peito de pombo, que aproxima e empina os seios. Algumas se cobrem mais. Usam combinação, peça íntima de cetim ou náilon um pouco mais curta do que o vestido. Umas tantas estão de anágua, a lingerie que funciona como saia de baixo. Há ainda as que se recusam a ficar seminuas. Essas vestem a roupa pelo avesso. Como vivem na expectativa de serem soltas, ficam em trajes íntimos ou pelo avesso para não sujar as roupas que usarão na volta às ruas.[1] Não importa o figurino, ao ouvir o barulho do ferrolho do portão que separa suas celas do resto do presídio, essas mulheres se agarram às grades e começam a fazer muito barulho. Assim que a jornalista Rose Nogueira entra no corredor, gritos de várias delas se misturam:

— Terrorista! Linda! Me dá um beijo!

Atordoada, Rose segue pela longa galeria a céu aberto, escoltada por duas carcereiras. Do lado direito, há uma muralha alta com policiais militares no topo, fazendo a ronda. Do lado esquerdo, uma fileira de celas superlotadas, ocupadas pelas mulheres ruidosas. São as presas correcionais, mais conhecidas como corrós. Recolhidas das ruas por vadiagem ou prostituição, elas não respondem a processo nem têm acusação formal. Permanecem trancafiadas por três, quatro dias, às vezes semanas, até serem soltas. Entre elas há dezenas de reincidentes. Volta e meia são tiradas de novo de circulação e levadas para o presídio.

Rose não conhecia o universo das corrós quando foi chamada de terrorista linda, mas estava farta de rótulos. Já bastava o apelido de Miss

Brasil que ganhara de um torturador do Dops, a polícia política do estado de São Paulo, de onde acabara de ser transferida. "Não era nenhum elogio", ressalta, indignada, a jornalista. Presa trinta dias depois de dar à luz um menino, Rose tinha sido separada à força do bebê. Parou de amamentar, mas continuava com os peitos cheios de leite. Miss Brasil, por sua vez, era o nome de uma vaca leiteira premiada em uma exposição de gado. "O torturador fazia questão de mostrar a fotografia da vaca Miss Brasil no jornal. Dizia que eu era uma vaca terrorista."

A presença de Rose não chegou a surpreender as corrós. Havia meses que elas acompanhavam estupefatas a chegada de um tipo especial de mulher ao Presídio Tiradentes, na região central da cidade de São Paulo. Bastava bater o olho para notar a diferença. Mesmo quando estavam muito machucadas, dava para perceber que vinham de um mundo diferente. Entre elas, havia universitárias e até doutoras. A primeira atravessou a galeria em maio de 1969.[2] Além da carcereira, estava cercada por policiais, com os braços algemados atrás, como só se faz com bandido violento. Era a produtora cultural Dulce Maia. Por causa do aparato, as corrós calcularam que Dulce era muito perigosa. Ainda assim, tentaram atrair sua atenção, gritando o termo que lhes pareceu mais apropriado:

— Estudante! Estudante!

Afinal, as moças que tinham aparecido antes no presídio eram estudantes. Da primeira vez, elas chegaram tiritando de frio, com roupas e cobertores sujos de lama. Tinham sido apanhadas pela polícia em um sítio da cidade paulista de Ibiúna, onde acontecia um congresso clandestino de estudantes, em outubro de 1968. Dois meses depois, muitas outras estudantes surgiram de uma só vez. O alojamento onde moravam, na Universidade de São Paulo (USP), havia sido cercado por tropas do Exército e da Polícia Civil. Retiradas à força, foram enquadradas e levadas para o Presídio Tiradentes. Assim como as estudantes de Ibiúna, elas passaram poucos dias atrás das grades, em uma ala próxima à entrada do presídio. Nunca mais voltaram, mas várias corrós se lembravam delas.

Dulce tinha a aparência de estudante, embora já tivesse completado trinta anos. No rosto, exibia a palidez de quem não sabia mais o que significava ser banhada por um raio de sol. Primeira mulher a ser presa por participar de ações da luta armada contra a ditadura militar, ela havia descido ao inferno em um quartel do Exército. Quando ouviu a algazarra das corrós dependuradas nas grades, entrou em pânico. Pensou que seria jogada em uma daquelas celas parecidas com jaulas. Sentiu um imenso alívio quando a carcereira caminhou até o final da galeria e abriu outro portão.

Depois de atravessar um pequeno pátio cimentado, Dulce alcançou a Torre, uma construção centenária, redonda, com uma porta de ferro, distante da entrada do presídio. Com a cabeça girando pela fraqueza e a sensação de que desmaiaria a qualquer momento, ela custou a se dar conta de onde se encontrava. Empurrada para dentro de um espaço escuro e úmido, chegou a um hall circular muito sujo, com duas celas em lados opostos, uma pequena, outra maior. Bem no centro desse pavimento começava uma escadaria com arquitetura mais apropriada para cenário do filme ...*E o vento levou* do que para cadeia.

São, na verdade, duas escadarias com balaustrada que saem em paralelo do chão, abrem-se em curva para as laterais, formam um semicírculo e terminam no alto, em um pequeno balcão que dá acesso a quatro celas. Dulce só não caiu ao subir uma das escadarias porque conseguiu se apoiar no corrimão. Alcançado o topo, notou que diferentes tons de cinza continuavam a predominar no ambiente. Era sujeira acumulada também no andar superior. Ainda algemada, ela esperou minutos que pareceram horas até que abriram uma cela enorme, com cerca de oitenta metros quadrados, onde tiraram as algemas de metal e a deixaram sozinha.

Foi a primeira de três temporadas de Dulce na Torre, intercaladas por períodos no Dops, em um quartel do Exército e na Penitenciária Feminina, destinada a presas comuns. Logo as corrós se acostumaram a acompanhar a breve passagem de Dulce e de outras presas políticas diante de suas celas, rumo à porta que dava acesso à Torre. Como o cotidiano no cárcere aguça a audição, o simples barulho do ferrolho do portão era suficiente para provocar outro tipo de cumprimento:

— Carne fresca![3] — gritavam as corrós.

Esse contato inicial entre as corrós e as presas políticas era sempre fugaz. Atravessados o corredor das celas que pareciam jaulas e o pátio cimentado, as presas políticas eram levadas para a torre incrustada no complexo penitenciário que se espalhava por 7,5 mil metros quadrados.[4] Com paredes externas de quase um metro de espessura, a construção redonda de dois andares não demorou a ser chamada de Torre das Donzelas por presos políticos da ala masculina da penitenciária. Em plena adversidade, a expressão soava como carinho para as mulheres que ousaram desafiar o poder e acabaram caindo na rede da repressão. Nem todas gostavam da ideia.

Cadeia não tem glamour. E todo o complexo do Tiradentes exalava sua vocação original de masmorra, de depósito de excluídos em diferentes momentos do país. Inaugurado em 1852, o presídio foi projetado para abrigar condenados ao encarceramento convencional e à prisão com trabalho. Para a última modalidade contava com oficinas de marcenaria, alfaiataria, chapelaria e até encadernação. No Brasil repleto de pessoas trazidas à força da África, o Tiradentes atendia também aos interesses escravocratas.

Em abril de 1857, apenas cinco anos depois da inauguração, contabilizava 74 presos sentenciados e dezessete escravizados — catorze homens e três mulheres.[5] Estes últimos não passavam por nenhum tipo de julgamento. Eram recolhidos a um conjunto de celas chamado Calabouço, na condição de fugitivos recapturados ou para serem castigados, a pedido de seus senhores. Ficavam sujeitos às mesmas regras disciplinares dos condenados, além de palmatórias e chibatadas caso cometessem alguma falta considerada grave, como atos de insubordinação diante de guardas e funcionários.

Nos tempos dos escravizados, o presídio contava com um edifício na entrada, quatro raios de pavilhões de dois andares e a Torre ao fundo, do lado direito de quem está na avenida Tiradentes, de frente para o complexo, no bairro da Luz. Com o passar das décadas e o aumento da população carcerária, o projeto original se expandiu. Oficinas foram transformadas em celas e reformas agregaram novas construções sobre terrenos antes ocupados por espaços abertos e plantas.

Quanto aos trancafiados, a vocação do Tiradentes para segregar presos políticos se consolidou durante o Estado Novo de Getúlio Vargas. O mais famoso deles, o escritor Monteiro Lobato, passou de março a junho de 1941 isolado em uma cela, por causa de críticas feitas ao Conselho Nacional do Petróleo.⁶ Quase três décadas depois, os presos políticos da ditadura instaurada em 1964 batizaram-na Cela Monteiro Lobato.⁷

A cela do escritor ativista ficava em um pavilhão da ala masculina, visto de relance por Dulce. O poder havia trocado de mão, mas continuava implacável com quem se atrevia a contestá-lo. Em 13 de dezembro de 1968, o general-presidente Artur da Costa e Silva tinha decretado o Ato Institucional número 5 (AI-5), que acabou com todas as garantias individuais e marcou o começo do período mais cruel do regime.

Oito meses depois, Costa e Silva sofreu uma trombose, mas o vice, o advogado Pedro Aleixo, foi impedido de assumir. Integrante da elite política que apoiara o golpe de 1964, ele havia se posicionado contra a edição do AI-5. No lugar de Pedro Aleixo, entrou uma junta militar até que outro general, Emílio Garrastazu Médici, assumiu a presidência, em 30 de outubro de 1969.

Antigo comandante do III Exército, em Porto Alegre, Médici fora indicado pela cúpula das Forças Armadas e eleito de forma indireta pelo Congresso. A arbitrariedade, que já campeava solta pelo país, aumentou ainda mais. Para as mulheres capturadas pela repressão, cruzar o portal do Presídio Tiradentes representava a diferença entre a vida e a morte.

Quem chega pela primeira vez à Torre fica atarantado diante da construção mais alta do complexo prisional. Não foi diferente com Dulce, que se jogou no colchão de palha estendido no piso úmido e passou horas sem se mexer: "Fui simplesmente deixada naquele lugar". Ela sabia que em alguma parte da prisão estavam outros presos políticos, mas, em um primeiro momento, não teve forças nem para fantasiar um encontro: "Eu estava muito fragilizada. Um exaurimento cerebral. Meu cabelo tinha embranquecido da noite para o dia. Quando me viu no Dops, minha mãe ficou horrorizada".

Não foi só o cabelo que refletiu o impacto da tortura. Naquele dia Dulce apenas estranhava a alteração de seu organismo, mas depois de sobreviver à violência da ditadura, ela nunca mais ficaria menstruada.

"Pelo resto de minha vida fértil, senti todos os sintomas da tensão pré-menstrual, mas jamais voltei a ter sangramento."

A vulnerabilidade da presa passou despercebida para os policiais que fizeram sua escolha, como também para as funcionárias da ala feminina do presídio. Afinal, a fama de terrorista perigosa havia precedido a chegada de Dulce. Muitas sabiam que ela integrara comandos responsáveis por atentados espetaculosos e até pela morte de um militar americano, o capitão Charles Chandler.[8] Entre os grupos de esquerda, pesava contra ele a suspeita de estar no Brasil para ensinar técnicas de captura e tortura aprendidas na Guerra do Vietnã.

Julgado à revelia por um "tribunal revolucionário", Chandler acabou cravejado de balas quando saía de casa, no bairro do Sumaré, em São Paulo. A mulher e um dos quatro filhos do americano testemunharam o ataque. Dulce, de fato, fez o levantamento que permitiu a ação, executada pelas duas mais atuantes organizações clandestinas de resistência armada à ditadura: a Vanguarda Popular Revolucionária (VPR) e a Ação Libertadora Nacional (ALN). No dia do atentado, ela não participou diretamente, mas ficou ao volante de um Fusca estacionado nas imediações, para o caso de o grupo guerrilheiro precisar de reforço na fuga.

Como se não bastasse, Dulce estava associada a Carlos Lamarca, o lendário capitão que deixara o quartel de Quitaúna, em Osasco, na Grande São Paulo, com uma Kombi abarrotada de armas para aderir à guerrilha. Ou ao terror, de acordo com a perspectiva. A deserção de Lamarca fora precipitada pela prisão de quatro integrantes da VPR que pintavam um caminhão de verde-oliva, em um sítio nos arredores da cidade de Itapecerica da Serra. Camuflado como se fosse do Exército, o caminhão seria usado em uma série de ataques planejados pela guerrilha para abalar a capital paulista. Um garoto da vizinhança entrou no sítio e levou uns safanões ao ser pego xeretando a camuflagem. Assustado, ele avisou à mãe, que acionou a polícia.[9]

Os quatro guerrilheiros simularam ser contrabandistas, mas a história do caminhão preparado para carregar mercadoria ilegal caiu por terra quando descobriram que um dos pintores era Pedro Lobo. Ex-sargento da Força Pública, ele tinha sido expulso da corporação que precedeu a Polícia Militar por motivos políticos, logo depois do golpe de 1964. Da delegacia foram todos despachados para a Polícia do Exército, onde inauguraram a escola de tortura que inspiraria a criação de um centro clandestino chamado Operação Bandeirante (Oban).[10] Seguiu-se então uma série de prisões, entre elas a de Dulce.

Com armas nas mãos ou no apoio logístico, pelo menos 434 mulheres participaram de organizações clandestinas nos chamados anos de chumbo. Delas, 43 morreram durante a resistência ao regime, a maioria na tortura.[11] Além de ser a primeira brasileira presa por participar de ações armadas, Dulce também sentiu na carne a dor e a dilaceração que muitas outras enfrentariam depois. "Você vai parir fogo", gritava um dos torturadores da Polícia do Exército, enquanto acionava a manivela para aumentar a descarga de choque elétrico que aplicava nela. Não satisfeito, a estuprou.[12]

Ainda assim, Dulce só confirmou o que os militares já sabiam, incluindo que embarcara para Cuba as famílias de Lamarca e do sargento Darcy Rodrigues, braço direito do capitão. Se dependesse dela, ninguém saberia da reunião que promoveu entre Lamarca e Marighella na Casa de Vidro, a residência modernista da arquiteta Lina Bo Bardi no Morumbi: "Não abri ninguém. Nem a Lina, que era muito amiga, nem os dominicanos. E guardei muita gente no convento". Abrir, nesse glossário peculiar, é dar informações sobre uma pessoa à repressão. Guardar, por sua vez, significa abrigar em lugar seguro alguém que corre o risco de ser preso.

No presídio, as carcereiras não faziam ideia de nada disso, embora soubessem que estavam lidando com uma presa diferente. "Elas tinham medo de mim", diz Dulce. "Entravam na Torre em grupo, acompanhadas por corrós, com um porrete nas mãos." Como em outras cadeias, no Tiradentes algumas presas conquistavam o status informal de ajudantes e circulavam fora das celas, fazendo pequenos serviços. No tempo em que aquela parte do presídio era ocupada apenas por Dulce, elas entravam e saíam o mais rápido possível, sem dizer nada. Até que um dia uma carcereira apareceu sozinha, sem carregar nenhum porrete, para a tranquilidade da prisioneira: "Demorou, mas perceberam que eu não representava nenhum perigo".

As primeiras tentativas de contato com a produtora cultural vieram de duas presas que se apresentavam como Rita Pavone e Jane Mansfield. "Estudante, estudante", chamaram alto, sem descanso, até receberem a atenção de Dulce. Embora deprimida, sem vontade de reagir a nada, ela tentou localizar a origem dos chamados. As janelas da Torre eram tapadas por chapas de ferro, mas da fresta lateral de uma delas conseguiu avistar as janelas de uma ala masculina, um andar abaixo do seu.

"Não sei se todas eram travestis. Elas se denominavam bichas. A maioria tinha sido apanhada na noite. A polícia passava nas ruas recolhendo-as e punha trinta, quarenta em uma cela que deveria abrigar apenas cinco." Da janela pela qual Dulce olhava, só era possível enxergar mãos acenando fora das grades. Não via rostos nem mais nada. Foi o suficiente para se comunicarem. Dulce nem sabe como, mas conseguiu pedir que parassem de gritar "estudante" quando quisessem falar com ela. O cuidado era para que os carcereiros não percebessem que ela estava se ambientando no xadrez e o juiz corregedor restringisse ainda mais seu isolamento.

— Bonifácio, Bonifácio!

No princípio, Dulce não associou o nome à sua pessoa, mas o apelido foi dado a ela. Uma vez que não podiam chamá-la de estudante, os presos decidiram designá-la como Bonifácio. Não explicaram o motivo. Dulce se identificou com o nome. Sempre que gritavam por Bonifácio ela se posicionava na janela. Logo ela, que durante toda a militância clandestina adotara um único codinome: Judith. A escolha fora feita por Onofre Pinto, o líder da VPR que a apresentou à resistência armada ainda nos tempos do Movimento Nacionalista Revolucionário (MNR), a organização de ex-militares cassados em 1964 que tentou implantar um foco guerrilheiro na serra do Caparaó, na divisa de Minas Gerais com o Espírito Santo.

Dulce, que fora Judith e virou Bonifácio, teve pouca oportunidade de estreitar relações com Rita Pavone, Jane Mansfield e colegas em sua primeira passagem pela Torre. A promessa de um delegado do Dops de que ficaria em uma cadeia diferente, onde não seria torturada e poderia até tomar banho de sol, foi quebrada quando a transferiram para um quartel. Prestaria depoimento na Justiça Militar em maio de 1969.[13] A Torre ficou vazia, até que semanas depois Dulce foi levada de volta. Encontrou a prisão tão deserta quanto da primeira vez, mas já tinha amigos por perto: "Logo me ensinaram a fazer a teresa, a cordinha de trapos para mandar os papagaios, como chamavam as mensagens".

Certa vez, no lugar de um papagaio, mandaram um espelhinho: "Com isso, aprendi a escrever com as mãos. Eu punha o espelho para fora da janela, e eles ficavam me ensinando. Primeiro, cada letra do alfabeto. Não demorou e comecei a escrever frases inteiras, até bem rápido". Pelo espelho que as travestis colocavam fora das grades, Dulce conseguia captar mensagens escritas com gestos, letra a letra. "Quando tinha sujeira, elas avisavam. Alguns dos soldados que patrulhavam no alto da muralha também faziam o sinal de sujeira. Se estivesse tudo bem, eu mandava a teresa." Pela corda improvisada, Dulce chegou a enviar cigarros. E muitos bilhetes para um pavilhão distante, onde estavam companheiros da VPR, como Pedro Lobo e Diógenes Oliveira. Os bilhetes passavam de cela em cela até chegar ao outro lado do presídio, na ala dos presos políticos.

— Bonifácio, jogue a teresa! Vou mandar um papagaio.

Era uma carta do Larangeira, que Dulce conhecia por conversas pelo espelhinho. A cela dele era posterior à das travestis. Como na cadeia não se pergunta muito, ela jamais soube por que Larangeira estava preso, mas se emocionou com a carta, reproduzida aqui com a grafia original:

> Dulce em Primeiro ficamos muitos feliz em ter o praser de conhecêla. Dulce você como mulher tem muita coragem coisa que alguns homes neste País não tem si nos podecimos fazer qualquer coisa fasimos de bom coração. Mas não podemos fase nada porque estamos por fora dessa sua reunião e de seus camaradas, dessa organização. Mas portanto damos a você a nossa simcera e leal amizade para que possa confiar divinamente em nós — Larangeira, Lamartine e outros da Pulitica de malandragem.[14]

Em seguida, com a mesma escrita peculiar, Larangeira mostra que o grupo está disposto ao que der e vier:

> Portanto falo para vocês qualquer assalto e roubo e com mais mesmo se precisa da nossa comperação é com o máximo praser em atendela. Porque já estamos compretamente revoltado mesmo e só ficamos felis quando podermos gozar aquela liberdade que nosso País não deu. Portanto pedimos a Deus que ajude vocês para que consiga o que quisem. Sem mas nada e boa sorte para todos vocês. Eu, Jose Julio de Lima. Larangeira.

Dulce tinha sido levada para a Penitenciária Feminina, a três quilômetros do Tiradentes, quando um micro-ônibus parou em frente ao presídio. Dele desceram treze mulheres com semblante tenso, olhar assustado, algemadas umas às outras. A mais velha, Lúcia Novaes, funcionária do Tribunal Regional Eleitoral (TRE), contava cinquenta anos. A mais nova, a secundarista Margarida do Amaral Lopes, a Guida, havia completado dezoito anos quatro meses antes. Outra que se destacava era Maria Aparecida dos Santos, a Cidinha, de 22 anos. De compleição delicada, carregava uma mala cinza com debrum azul, a mesma que estava com ela no momento da prisão, 36 dias antes. Em silêncio, todas atravessaram o imponente pórtico de pedra do presídio sem a menor ideia do que encontrariam pela frente.

Havia pouco, na tarde daquela terça-feira, 4 de novembro de 1969, elas estavam trancafiadas em celas do Dops, no centro de São Paulo. De repente, um investigador da equipe comandada por Sérgio Paranhos Fleury, delegado temido pela truculência, entrou aos gritos no corredor das celas, batendo com força nas portas:

— Arrumem suas coisas! Rápido! Vocês vão ser transferidas.[15]

Eram quase dezesseis horas. Não demorou para as treze presas serem retiradas aos trancos das celas. Os pertences de quase todas se resumiam a pequenas sacolas, com poucas mudas de roupa e objetos de higiene pessoal. Assim que elas colocaram os pés no pátio onde estava parado o micro-ônibus, sentiram nos olhos a mudança de ambiente. "As celas do Dops eram escuras", comenta Cidinha. "Quando saímos, ainda tinha sol, tinha claridade."

A luz não ajudou a arrefecer o temor. O fantasma da tortura pairava sobre elas. Quanto mais massacrante a experiência anterior, mais intenso se tornava o medo do desconhecido. Para onde estavam sendo levadas? Por que estavam sendo separadas dos companheiros? Nas celas úmidas do Dops havia o consolo de ter conhecidos por perto, mesmo que não pudessem vê-los nem os tocar. A maioria das presas era vinculada à ALN, a organização criada por Carlos Marighella para combater a ditadura por meio da guerrilha.¹⁶ A inspiração e a referência vinham da revolução conduzida por Fidel Castro na ilha caribenha de Cuba.

No Brasil, o Partido Comunista Brasileiro, o PCB, Partidão para os iniciados, não queria nem saber de luta armada. Defendia ser contraproducente, diante do poderio militar do regime. Dirigentes de peso, como Marighella e Joaquim Câmara Ferreira, o segundo homem no comando da ALN, fizeram aposta contrária e romperam com o partido.

Cidinha, aquela da mala cinza com debrum azul, acompanhou o processo de cisão dentro de casa, na cidade paulista de Ribeirão Preto, que por mais de uma vez abrigou Câmara Ferreira. Seu pai, o trabalhador Patrocínio dos Santos, estava envolvido em movimentos de resistência desde a revolta de Trombas e Formoso, quando camponeses se rebelaram contra grileiros no norte de Goiás, nos anos 1950.¹⁷

Pai e filha romperam com o Partidão e se perfilaram ao lado de Marighella e Câmara Ferreira, em fevereiro de 1968. Continuariam a operar na clandestinidade. Cidinha somava 21 anos. Para ela, o passo seguinte foi entrar para o grupo de fogo da organização. Diante de sua origem, nada mais natural. Sentia-se pronta para o enfrentamento, embora tivesse treinado tiro de forma precária, em sítios do interior paulista. Um ano e sete meses depois, a mando da organização, ela havia tirado o passaporte e estava prestes a deixar o Brasil.

Com o apoio de frades dominicanos do convento no bairro de Perdizes, em São Paulo, ela atravessaria a fronteira pelo Sul do país. Na sequência, em nome da segurança, seguiria uma trajetória sinuosa já percorrida por dezenas de militantes. Depois de baldeação em Praga, na então Tchecoslováquia, tomaria um voo direto para Cuba, onde passaria por uma temporada de treinamento em guerrilha rural. Deflagrar o movimento no campo era a obsessão de Marighella, e a filha de Patrocínio tinha papel reservado nos planos dele.

Cidinha começou esse itinerário na noite da segunda-feira 29 de setembro de 1969. Subiu ao segundo andar de um prédio de apartamentos com comércio no térreo, localizado na esquina das avenidas Duque de Caxias e São João, no centro paulistano. Lá morava a família de Aton Fon Filho, companheiro do Grupo Tático Armado da ALN, comandado pelo operário Virgílio Gomes da Silva.

No apartamento de número 23, ela deveria se encontrar com Virgílio. Pegaria também a malinha preparada para a viagem que pedira para a família Fon guardar. Com a polícia apertando o cerco contra os oponentes, tinha achado mais seguro deixar a bagagem no apartamento dos Fon do que em seu próprio aparelho — denominação usada pela esquerda para o imóvel destinado a abrigar militantes clandestinos.

Corredor vazio, silêncio total, tudo parecia tranquilo. Ainda assim, Cidinha chegava tensa ao encontro com Virgílio. Havia a ansiedade pelo treinamento na ilha caribenha, pelo qual Virgílio e Aton Fon tinham passado dois anos antes. Havia também o desalento devido à recente queda de companheiros de organização, em tocaia preparada cinco dias antes pelo delegado Fleury, na alameda Campinas, bem perto da avenida Paulista. Luiz Fogaça Balboni, que trocara a Politécnica da USP pela militância, acabou baleado e morto. A imagem do rapaz educado, de olhos muito claros, não lhe saía da cabeça.

O plano de Cidinha era escapar do radar da repressão o quanto antes. E voltar mais bem preparada para o combate. Não deu certo. Quando chamou à porta dos Fon, o pior dos mundos desabou sobre ela. Na sequência de uma série de prisões e informações obtidas na base da porrada e de choques elétricos, a polícia política já chegara ao apartamento da família. Recebida a socos e pontapés, ela foi levada para a Oban, como era conhecida a Operação Bandeirante, uma central de repressão extralegal, que não constava do organograma de nenhuma estrutura do governo, instalada havia pouco tempo em São Paulo, com suporte financeiro de empresários.[18] Na Oban, militares e policiais atuavam em parceria, escondendo a verdadeira identidade.

Como se fizessem parte de um filme de terror, as cenas das sevícias que sofreu e presenciou passaram pela cabeça de Cidinha no momento em que entrou na ala feminina do Presídio Tiradentes. Afinal, a seu lado estava Ilda Martins da Silva, mulher de Virgílio, que não parava de pedir notícias do marido e se desesperava por não saber do paradeiro de três de seus quatro filhos. Todos pequenos, levados pela repressão. Preso horas antes de Cidinha no apartamento da família Fon, Virgílio tinha sido massacrado na Oban.

No Tiradentes, que pela primeira vez recebia um grupo de mulheres "terroristas", Cidinha e companheiras foram de imediato trancadas em uma cela grande, bem na entrada do presídio. Abre a blusa. Sobe a saia. Abaixa a calcinha. Abre as pernas. Agacha. Levanta. Agacha. Levanta. Acostumadas a flagrar mulheres tentando entrar no presídio com drogas e até lâminas de gilete dentro da vagina, as funcionárias do Tiradentes dispensavam às presas políticas a mesma vistoria invasiva do protocolo carcerário.[19]

A revista vexatória não chegou a abalar Guida, a mais jovem integrante da turma. A garota de dezoito anos havia sido presa ao tentar escapar de um cerco a um aparelho da Ala Vermelha, dissidência do Partido Comunista que também optara pelo confronto armado. Sessenta e cinco dias e dois centros de repressão depois, ao entrar no Tiradentes Guida tentava convencer a si mesma de que a revista não era nada de mais, fazia parte do jogo: "Revista é norma comum em presídio, aplicada inclusive em senhoras de idade. E tem mais. Até por uma questão de sobrevivência, eu apago da memória o que for muito ruim".

Acabada a vistoria, Guida, Cidinha, Ilda, Lúcia, Neide Regina Cousin, Laís Tapajós, Nair Benedicto, Vilma Barban, Zilda Almeida Junqueira, Cleuzer de Barros, Ana Quarezemin e as irmãs Arlete e Sirlene Bendazzoli foram largadas na cela da entrada do presídio. De vez em quando, uma funcionária com um molho de chaves na cintura passava diante da grade, com o passo acelerado e a cara amarrada. Ninguém explicava nada. Já era noite quando foram tiradas da cela e levadas para o interior do complexo. Passaram ao lado das corrós, que começaram uma algazarra assustadora:

— Ô tesão! Vou te beijar inteira! — gritou mais alto uma delas.[20]

Eram dois mundos que não costumavam se encontrar. As corrós pareciam se divertir em assustar as recém-chegadas, que não conseguiram esboçar reação alguma. Depois de ultrapassar o corredor das corrós e atravessar o pátio cimentado, as treze chegaram à Torre. A porta do térreo já estava aberta, mas a iluminação fraca não permitia distinguir como era o pavimento. Só dava para sentir a umidade e o cheiro de mofo. "Sobe, sobe", ordenou uma das carcereiras, ao pé da imponente escadaria que dominava o interior da Torre. Lá em cima, a mesma carcereira mandou que todas entrassem na primeira cela à direita. Haviam improvisado um espaço para trancá-las.

Pela posição desordenada dos beliches, pelos colchões de capim jogados sobre estrados, pelo encardido do chão e pelo ar impregnado de bolor, percebia-se que ninguém ocupava aquele espaço havia tempos. Menos mal que era noite e a luz fraca da lâmpada incandescente de baixa potência não alcançava os cantos dominados por baratas. No alto era mais claro. Um facho de iluminação externa entrava através da lateral de uma janela instalada um pouco acima da parte superior de um dos beliches.

Laís, que era jornalista, não pensou duas vezes. Encarapitou-se no beliche para averiguar se havia algum movimento do lado de fora. Uma placa de metal afixada na frente da janela atrapalhava a visão. Olhando na transversal, pela fresta relativamente larga, ela enxergava uma janela do outro lado da construção centenária. Mais parecia uma tela iluminada no meio da escuridão. Seria da ala masculina? Laís queria muito saber se os rapazes que estavam no Dops também tinham sido levados para o presídio. Entre eles, encontrava-se Renato Tapajós, o marido com o qual fora presa 65 dias antes, quando saíam de uma reunião da Ala Vermelha.

O casamento de Laís estava praticamente terminado, mas ela e Renato seguiam juntos na militância. Pensava nele quando, de repente, uma só mão, muito branca, talvez com luvas, surgiu em uma janela iluminada: "Só dava para ver a mão. Era como se o seu dono estivesse em um patamar mais baixo, não alcançasse a janela, mas pudesse estender parte do braço para fora. E essa mão começou a desenhar no ar". Laís se esforçou, mas não conseguiu entender. Seu interlocutor se deu conta de que a mensagem estava truncada. Movimentando a mão para a frente e para trás, fez o sinal para esperar. Dali a pouco, levantou uma cruz. Laís dormiu intrigada com a mensagem.

O som irritante, metálico, acorda quem ainda dormia. Vem do portão de ferro que separa o pequeno pátio do corredor das corrós. Alguém em seguida abre a porta do térreo, fecha com uma batida forte e começa a subir a escadaria. São, na verdade, várias pessoas. Dá para ouvir as pisadas, cada vez mais próximas. Pela porta da cela, toda compacta, não é possível ver nada. Pouco depois uma carcereira destrava a janelinha da parte de cima da porta, observa o interior da cela e em seguida a abre. Suas ajudantes entregam então a primeira refeição do dia — uma caneca de café aguado e um pão francês.

Mal termina a distribuição, a carcereira abre um jornal que trazia dobrado nas mãos e mostra a manchete de primeira página: "Ó, mataram o chefe de vocês". A notícia caiu como uma bomba. Quem já estava se afastando volta de imediato. Todas se aglomeram perto da porta. A exceção fica por conta de Lúcia, a funcionária do Tribunal Regional Eleitoral, que parecia paralisada diante de um beliche. Minutos depois, passando as mãos no cabelo descolorido ainda em desalinho, ela perguntou:

— Se mataram Marighella, como vocês vão sair daqui?[21]

Embora encarcerada na mesma cela e com o mesmo tipo de caneca de café nas mãos, Lúcia se imaginava em posição distinta. Tinha sido presa no rescaldo de uma tragédia no apartamento de uma amiga, no centro de São Paulo, onde rapazes da ALN buscaram abrigo durante uma perseguição policial.[22] Um dos rapazes acabou morto, assim como um soldado. Nas buscas que se seguiram, encontraram títulos de eleitor em branco deixados por ela no apartamento da amiga. Lúcia tinha uma explicação: costumava emitir o documento fora do tribunal, para facilitar a vida das amigas. Algumas até pediam para registrar idade diminuída no documento, mas ela garantia que não fazia isso. E jurava jamais ter fornecido documentos para clandestinos.[23]

Lúcia estava convencida de que um bom advogado a tiraria da enrascada. O detalhe complicado é que o filho, naquele momento escondido pelo pai fora de São Paulo, estava envolvido com o movimento estudantil e talvez com o uso irregular dos papéis que ela deixara em branco. Quanto às colegas de cela, não sabia as circunstâncias da prisão, mas pareciam muito mais implicadas. Não por acaso, ficaram estarrecidas com a notícia na primeira página do jornal *Folha de S.Paulo* daquela quarta-feira, 5 de novembro de 1969.[24] No clímax de um "dispositivo" arquitetado pelo delegado Fleury, Marighella tinha sido metralhado na noite anterior, na alameda Casa Branca, no Jardim Paulista. Pelo que dizia o jornal, Fleury soube que Marighella tinha um encontro no local ao interrogar "dois padres e um engenheiro" presos anteriormente.

Cidinha procurou gravar cada detalhe do texto antes de devolver o jornal à carcereira. Calculava que a versão era fabricada. O que teria acontecido de fato? Naquele momento ficava claro o motivo pelo qual elas haviam sido retiradas de repente do Dops. O policial que batera nas portas de ferro com a ordem de transferência imediata estava, com certeza, a mando do delegado Fleury. Quando elas embarcaram no micro-ônibus rumo à Torre, a emboscada para Marighella já tinha sido armada. Em menos de cinco horas ele estaria morto. A repressão precisava de espaço nas celas do Dops para uma nova leva de presos. Era o efeito dominó. Uma queda leva à outra. O ataque agora atingia a ALN, assim como desfalcara a VPR no começo do ano.

Tempos depois, o raciocínio de Cidinha seria confirmado por presos políticos que produziram um documento de catorze páginas intitulado *Quedograma*, uma tentativa de reconstituir a sequência de prisões de integrantes de organizações armadas no período.[25] Pelo *Quedograma*, o episódio que deu origem à prisão de Cidinha também tinha atingido Nair Benedicto, outra colega de cela arrasada pela notícia da morte de Marighella. Das treze mulheres encerradas na Torre, Cidinha era quem tivera maior contato com o líder da guerrilha morto por Fleury, mas Nair o conhecera também.

Aos 29 anos, estudante de Comunicação na USP, Nair era casada com Jacques Breyton, um francês dezenove anos mais velho, que durante a Segunda Guerra Mundial se destacou na resistência à ocupação nazista em Lyon. Capturado, conseguiu sobreviver à prisão de Montluc, comandada pelo oficial nazista Klaus Barbie, que entrou para a história como O Carniceiro de Lyon. Depois do conflito, enquanto a Europa passava por um processo de reconstrução, Breyton decidiu emigrar para o Brasil, onde se tornou um bem-sucedido industrial.[26]

Dono da Telem, uma empresa que fabricava equipamentos de iluminação até para asas de avião, Breyton jamais se alinhou aos empresários que apoiaram o golpe de 1964. Pelo contrário, com uma vasta cabeleira branca e sotaque estrangeiro, ele chamava a atenção ao participar de manifestações estudantis. Os estudantes Paulo de Tarso Venceslau e Lauriberto José Reyes, o Lauri, se aproximaram. "Fomos verificar e ficamos amigos. O Jacques tinha uma curiosidade militante", lembra Paulo de Tarso. "Ele se metia em tudo."

Na ampla casa onde Breyton morava com a família, na rua Sousa Ramos, na Vila Mariana, havia um porão que chamavam de Território Livre. Lá se hospedou um grupo do Recife interessado em expor em São Paulo. Nair conta mais detalhes: "Um deles era um artista plástico muito bom, o Adão Pinheiro. Estavam tão sem dinheiro que montamos a exposição em casa mesmo. Em outra ocasião, apareceram o Belchior, o Fagner e um outro que não lembro o nome. Todos músicos, em busca de uma chance em São Paulo. Moraram os três, por quatro meses, no Território Livre".

O porão era um espaço grande, com uma boa biblioteca, preparado para receber hóspedes de forma independente do cotidiano da casa. As pessoas chegavam e iam ficando. Para Nair e Breyton era prático, pois abrigavam amigos sem atrapalhar a rotina dos três filhos pequenos: Ariane, Danielle e Frederic. A vocação do Território Livre começou a mudar no segundo semestre de 1968, quando os estudantes estreitaram a amizade com Breyton, recorda Paulo de Tarso: "Antes disso, pedimos e ele nos levou na fábrica no final de semana, para prepararmos tubulações de aço, um dos três componentes da fabricação de uma bomba".

No ano seguinte, o porão passou a sediar reuniões do grupo armado da ALN, acolhendo inclusive os dois principais comandantes da organização — Marighella e Câmara Ferreira. Marighella tinha escrito o *Minimanual do guerrilheiro urbano*, que começava a circular em cópias mimeografadas. Admirava Breyton. E não se cansava de perguntar-lhe sobre as estratégias e táticas adotadas pela resistência francesa contra os nazistas. Tinha interesse especial na fabricação de artefatos bélicos.[27]

Apesar da proximidade, Breyton e Nair não participavam das reuniões promovidas na casa deles, o que não aliviou em nada a situação dos dois ao serem presos. Tudo isso passa pela cabeça de Nair naquela manhã de maus agouros, confinada na Torre encravada no meio do presídio e impactada pela morte de Marighella. Não fazia ideia de como estavam as crianças. Imaginava que a mãe, Maria Benedicto, uma italiana de muita fibra, tinha assumido o controle da casa e os cuidados com os netos.

Dona Maria, aliás, chegou a passar pelo Dops, junto com Ivone, a babá, e Frederic, que tinha um ano e cinco meses. Os três tinham ido de carro ao Liceu Pasteur buscar Ariane e Danielle ao final das aulas da quarta-feira, 1º de outubro. O trajeto era curto, mas eles demoravam a voltar. Nair e Breyton estranharam a demora e resolveram sair para ver o que estava acontecendo. Foram presos na porta de casa.

Outros homens de Fleury já estavam no liceu. Deixaram Ariane e Danielle voltar para casa, mas levaram dona Maria, Frederic e a babá para o Dops. Liberaram-nos depois de algumas horas, devidamente acompanhados. Ficaram dias na casa, como relata Nair: "Estranharam que a babá falasse um pouco de francês e dirigisse. Francisco Lucrécio, um colega de faculdade que era negro e pegava carona comigo, eles decidiram que era meu guarda-costas. Para eles, negro na USP só podia ser segurança". Na tortura, Nair apanhou até porque tinha três filhos e estava na faculdade.

— Na USP, fazendo o quê? Subversão! Não tem barriga. Como assim? Uma mulher com três filhos e não tem barriga? Treinamento de guerrilha!, urravam os torturadores.[28]

Sem entender a dinâmica doméstica do casal, eles ainda faziam pressão psicológica: "Como eu estudava, Breyton era industrial, e em casa tinha jantares, a vida era uma correria. Então, as crianças sabiam amarrar o cadarço do tênis, sentavam bonitinhas para fazer a lição. Tudo isso, que era bom, virou contra mim. Diziam que eu era uma megera, que não servia para nada e que as crianças faziam tudo sozinhas, não sentiam a minha falta".

Com as cenas mais odiosas da tortura ainda na cabeça, Nair não parava de pensar nos filhos. Estava também sem notícias de Breyton. Ele continuaria no Dops, submetido às sevícias do delegado Fleury? Ou teria sido removido para o Tiradentes e colocado na ala masculina? Sem contato com advogado, sem direito a visitas, Nair tentava não sucumbir ao peso da realidade. Suas companheiras de cela viviam processo semelhante. Cada uma à sua maneira. A prisão induz a uma busca interna por força. E ao desassossego.

Com o passar dos dias, a inquietude aumentou. Era como se o tempo tivesse parado. Pelas frestas laterais das janelas bloqueadas por placas de metal, as treze encarceradas políticas tentavam se comunicar com os presos de outras alas, mas não entendiam os sinais que eles faziam com as mãos estendidas para fora das janelas. Estavam de fato isoladas. Sem comunicação com o resto do mundo, não recebiam nenhum tipo de ajuda externa. Viviam na indigência.[29]

A comida do sistema penitenciário que chega à Torre mais parece uma lavagem. Vem dentro de um latão engordurado, cheio de pontos de ferrugem. Estudante do terceiro ano de história da USP, Zilda sente o estômago embrulhar à simples visão do vasilhame. Como o instinto de sobrevivência é mais forte do que o nojo, todas comem ao menos um pouco: "O prato ficava todo ensebado. E lavar a louça era igualmente terrível, porque tinha que limpar uma, duas, três vezes até sair aquela coisa grudenta". Como se não bastasse, precisava lavar as vasilhas agachada: "A única torneira da cela ficava a poucos centímetros do chão, perto do vaso sanitário, ou melhor, do não vaso, do buraco que chamavam de boi".

Zilda havia acabado de completar 21 anos quando foi presa, por promover reuniões no apartamento que dividia com Neide, estudante de geografia, também na USP. Nas reuniões, as duas discutiam problemas brasileiros e documentos políticos. Estavam se aproximando da ALN. Não passaram pela tortura, mas Zilda ouvira os gritos de um amigo querido assim que entrara na sede da Oban, semanas antes. Naquele cenário dantesco circulava com desenvoltura o capitão Maurício Lopes

Lima, que começava a ganhar fama pelo tratamento cruel que dispensava aos presos políticos.

Quando o capitão se aproximou de Zilda e se apresentou, ela custou a acreditar: "Eu não o conhecia, mas ele me reconheceu. Era aluno da geografia. A esposa dele, a Sandra, era minha colega de turma na história". Zilda sabia que policiais e militares sem farda circulavam pelos corredores e salas de aula da universidade, mas o capitão mostrou que também conhecia a burocracia da instituição. E que o ser perverso e o mais ou menos viviam no mesmo corpo, pois levou para a Oban um formulário da faculdade para que ela e Neide assinassem.[30] Com isso, providenciou o trancamento da matrícula das duas. Elas ficaram com a vaga garantida para quando fossem libertadas.

As irmãs Arlete e Sirlene também cursavam a USP, universidade pública com campus instalado no Butantã, na zona oeste de São Paulo. Aos 24 anos, Arlete fazia o quarto ano de biologia, se destacava como ativista na universidade e namorava o líder estudantil Rafael de Falco, procurado pela polícia política.[31] Três anos mais nova, Sirlene era caloura de ciências sociais, mas frequentava a universidade desde 1968. Isso porque Arlete morava no Crusp, o alojamento estudantil invadido pelo Exército quatro dias depois da decretação do AI-5.

Aquela não era a primeira estada de Sirlene no Tiradentes. A primeira foi justamente depois da invasão do Crusp. Centenas de estudantes haviam sido presos e ela entrou no conjunto residencial ocupado por tropas do Exército para retirar livros da irmã e de amigos. Detida, passou alguns dias trancada com soldados dentro do próprio Crusp. Depois foi encaminhada para o Dops e mais tarde para o Tiradentes: "Fiquei junto com outras estudantes, numa cela de um prédio quadrado de dois andares, com um pátio interno".

Na nova temporada, Sirlene foi levada direto para a Torre e não demorou a se dar conta de que as companheiras de cela tinham outra postura diante da prisão: "Eram mulheres mais maduras, experientes. Logo se preocuparam em organizar a rotina da cela". Ingênua se comparada às companheiras, Sirlene se sentia acolhida por elas. O mesmo acontecia com Guida, a secundarista presa no cerco ao aparelho da Ala Vermelha. Sirlene jamais a esqueceu: "Guida destoava daquele lugar. Tinha poucas coisas, mas eram todas chiques, cheirosas, naquele contexto de carência total".

Um belo dia, a situação começou a virar. As treze prisioneiras continuavam incomunicáveis, mas chegaram à cela frutas e biscoitos. Eram as famílias deixando pacotes na entrada do Tiradentes. Não se sabia quanto chegava à cela e quanto se perdia no caminho, mas não importava. O fundamental era que algumas preciosidades alcançavam o destino e eram muito bem aproveitadas, como relata Sirlene: "Eu dividia a maçã em dez pedacinhos para durar bastante".

No meio dos pacotes chegou também uma colcha azul-clara de piquê, o tecido de toque macio criado na França no século XVIII que se popularizara pela durabilidade e resistência. Nem precisava conferir o destinatário. Era a colcha que cobria a cama de Sirlene na casa dos pais, em Guarulhos. Um conforto para o espírito e o corpo, que não se acostumava a dormir sobre o áspero colchão de capim.

Junto com a colcha chegou um sabonete Phebo preto, o preferido de Sirlene. Aos poucos, diminuía a falta de produtos de higiene pessoal, a começar por escova de dentes, que afetava a todas, já que a maioria tinha sido presa com a roupa do corpo. Sirlene se deliciava com o perfume e a textura do sabonete durante um banho de caneca, quando ele escorregou e caiu no buraco que funcionava como vaso sanitário: "Que tristeza! Não tinha como pegar. E eu sabia que era um mimo mandado por minha mãe".

Animadas com os pequenos sinais de civilidade que recebiam das famílias, as presas insistiram na reivindicação que faziam por meio das carcereiras. Queriam que o diretor do presídio, Olyntho Denardi, liberasse o banho de sol. Estavam ficando macilentas, sem ânimo para nada. Algumas carcereiras faziam ouvidos de mercador. Outras, como Lurdes Giro, uma morena baixinha bem amável, garantia que o pedido chegava ao destinatário.

Todas as carcereiras preanunciavam a entrada naquela parte do presídio pelo tilintar de chaves e pelo ranger de dobradiças. Havia sempre muito abre e fecha da porta de ferro que dava acesso à Torre. De vez em quando, o barulho começava e terminava sem que ninguém aparecesse no pavimento superior. De outras vezes, as carcereiras subiam e tiravam a tranca das duas folhas de grades de ferro que bloqueavam a entrada do pavimento superior e chegavam até a cela. Só para verificar se estava tudo em ordem.

À medida que estabeleciam relação de confiança com as "políticas", algumas carcereiras começavam a deixar a porta da cela aberta durante o dia, com o acesso ao piso inferior bloqueado. Nessas ocasiões, Cidinha ficava o tempo todo agarrada às grades, tentando escrutinar o que se passava da escadaria para baixo. Quando se movimentava, balançava o cabelo comprido, amarrado em rabo de cavalo por Nair Benedicto.

— Daqui a pouco você vai deixar de ser gente, vai virar mico — comentou bem alto Lúcia Novaes.[32]

Mico virou apelido. No entanto, por mais que apurasse o ouvido e esticasse o pescoço, Cidinha pouco descobria. Estavam excluídas do resto do mundo. E o presídio era todo subdividido. Entre uma área e outra, havia sempre um portão com grade. Um deles separava o corredor das corrós do pequeno pátio cimentado que dava acesso à Torre. Do lado direito de quem entrava, havia um trecho da muralha. Lá em cima, soldados armados com fuzil andavam de um lado para outro, dia e noite. Pela abertura lateral das janelas, conseguiam ver o que se passava dentro da cela. Privacidade zero.

A observação direta dos arredores aconteceu depois que o diretor do presídio liberou o banho de sol no pequeno pátio cimentado antes do corredor das corrós. Dois tanques instalados em um dos cantos desse espaço facilitavam a vida. Como dentro da cela só havia uma torneira quase rente ao piso, tomar banho de sol duas vezes por semana significava também poder lavar roupa com um pouco mais de conforto. Secar as peças dentro da cela úmida continuava um problema a ser resolvido.

O tempo do banho de sol dependia de cada carcereira. Ou de cada tia, como elas preferiam ser chamadas. Aos poucos, o grupo se organizava. Uma bola esquecida no pátio despertava a vontade de diversão. Daí para o jogo de queimada foi um estalar de dedos. Duas equipes foram formadas na base de quem estivesse disposta a entrar na brincadeira. Ilda, atazanada com as incertezas em relação a Virgílio e aos filhos, pouco participava.[33] Uma vez ou outra, no entanto, ela parecia se distrair com o esforço das companheiras ao arremessar a bola para queimar as adversárias da outra equipe.

Zilda, a estudante de história que o torturador da Oban conhecia da USP, se esforçava para entrar no jogo. Não era movida por nenhum interesse esportivo, apesar de ser alta e ter porte atlético. Queria, na verdade, gastar energia para combater o impacto da prisão e da apreensão em relação ao futuro, como lembraria depois: "Tenho horror a atividade física, mas estava quieta demais, talvez meio deprimida. Comecei a jogar para ficar mais animada, embora eu fosse péssima. Era queimada todas as vezes". Aos poucos, o grupo ia criando uma rotina. Sempre que havia banho de sol, elas jogavam queimada. Voltavam à cela mais bem-dispostas, com lances da partida para comentar, o que também ajudava a amenizar as horas de tédio.

Pouco depois de instituída a queimada no pátio, um visitante não identificado teve a fantástica ideia de colocar entre as encomendas deixadas na portaria um manual da técnica de preparo físico da Força Aérea Canadense.[34] O programa parecia feito sob medida para as presas da Torre. Publicado no começo dos anos 1960, o método fora criado para a prática de ginástica em ambientes fechados. E mais: garantia colocar os praticantes em forma rapidamente, mesmo depois de longos períodos de inatividade.

Um dos pontos altos do manual ensinava a tirar o máximo de proveito de uma corrida de seis minutos em espaço reduzido. As meninas seguiam o programa de condicionamento dentro da própria cela. Na corrida estacionária, adotavam o exercício mais complexo, programado para homens: a cada 75 passos sem sair do lugar, com os pés se levantando a dez centímetros do chão, davam dez pulos de tesoura. Isso significava imitar com o corpo as duas lâminas que se unem por meio de um eixo, ou seja, estender a perna direita e o braço esquerdo para a frente, enquanto a perna esquerda e o braço direito ficavam para trás. Na sequência, pulavam, alternando a posição das pernas e dos braços.

Depois da ginástica, banho de caneca no banheiro separado do restante da cela apenas por uma mureta. A situação melhorou um pouco mais depois que Dulce Maia voltou da Penitenciária Feminina. Junto com ela, chegaram equipamentos essenciais para o cotidiano, como um ebulidor elétrico. O banho continuava sendo de caneca, mas com água aquecida. Outro detalhe importante: Dulce conhecia a linguagem dos sinais e tinha interlocução com os presos da galeria que podia ser avistada pela fresta da janela.

A notícia correu como um rastilho de pólvora. Madre Maurina estava para chegar à Torre. Superiora do Lar Santana, um orfanato para meninas instalado desde 1926 na cidade paulista de Ribeirão Preto, Maurina Borges da Silveira se tornara o símbolo de um país dividido. De acordo com a versão divulgada pela polícia, ela era a "freira subversiva", a "amante de terrorista" que tramava crimes contra o governo em uma instituição religiosa. Para a minoria crítica à ditadura e às notícias dos jornais, o caso de madre Maurina representava a atrocidade do regime. Presa em Ribeirão Preto, para onde se deslocara o delegado Fleury, a religiosa sofrera o diabo.

Cidinha estava entre as que aguardavam a chegada da freira na maior expectativa. Trancadas na cela, não tinham muito o que fazer. A cada tilintar de chaves, ela acreditava que a madre surgiria à sua frente. Embora tivesse passado quase toda a vida em Ribeirão Preto, a guerrilheira de compleição mignon não conhecia madre Maurina. Jamais frequentara o Lar Santana, que a polícia qualificava agora como aparelho. Sabia apenas que a religiosa tinha chegado à cidade oito meses antes de ser presa e que de repente aparecera no centro de um escândalo assombroso.

Cidinha ouvira relatos de que madre Maurina fora torturada e estuprada durante interrogatórios relativos a um dos grupos de resistência à ditadura sediados na cidade. Soubera também que as sevícias infligidas à religiosa levaram o arcebispo de Ribeirão Preto, dom Felício Vasconcelos, a excomungar os dois delegados responsáveis pela prisão da madre.[35] Foi notícia de jornal. Estava certa de que o arcebispo não recorreria ao Código Canônico nem denunciaria a barbárie em texto divulgado nas missas de domingo se os boatos em torno do drama da religiosa não tivessem fundamento. Havia, porém, uma dúvida: até que ponto chegaram?

Aos 43 anos, mineira de Perdizes, madre Maurina tinha entrado para o convento ainda na adolescência.[36] Em fevereiro de 1969, respondia pela formação de noviças em Araraquara, quando foi nomeada diretora do Lar Santana. Ao assumir o posto, encontrou oitenta meninas em um orfanato que se espalhava por todo um quarteirão da Vila Tibério, bairro tradicional da cidade. Encontrou ainda agregados: rapazes e moças da cidade reunidos em torno de um grupo chamado Movimento Ecumênico de Jovens (MEJ). Com uma certa frequência, eles se reuniam em uma sala no porão do Lar. Aos sábados, ajudavam na missa das dezoito horas na capela do orfanato, com os cânticos religiosos. Exceto na hora da missa, madre Maurina não chegava a acompanhar de perto as atividades do MEJ. Ainda assim, no começo de outubro notou que o presidente do grupo, Mario Lorenzato, parara de frequentar o Lar. Dias depois, leu no jornal que ele estava sendo procurado pela polícia política. Sua primeira reação foi verificar o cômodo que o MEJ usava no porão do orfanato. Estava trancado. Quando soube que a chave ficava com Lorenzato, ela mandou arrombar a porta.

Lá dentro encontrou pacotes com exemplares do jornal mimeografado *O Berro*, além de uma maleta repleta de papéis visivelmente comprometedores.[37] Teve de se controlar para não entrar em pânico. O que fazer? Destruir os papéis? Entregar o material à polícia? Havia policiais entre os fiéis que acompanhavam as missas na capela. Na dúvida e preocupada em proteger sua congregação, a Irmãs Franciscanas da Imaculada Conceição, ela precisou refletir. Sozinha na capela, rezou por duas horas, como contaria anos depois na Justiça Militar.

No dia seguinte, mandou as noviças levarem as órfãs para um longo passeio. Com a ajuda de um funcionário, queimou todos os jornais e documentos no buraco de dois metros de diâmetro usado para incinerar o lixo do orfanato. Na semana seguinte, policiais apareceram no Lar Santana, atrás de Lorenzato. Vasculharam tudo, mas não levaram nada. Dias mais tarde, voltaram para entrar apenas nos espaços usados pelo MEJ. Levaram as fichas de todos os sócios, que depois devolveram sem maiores questionamentos. A religiosa ficou mais tranquila. Aparentemente, não encontraram no arquivo nada que os interessasse.

No começo da tarde do sábado 25 de outubro de 1969, madre Maurina participava de uma reunião em um colégio da cidade quando foi chamada com urgência ao telefone. A polícia estava de novo no Lar Santana. Sozinha, ela se dirigiu ao orfanato. Lá chegando, não conseguiu sequer entrar na casa. Os homens disseram que deviam levá-la imediatamente para a delegacia e indicaram a viatura que a esperava. Foi o único detalhe que a religiosa conseguiu negociar: não iria no carro da polícia, mas em um táxi. Mesmo assim, teve de aceitar a escolta de um policial.

Na delegacia, viu dois empregados do Lar Santana serem espancados. Protestou em vão. Em seguida, foi deixada em uma sala equipada com cordas, barras de ferro e máquina de dar choques. Meia hora depois, uns quinze homens entraram em algazarra, proferindo termos que ela jamais ousaria repetir. Ameaçavam submetê-la a um exame ginecológico, para confirmar se era virgem. No meio da balbúrdia, a religiosa percebeu estar diante do delegado Fleury, que conhecia de fotografia na imprensa.

— Quer que eu chame meu primo, que é padre, para te interrogar? — ironizou o delegado.

Em seguida, enquanto Fleury perguntava por que ela não rezava para que Deus a socorresse, outro policial prendeu fios elétricos nos indicadores da madre. Começaram a girar a manivela, e o interrogatório continuou em outro patamar. Eram quase 21 horas quando a religiosa foi deixada sozinha. A calmaria durou pouco. Logo chegou um militar alto, jovem e louro. Embriagado, ele dizia estar solitário, longe da mulher, e tentava abraçá-la.

Do lado de fora da sala, dois soldados imberbes se afligiam. De vez em quando, entravam na sala, como se procurassem algo. Na sequência, saíam. Ambos estavam no quartel por causa do serviço militar obrigatório e conheciam a madre, frequentadores que eram das missas do Lar Santana. Não podiam confrontar o militar, mas tentavam interromper os avanços contra a freira. O tormento demorou para acabar. Por volta da uma hora da madrugada, os homens de Fleury decidiram levar a religiosa ao orfanato. Queriam pegar o hábito dela. Fazia tempo que a congregação abandonara a vestimenta, mas os policiais insistiam em perguntar onde estava o hábito.[38]

Madre Maurina nem imaginava, mas um hábito de freira tinha sido apreendido pela polícia durante a caçada à subversão local. O traje seria usado como disfarce durante o sequestro de um usineiro da região. Esse era o plano das Forças Armadas de Libertação Nacional (FALN), um dos primeiros grupos que se organizaram para enfrentar a ditadura com armas na mão. Pioneirismo, no caso, não representava maturidade. Um dos integrantes do grupo mantinha inclusive um diário onde anotava em detalhes o cotidiano da incipiente guerrilha. Apreendido pela polícia, o diário serviu como roteiro para o desmantelamento da FALN.[39]

Nos registros, estavam o nome, sobrenome e codinome de Áurea Moretti, a Maria. Expoente do grupo liderado pelo estudante de direito Vanderley Caixe, ela havia confeccionado o hábito a ser usado no sequestro do usineiro. O traje nada tinha a ver com a veste de madre Maurina. A organização também não possuía nenhum vínculo com a religiosa, embora alguns de seus integrantes participassem do movimento de jovens que se reunia no porão do Lar Santana. Não era o caso de Áurea, ativa tanto na distribuição do jornal *O Berro* como na colocação de bombas caseiras em Ribeirão Preto e entorno. Quanto ao planejamento do sequestro, ela só participara para costurar a vestimenta de freira.

E foi justamente Áurea quem chegou à Torre junto com madre Maurina. Nascida em uma fazenda, onde o pai tinha um armazém, ela estava com 25 anos, os últimos dez vividos em Ribeirão Preto, quando foi presa, sete dias antes da madre. Estudante de enfermagem, Áurea se encontrava em frangalhos quando a religiosa entrou na cela, ao final do interrogatório com participação do delegado Fleury. Um mês depois, levadas para São Paulo, as duas foram colocadas na cela maior da Torre, com pelo menos oitenta metros quadrados, ao lado do espaço menor, onde ficavam todas as outras presas.

Da janelinha da porta da cela menor, que estava aberta, Cidinha não perdeu nenhum detalhe da chegada. Madre Maurina seguia as carcereiras em silêncio, como se estivesse resignada com a sorte. Cidinha estranhou a aparência da religiosa: "Eu achava que toda freira usava hábito. Ela chegou com uma blusa branca, bem bonitinha, saia cinza e sapato de saltinho. Não era nem um sapato fechado. Era uma sandalinha, presa atrás. Os dedos dela ficavam de fora. Ela tinha cabelos claros, meio enroladinhos".

A sequência de diminutivos da guerrilheira reflete como a madre conquistou todas à primeira vista. Em sinal de deferência, uma das carcereiras abriu as grades de ambas as celas: "Cinco minutos de visita". Cidinha se ofereceu para ensinar à madre a linguagem dos sinais. Explicou que, assim, poderiam conversar de uma cela a outra, sem que os funcionários do presídio se dessem conta: "Ela riu". Sentada na parte de baixo de um dos beliches, Áurea só observava. Depois da delegacia de Ribeirão Preto, passara mais de um mês com a freira na cadeia da cidade vizinha de Cravinhos. Já fazia ideia de como ela reagiria.

O ponto nevrálgico era o que tinha acontecido na delegacia. E o que muitos imaginavam ter acontecido. Madre Maurina confirmou o assédio do militar embriagado de forma lacônica. "Empurrei ele. Falei 'sai pra lá'", disse, movimentando o braço direito, como se afastasse de si um obstáculo.[40] Ninguém se atreveu a perguntar mais nada, até porque ela inspirava respeito. Mesmo naquela situação humilhante, era a imagem da dignidade. Zilda, a estudante de história, nunca se esqueceu da postura da freira: "Era impressionante a serenidade do olhar dela. Era impressionante a doçura como falava com e sobre as pessoas".

Zilda estava coberta de razão. Cidinha também tinha ficado impressionada. Ficaria ainda mais quando, dias depois, madre Maurina passou diante de sua cela com um sorriso nos olhos e disse: "Adeus, vou ficar com minhas irmãs". E desceu a escadaria na maior calma. Num primeiro momento, todas ficaram sem entender o que se passava. Madre Maurina tinha sido libertada? Os militares recuaram? A Igreja decidira, finalmente, enfrentar a ditadura de forma direta?

Nada disso. Mensagem para lá, mensagem para cá, sinais cifrados e decifrados, descobriram que madre Maurina tinha sido transferida para o Presídio Feminino de Tremembé, a 150 quilômetros da Torre. O mérito se devia às gestoras da penitenciária, religiosas da Congregação das Irmãs do Bom Pastor de Angers, na França, que administravam quase quinhentas cadeias de mulheres em todo o mundo. No Brasil, davam a primeira e a última palavra em várias prisões femininas, duas delas em São Paulo: uma em Tremembé, outra na capital. Usaram a relevância dos serviços que prestavam ao Estado para reivindicar a presa-irmã. E levaram madre Maurina para Tremembé.[41]

* * *

Madre Maurina foi embora, chegou uma nova leva de presas políticas. As remanescentes da turma do micro-ônibus foram transferidas para o celão, como começaram a chamar a cela de oitenta metros quadrados do pavimento superior. No celão havia duas janelas, ambas com a placa de ferro que bloqueava a visão frontal da rua, mas deixava aberturas laterais. Ilda enfiou a mão pela fresta da janela à esquerda e sacudiu o canudo de jornal que estava enrolado desde a véspera. O trato era esse: balançar um canudo de papel para sinalizar que estava vendo os filhos na esquina.

Vlademir, oito anos, Virgílio, sete anos, e Gregório, dois anos, acenaram de volta. Isabel, no colo de uma de suas tias, era muito pequena para entender o que estava acontecendo. Nascida no final de maio de 1969, ela mamava no peito quando foi separada da mãe. Estava agora com sete meses. Ilda não sabia se chorava ou se ria. Parecia que o coração iria explodir de tanta emoção. Havia quatro meses que ela não via os filhos: "Eu estava incomunicável. Minhas irmãs tentavam me visitar, mas não deixavam elas entrarem. Na verdade, eu não estava presa. Estava sequestrada. Não tinha nenhum papel dizendo que eu estava presa. Por isso, eu não podia ter visita nem descer da Torre para ver ninguém".

Ilda aguardou ansiosa que alguma das colegas fosse libertada e ajudasse a colocar os meninos na esquina. O trato incluía sinalizar com um jornal: "Eles tinham de saber que era eu que estava lá, vendo eles. Eles davam com a mão, mas não me viam. Só o canudo de jornal abanando. Na janela tinha a grade de ferro, depois uma placona, para não ter visão da rua. Era no cantinho que eu punha o jornal".

Para alcançar a janela, Ilda ficou em cima de uma cadeira. Em outra cadeira, acompanhando a cena, quase tão emocionada quanto ela, estava Rose Nogueira, que fora capturada logo depois da morte de Marighella. "Quando a Rose caiu, eu já estava presa", diz Ilda. "Ela tinha um menino de um mês. Estava amamentando. Eu também. Aquilo uniu a gente. Eu com criança pequena e ela também. Eu apoiava ela e ela me apoiava. A gente não se largou mais. Era Rose para cá, Rose para lá."

Lógico que as duas estavam juntas quando os garotos pararam na frente do poste da esquina da rua Três Rios com a Afonso Pena. Do outro lado ficava a bela sede da Escola Politécnica da Universidade de São Paulo, projetada por Ramos de Azevedo, mas, pela fresta da janela, Ilda e Rose só conseguiam enxergar as crianças, parte do poste e um pedaço da calçada. "Os meninos ficaram durinhos, sem se mexer, como se estivessem tirando uma fotografia", lembra Rose. "Ficaram os três, grudadinhos, e a bebê no colo de uma das irmãs da Ilda."

Quando os meninos foram embora, os braços de Ilda estavam marcados por vergões vermelhos, de tanto encostá-los nas grades para balançar o canudo de jornal. De seus olhos azuis muito claros não paravam de correr lágrimas. Sem controle sobre o que acontecia, Ilda não encontrava alento para sua dor. Na frente de Rose, ela não precisava engolir o choro, como fazia diante de outras colegas da Torre.

"Algumas brigavam comigo porque eu chorava. Diziam: 'Revolucionária não chora. Onde já se viu chorar?'. E não sei o quê. Então, eu chorava escondido, para não atrapalhar. Estava desesperada, não sabia do Virgílio, meu marido. Tinham me levado os meninos. Me roubaram eles. Sumiram com eles. Só apareceram muito depois. Eu não pensava em nada. Do Virgílio não tinha sinal. No Dops umas meninas me disseram que ele estava morto. Não acreditei. Se estava morto, cadê o corpo?"

Essa é uma pergunta que Ilda faria por toda a vida. Naqueles tempos de tormenta, o verbo desaparecer deixara de significar sumir, sair das vistas. Passara a traduzir também a morte seguida pelo sumiço do corpo. Naquele momento, Virgílio Gomes da Silva já havia se tornado o primeiro desaparecido político brasileiro.[42] Como Ilda, Rose também não sabia como lidar com a situação. Dar esperanças a Ilda de que o marido voltaria? A informação dos companheiros é que ele tinha sido morto na tortura.

Muitos presos ouviram seus gritos cessarem depois de quase doze horas de suplício, mas ninguém viu o corpo.[43] Ele poderia estar em alguma solitária? Ilda contava que homens da Operação Bandeirante perguntaram a ela por Virgílio, diziam que ele tinha fugido. Era uma forma de encobrir o crime que tinham cometido? Por mais que quisesse ajudar a amiga de cárcere, Rose não tinha a resposta. Na aflição, ficava cada vez mais próxima de Ilda. As duas, no entanto, não podiam ser mais diferentes.

Aos 23 anos, Rose era jornalista e circulava com desenvoltura pela cena cultural paulistana, o que facilitava sua atuação como apoio da ALN. Já Ilda, então com 38 anos, tinha frequentado apenas os dois primeiros anos de escola. Nos interrogatórios, acabou usando a pouca escolaridade como escudo para se proteger. Confrontada com os documentos falsos que usava, em nome de Penha dos Santos Felix, declarou que o nome dela era Ilda.

Garantiu jamais ter percebido que nos documentos, recebidos do marido, estava escrito outro nome: "Eu não sei ler direito". Foi o jeito que encontrou para evitar maiores complicações. Filha de imigrantes espanhóis que trabalhavam na lavoura de café, Ilda tinha nascido em Lucianópolis, no interior paulista, e, ainda adolescente, mudou-se com a família para a capital depois que uma geada inviabilizou a sobrevivência na região.

Trabalhava como operária na Nitro Química, indústria instalada na zona leste de São Paulo, quando conheceu o futuro marido durante uma greve, em 1957. Naquele mesmo ano, Virgílio tinha ganhado um concurso de resistência carnavalesca, depois de dançar 78 horas seguidas. Ilda havia acompanhado o concurso pela transmissão da rádio Record e ficou impressionada com o certame, porque, à medida que o tempo passava, os candidatos ficavam sem forças, mas seguiam dançando, como se fossem zumbis.

Logo que conheceu Virgílio, ela perguntou se ele não era o "doido da rádio".[44] Três anos depois, estavam casados. Quando nasceu Vlademir, o primeiro filho, Ilda continuou trabalhando na Nitro Química, onde brigou muito pelo direito à creche. "Lá tinha berçário, mas se o pai não trabalhasse na fábrica, a mãe só tinha direito à creche até a criança completar seis meses. Para ficar mais tempo, o pai também precisava ser operário."

Mais tarde, sem condições de trabalhar e cuidar do bebê, Ilda acabou saindo da fábrica para se dedicar à família. Quase uma década depois, morava com os filhos e a sogra, dona Isabel, em um sítio nas imediações de Ribeirão Preto. Virgílio aparecia de vez em quando: "Ele já não podia andar de ônibus. Em todo lugar havia fotografia dele. Procurado. Terrorista. Tinha aqueles cartazes. Nos ônibus, na rodoviária. Eu via o perigo".

Conhecido na clandestinidade como Jonas, Virgílio era um dos quadros mais atuantes da linha de frente da organização de Marighella. Três semanas antes de ser preso, ele fora o comandante militar da mais ousada ação da guerrilha urbana: o sequestro do embaixador americano no Brasil, Charles Burke Elbrick, no Rio. Ilda ouviu a notícia do sequestro pelo rádio: "Eu sabia que ele estava na luta, mas não imaginava que fosse fazer isso. Quando escutei no rádio, vi logo que era o Virgílio. Ele ainda veio para casa e disse: 'As coisas vão piorar'".

Certo de que a repressão aumentaria o cerco, Virgílio planejava mandar a família para Cuba. Os passaportes estavam quase prontos. Levou Ilda e os filhos para São Sebastião, no litoral norte paulista. Até o momento de sair do país, eles ficariam em uma casa de veraneio que já havia sido usada pela ALN em outra ocasião. Só o menino de dois anos, Gregório, que estava com febre, ficaria em Ribeirão Preto, com dona Isabel.

"O Virgílio disse que eu precisava ir e que depois ele buscava o Gregório. O menino estava com uma febrinha pequena, não era grande. Mas era o xodó da minha sogra. Ela disse: 'Eu cuido dele'", lembra Ilda. "Cheguei na praia num sábado. Passei o domingo junto com o Virgílio. O Manoel Cyrillo, que tinha participado do sequestro e iria para Cuba, também estava na casa. Na segunda-feira, Virgílio foi para São Paulo. Na terça-feira, caí presa junto com os meninos e o Manoel Cyrillo."

Separada dos filhos na Operação Bandeirante, onde permaneceu oito dias, Ilda ainda ficou um mês no Dops sem notícias das crianças. Um delegado disse que eles tinham sido encaminhados para adoção. Outro assegurou que os meninos estavam com a família dela, mas naquele momento não era verdade. Só depois de um bom tempo na Torre é que ela pôde esclarecer a situação: "Aproveitei uma menina que estava sendo solta, passei para ela o endereço da minha família e pedi para ela ver se eles estavam mesmo lá".

A menina prestes a ser libertada era Zilda, a estudante de história. Antes de deixar a Torre, ela tratou de decorar o endereço da família de

Ilda, em São Miguel Paulista, na zona leste. Se escrevesse em um pedaço de papel, correria o risco de ele ser apreendido durante a revista da saída.

Assim que ganhou as ruas, no final de dezembro de 1969, Zilda pediu ao namorado, o estudante de engenharia Celso Suyama, que arrumasse uma máquina fotográfica. Com a máquina a tiracolo, os dois bateram no endereço fornecido por Ilda. Explicaram que ela estava muito aflita, precisando saber se os filhos estavam realmente bem: "Contei o que fizeram com ela em matéria de aterrorizar, dizendo que dariam as crianças para adoção. Pedi para tirar fotos e também expliquei em qual esquina as crianças deveriam ficar para que Ilda pudesse vê-las da fresta da janela. Eles acreditaram na gente".

Na sequência, foi só chamar os meninos. É que, para não sobrecarregar a família de poucos recursos, cada criança morava na casa de um tio.[45] Vlademir estava com o tio Miguel, Virgílio vivia com a tia Nair, Gregório com a tia Iraci e Isabel com a tia Geni. Como todos moravam perto, os irmãos estavam sempre juntos. Na hora da fotografia, Zilda e Suyama capricharam. Em vez de pedirem que posassem, clicaram as crianças de forma bem descontraída, brincando entre si ou com os cachorros da casa. O resultado não poderia ser diferente: cenas de genuína inocência.

Nem sempre foi assim. Antes de se reunirem ao irmão Gregório e ao resto da família, Vlademir, Virgílio e Isabel passaram pela Oban e pelo Dops. Depois, ficaram cerca de três meses em dependências do Juizado de Menores, no bairro do Tatuapé. Na instituição com amplo quintal, viviam muitas crianças. De dia era tranquilo, mas de vez em quando os três irmãos eram levados para visitar lugares com casas muito bonitas. Como costumavam perguntar se eles gostariam de morar naquelas casas, Vlademir temia que fossem separados. Do alto de seus oito anos, cuidava para que os irmãos estivessem sempre próximos uns dos outros.

À noite, assim que as luzes do dormitório se apagavam, ele levava Virgílio para o berçário, o cômodo ao lado. Os dois então deitavam embaixo do berço onde a irmã dormia e se amarravam a ele, para acordar caso alguém tentasse levar a bebê. Orientados pelo pai a não dar informações sobre a família e a usar nomes falsos, os meninos se comportaram como adultos acostumados à clandestinidade. Quando Creuza, irmã de Virgílio, descobriu o paradeiro dos sobrinhos e tentou buscá-los, foi um problema. Diante dos funcionários do Juizado de Menores, os meninos sequer pestanejaram. Garantiram não a conhecer.

— Meu nome é Dorival, repetia Vlademir.

— Meu nome é Vicente, dizia Virgílio.[46]

Creuza ficou desconsolada, mas não desistiu. No dia seguinte, voltou decidida a conquistar a confiança dos sobrinhos. Quando reencontrou os meninos, no entanto, a cena da véspera se repetiu. Eles negaram conhecê-la. Com a mesma determinação, tinham enganado até o major Waldyr Coelho, comandante da Oban, que os registrou como Dorival e Vicente dos Santos Felix.[47] Por que desobedecer agora às orientações do pai?

Sem alternativa, Creuza resolveu contar a Vlademir que o pai deles estava morto. Pediu então para falar separado com o mais velho. Da melhor maneira que pôde, contou a tragédia que devastara a família e assegurou que eles não causariam mal a ninguém se revelassem a verdade. Só assim conseguiu voltar para casa com os três sobrinhos. E mais tarde colocá-los na esquina da rua Três Rios para ver a mão da mãe ao longe, balançando o canudo de jornal.

A secundarista Guida não tinha passado por nenhum tipo de treinamento. Despertada pela repressão na manhã do domingo 31 de agosto de 1969, ela tentou escapar pelo telhado da casa vizinha, com dois revólveres na cintura.[48] Não sabia atirar, mas pegou as duas armas no aparelho da Ala Vermelha, onde estava com o namorado, o espanhol Vicente Roig. Capturada, percorreu o roteiro macabro que começava na Operação Bandeirante e passava pelo Dops, de onde foi retirada sem aviso prévio, para integrar a turma que chegou ao presídio de micro-ônibus: "Eles preparavam uma grande operação. Precisavam liberar as celas, mas eu só soube depois".

Com 1,74 metro de altura, cabelos louros lisos e compridos, Guida tinha porte de mulherão, mas era apenas uma garota com sede de vida que acabara de completar dezoito anos. Aluna do terceiro ano de um colégio de freiras de São Paulo, o Boni Consilii, dividia a Torre com mulheres bem mais experientes que ela. Com algumas, existia também uma significativa discrepância cultural. Guida sabia que sua formação não era nenhuma maravilha, mas só se deu conta do tamanho da lacuna quando entrou de supetão em uma conversa:

— Ué, a China faz fronteira com a União Soviética?
— Claro que faz — respondeu Arlete.
— Jura? Vocês estão me gozando!
— Não, Guida. A União Soviética ocupa um sexto do território do planeta. Faz fronteira com doze países. E só não faz com os Estados Unidos porque no meio tem o estreito de Bering, lá em cima, entre a província da Rússia e o Alasca. Consegue imaginar?

Crítica com relação a tudo e a todos, os olhos claros de Arlete costumavam faiscar quando ela ficava irritada. Com Guida, era diferente. Com a secundarista, Arlete tinha a maior paciência: "Guida, você tem de aprender geografia". Na mesma hora, propôs a montagem de um mapa-múndi. Logo várias colegas de cela começaram a procurar e recortar mapas nas publicações que haviam recebido de amigos e parentes, como lembra a secundarista: "As revistas eram diferentes, os tamanhos variavam. Imagine como ficou a proporção. Mas montaram um mapa do mundo na parede do meu beliche. Arlete era incrível, mas todas elas me tratavam a pão de ló. Não era uma coisa maternal. Era de atenção especial. De querer me ensinar o que eu não sabia".

Por outros motivos, Guida também ocupava lugar de destaque no radar das corrós. Como passara pelo corredor usando um blusão da Universidade de Indiana, dos Estados Unidos, a inscrição em letras garrafais inspirou um novo tipo de chamado, quando estavam no banho de sol: "Indiana! Indiana!".[49] Com frequência, as corrós também mandavam mensagens para as encarceradas da Torre, por meio das presas que funcionavam como faz-tudo das carcereiras.

Nair Benedicto acompanhava a correspondência de perto: "A Guida era a campeã dos elogios rasgados, das declarações de amor, que foram ficando cada vez mais quentes, invasivas. Um dia decidimos falar com elas, pelo portão, na hora do banho de sol. A Laís, que é muito articulada, com a cabeça grande-angular, explicou que ficávamos todas lisonjeadas pelo afeto, pelo carinho, mas precisávamos explicar por que estávamos presas. Daí elas ouviram. Se estabeleceu uma tal relação que quando elas percebiam que alguém chegava da tortura, elas avisavam que iriam cantar: 'Terroristas, uma música para vocês!'".

Uma certa dose de atração se manteve, assim como as cartas. "Elas continuaram a escrever, mas não no tom 'eu vou te comer'", prossegue Nair, a mais liberada da turma quando o assunto era sexo. Aliás, era a única que reclamava da abstinência compulsória. Não só reclamava como acabava trazendo o assunto à tona. Ou fazendo com que outras trouxessem. Quando tentava ensiná-la a fazer crochê, Rose venceu a falta de jeito de Nair para trabalhos manuais com uma brincadeira:

— Ó, Nair, é pauzinho no buraquinho — explicou Rose, ao laçar a linha com a agulha e introduzi-la no espaço certo do ponto correntinha.

— Ah, de pauzinho no buraquinho eu entendo — gargalhou Nair.[50]

A maioria era muito pudica. Sexo não era um assunto fácil para guerrilheiras que rendiam homens em assaltos a banco. Nem para aquelas que arriscavam a pele como apoio de organizações clandestinas. Pior ainda para as ligadas à resistência orquestrada à sombra das igrejas. A pílula anticoncepcional tinha revolucionado costumes, mas o tabu persistia. Muitas nem assumiam para a família que tinham vida sexual. Era o caso de Guida. Para a mãe, ela mantinha a versão de que era virgem. Quanto ao namorado espanhol, sete anos mais velho, jurava que conhecera em um inocente cinema, uma semana antes da prisão.

Guida, portanto, não se acanhou quando apareceram um espelhinho e a ideia de fazer um autoexame, cada uma na privacidade possível da parte que lhes cabia do beliche: "Ainda assim, foi um desafio. Poucas sabiam o que era lábio isso, lábio aquilo". Nair também aderiu à proposta. Afinal, atuara em movimento de mulheres, em que exercícios de reconhecimento do próprio corpo estavam em alta. Mais tarde, viu até fotos de encontros de mulheres nas quais freiras examinavam a própria xoxota no espelho.

Uma ideia leva a outra, e, pouco depois, inventaram de fazer um jogo da verdade. Logo colocaram Nair no centro da roda. E o tema tabu voltou em tom bem próximo ao hostil: "Você acha importante falar aqui dentro, o tempo todo, que sente necessidade de sexo?".[51] E dá-lhe perguntas na mesma linha. Nair ouviu em silêncio. No final, olhou bem para cada uma da roda e questionou:

— Vocês estão me acusando de tanta coisa. Eu quero saber o seguinte. E com relação ao meu comportamento? Eu ajudo? Eu faço a comida direito? Vamos falar disso também? Até parece que fico o dia inteiro andando de um lado para outro da cela falando que quero trepar.

No revide, virou o jogo. As respostas vieram em uníssono: "Você é ótima, participa de tudo". Vilma Barban, que também chegou na turma do micro-ônibus, adorou o resultado do embate: "Nair tinha uma certa bandeira liberal, mais do que as outras casadas. E elaborava isso. Foi uma das pessoas que mais me ajudaram no trânsito de falar o que sente". Nascida em Campinas havia 23 anos, Vilma estava aberta para novos conhecimentos. Desde muito cedo, também se interessara pelas questões sociais, embora a mãe dona de casa e o pai caminhoneiro fossem bem despolitizados.

Vilma atuava com alfabetização pelo método Paulo Freire, na periferia de Campinas, quando entrou no curso de biologia da USP. Seria a primeira da família a cursar uma universidade. Chegou a São Paulo em 1968, com a disposição "de quem vê um trem em alta velocidade e quer pular dentro". Depois que o Crusp foi invadido pelo Exército, passou a dividir um apartamento com uma amiga em Pinheiros. Estudava, dava aula em duas escolas secundárias e ainda encontrava tempo para aprender a atirar, como conta, usando uma expressão equivalente a novata: "Entrei como cururu, mas o meu grupo estava quase fazendo ação".

Não foi o treinamento nem a aproximação com a ALN que voltaram a mira da repressão contra Vilma. Um dos rapazes de seu grupo tinha hospedado por uma noite uma pessoa que foi presa e os homens da Oban foram puxando fios e prendendo gente, até chegar a ela. Na Torre, não queria nem lembrar do que passara e testemunhara nas semanas anteriores, mas continuava boa observadora, em especial depois que as famílias puderam deixar encomendas na entrada do presídio: "As diferenças de renda apareceram. Na questão da comida não tinha problema nenhum porque quem recebia alguma coisa repartia com todas".

Cleuzer de Barros chegou mesmo a se irritar com algumas discrepâncias, por causa de um episódio que, acredita, demonstrava como a origem de classe influencia na visão de mundo. Estudante de geografia da USP, ela chegara na turma do micro-ônibus, mas tinha sido liberada poucos dias depois. Devia, no entanto, se apresentar ao Dops toda semana, para assinar uma espécie de livro de presença, compromisso que cumpria com pontualidade. Como o ano letivo terminara, não voltou para a faculdade. Conseguiu um emprego na loja de departamentos Sears, mas não chegou a trabalhar nem uma semana.

Da última vez que entrou no prédio de tijolinhos do largo General Osório, recebeu voz de prisão: "A Justiça Militar tinha decretado a minha prisão preventiva, embora eu fosse apenas área próxima da Ala Vermelha". Algemada, foi escoltada de volta ao Tiradentes, onde mais uma vez passou pela revista invasiva na entrada do presídio. Guida foi a primeira a encontrá-la e questionou a falta de iniciativa de Cleuzer no período que passou fora das grades: "Por que você não fugiu?".[52]

Escapar para o exterior era de fato uma alternativa para muitos perseguidos pelo regime. Cada vez mais brasileiros se exilavam em outros países. Para Cleuzer, essa não era uma possibilidade: "Eu não tinha dinheiro nem para pagar advogado, quanto mais viajar para fora do Brasil. Meu pai era operário gráfico". Seis anos mais velha que Guida, Cleuzer se incomodou tanto com a pergunta que nem respondeu. Saiu em busca do próprio espaço entre as outras presas, divididas agora em duas celas.

A cela maior pela qual passara madre Maurina tinha entrado em definitivo no vocabulário da Torre como celão. Foi lá que Cleuzer se acomodou. Era também no celão que Sirlene estava quando uma carcereira mandou que ela arrumasse seus pertences para sair. Surpreendida pela notícia, Sirlene tratou de colocar a colcha azul de piquê em uma sacola. E, se em vez de revogarem a prisão, estivessem transferindo-a de presídio? E se lá não tivesse roupa de cama, como ocorreu na chegada à Torre? Cidinha apostou na liberação. E fez a alegria de Sirlene: "Ela me deu um vestido dela. Um vestido de viscose que eu achava lindo. Era azul-marinho, com flores bem miudinhas, decote em V, sem manga e franzido na cintura com fio elástico". Sirlene saiu, mas sua irmã Arlete continuou na Torre.

* * *

Laís Tapajós, a jornalista que viu o sinal da cruz na noite da morte de Marighella, não chegou a presenciar o retorno de Cleuzer à Torre. Nem o reencontro à distância de Ilda com os filhos. Na verdade, Laís não chegou sequer a conhecer madre Maurina. O mesmo aconteceu com a estudante de letras Ana Quarezemin, que também integrara a turma do micro-ônibus. Antes da rápida estada da religiosa, Laís e Ana foram soltas. Desde então, começou uma grande movimentação na Torre. Em tempo de poucas libertações, algumas transferências e muitas chegadas, consolidou-se a ideia de que, depois do inferno da Oban e do Dops, a Torre era uma espécie de purgatório.

Havia sofrimento e o paraíso continuava distante, quase inatingível. Nesse purgatório terreno, a ronda contínua de guardas no alto das muralhas não deixava esquecer os limites do encarceramento. Em contrapartida, o som metálico de um ferrolho sendo aberto não significava necessariamente que alguém seria arrastado para interrogatório. Havia a possibilidade de ser apenas carcereiras trocando o plantão. E, dependendo da carcereira, a vida no interior da Torre podia não ser tão ruim. Algumas delas agora deixavam as portas das celas e a grade do pavimento superior abertas durante todo o dia.

Presa na mesma data em que montaram a emboscada para Marighella, a jornalista Rose Nogueira percebeu a diferença em relação ao Dops ao subir as escadarias da Torre pela primeira vez, no começo de dezembro de 1969. Até a aparência das celas era um pouco melhor. As paredes continuavam úmidas e cheias de mofo, mas o chão de madeira estava limpo de dar gosto. Logo a jornalista descobriu a razão: as companheiras tinham raspado a crosta de sujeira que impregnara as tábuas no decorrer de décadas e esfregado muito, com água e sabão. E, de tanto reivindicar, conseguiram que instalassem chuveiros elétricos nos banheiros.

O coletivo, o conjunto de presas organizado ainda na semana que chegou a primeira turma, começava a funcionar. A primeira escala de trabalho tinha sido montada por Arlete. Divididas em duplas, as presas se revezavam na limpeza e no incremento da alimentação. Na medida do possível, enriqueciam o grude oferecido pelo sistema carcerário com verduras e frutas fornecidas pelos familiares. Alguns também deixavam livros e revistas, mas, por causa da censura, poucos exemplares chegavam à Torre.

Rose, que gostava muito de dançar, recebeu um dia umas sandálias com salto plataforma, deixadas pela mãe na portaria. Ao experimentá-las, ficou encantada com o barulho das pisadas no chão de madeira. E decidiu montar um show para recepcionar novas presas: "A pessoa chega do Dops arrebentada, apavorada de entrar em um presídio, passa pela revista íntima, atravessa o corredor das corrós, precisa de um pouco de diversão".

A montagem serviria ainda para dar um destino às fantasias que a mãe tinha conseguido não se sabe onde e mandado para a Torre. Tinha de tudo um pouco: coletes e calças de cetim, saias com muitos babados, vestidos estampados, acessórios coloridos. Algumas estranharam o mimo, mas Rose recebeu com naturalidade. Sabia que a mãe era apaixonada por fantasias. E, desde sempre, aproveitava o Carnaval para vestir fantasias caprichadas nos filhos e passear com eles pela avenida São João.

Rose, por sua vez, amava Jackson do Pandeiro, e não demorou a envolver as colegas em ensaios de uma dança para "Sebastiana", música que fazia sucesso na voz do cantor: "Tinha que sapatear, bater bem o pé no chão, para fazer barulho. Com a perna dura. Todas marcando o ritmo e cantando". A música escolhida tinha um refrão que animava até as mais sorumbáticas: "Convidei a comadre Sebastiana/ Pra cantar e xaxar na Paraíba/ Ela veio com uma dança diferente/ E pulava que só uma guariba / E gritava: a, e, i, o, u, y/ E gritava: a, e, i, o, u, y".

Os ensaios de "Sebastiana" começaram com passos tímidos no mezanino em frente às celas do piso superior. Aos poucos, ficaram mais expressivos. E culminaram em uma coreografia que percorria os dois lados da escadaria. A porta da entrada continuava trancada dia e noite, mas a circulação diurna dentro da Torre acontecia com frequência. Logo surgiu uma oportunidade de apresentar o espetáculo.

— Tem menina nova na carceragem — avisou uma carcereira, referindo-se ao espaço mais próximo da entrada do presídio, onde as presas recém-chegadas eram registradas e passavam por revista.

Na verdade, a menina era uma senhora de 52 anos, mas o termo carinhoso tinha virado sinônimo de presa política. Como a maioria contava pouco mais de vinte anos, todas eram chamadas de meninas. Na Torre, ninguém sabia ainda, mas a presa que passava pelos procedimentos de admissão no presídio já tinha percorrido muita estrada. Era a jornalista e tradutora Edith Negraes.

Comunista de carteirinha, Edith militava havia décadas ao lado de Câmara Ferreira, o líder da ALN que usava o codinome Toledo e sobrevivera a Marighella. Desde a década de 1940 era monitorada pela polícia política, sob a suspeita de que usava o trabalho de jornalista na agência France-Presse para manter contatos na União Soviética. Em sua ficha constavam visitas em 1948 a Câmara Ferreira e ao irmão dela, Constantino, presos na Casa de Detenção.[53]

Quase duas décadas depois, Edith acompanhou Marighella e Câmara Ferreira quando ambos romperam com o Partido Comunista. Determinada, entrou para a ampla rede de apoio logístico da ALN.[54] Trabalhava então para a agência americana de notícias Associated Press.[55] Entrou de novo na mira da polícia. Acabou presa por homens da Oban. Depois, foi levada para o Dops e enquadrada na Lei de Segurança Nacional. Não passou incólume por esses lugares, mas manteve o moral elevado.

Na carceragem, a militante veterana enfrentou com altivez a vexaminosa revista. Sabia que estava prestes a encontrar outras presas políticas, mas não imaginava que naquele momento elas estivessem em polvorosa. O relato é de Rose: "Uma pintava o rosto, outra fazia maria-chiquinha, outra colocava bobes no cabelo. E cada uma se enfeitava e se vestia da forma mais colorida possível. Depois, nos posicionamos no alto da escada, com as mãos na cintura. Na hora que a porta abriu lá embaixo, o show começou".

As carcereiras acharam graça. Séria por natureza, Edith acompanhou a coreografia com uma perplexidade silenciosa. No final, fez um sinal de aprovação com a cabeça e se permitiu alguns sorrisos. Por mais seis meses continuaria trancafiada na Torre, cada vez mais próxima das meninas. Suas aulas de inglês eram concorridas. Como material didático, recorria a letras de músicas dos Beatles.[56] Jamais comentou a primeira impressão que teve do caloroso show.

Não foi o caso de outra presa famosa, Maria do Carmo Campello de Souza, a Carmute. Professora de ciência política da USP, Carmute tinha entrado no circuito da repressão acusada de participar da rede de apoio à VPR.[57] Chegou depois de Edith e também foi recebida com a mesma dança doida. No dia seguinte, confidenciou para Rose: "De imediato, eu só vi umas bundas e gente de bobe na cabeça. Que pavor! Pensei que tinham me colocado em um hospício".[58]

Uma comunista com raízes históricas se livrou da performance, por chegar à Torre sem aviso prévio. Filha do operário Hermogênio da Silva Fernandes, um dos fundadores do PCB, Idealina estava perto de completar 48 anos quando foi capturada pelo Dops, mas cadeia não chegava a ser uma novidade para ela. Em 1937, aos quinze anos, tinha passado um mês presa na delegacia de Cruzeiro, no interior paulista, acompanhada por uma colega de classe, ambas delatadas por um professor, por afirmarem que a vida na União Soviética era melhor do que no Brasil, pois não haveria tanta miséria.

Dezessete anos depois, Idealina conferiu de perto a vida no país formado por quinze repúblicas socialistas. Continuou comunista, mas achou tudo muito pobre, mesmo em relação ao Brasil. A temporada soviética aconteceu por ter sido selecionada para fazer um curso na então potência mundial. Na época, o PCB estava na clandestinidade e Idealina militava em uma célula do partido no bairro do Rocha, na zona norte do Rio.

Na União Soviética, Idealina integrou por vinte meses um grupo heterogêneo de cinquenta brasileiros que teve aulas de marxismo, história, geografia e idiomas no mesmo lugar onde se hospedou — uma dacha nos arredores de Moscou. Entre um passeio e outro, "amassando neve", ela começou a namorar o historiador Jacob Gorender, colega de curso que já conhecia do Rio, até pela projeção dele no partido. Da volta ao Brasil até a chegada à Torre, os dois compartilharam quase duas décadas de atividade política e vida subterrânea, sempre com poucos recursos financeiros.[59]

Ela chegava em casa, no bairro paulistano de Perdizes, depois de uma temporada com o pai e os irmãos no Rio, quando encontrou os homens do Dops à sua espera. Gorender já tinha sido localizado e preso.

Nos arquivos do Dops não havia nada contra ela em relação ao PCBR, o Partido Comunista Brasileiro Revolucionário, no qual o marido despontava como um dos fundadores e dirigentes. O próprio Gorender registrou a origem do nome da agremiação: "Tão grande era o congestionamento de siglas na esquerda que se resolveu aproveitar a velha sigla do PCB [...] e lhe acrescentar o adjetivo Revolucionário, do qual viria a qualificação distintiva".[60]

Como outras organizações, o PCBR tinha a guerrilha rural em seu programa, que não chegou a ser executado. No interrogatório feito pelo delegado Fleury, Idealina reafirmou a condição de comunista e parou por aí. Mandada para a Torre, ficou menos de três meses, o suficiente para formar com Edith Negraes uma dupla devastadora na cozinha. Como não tinham grandes habilidades culinárias, no dia delas serviam a Sopa Lavoisier, aquela na qual nada se perde, nada se cria, tudo se transforma. Idealina teve tempo ainda para se aproximar da advogada Therezinha Zerbini, que considerava "muito engraçada".[61]

2. CELAS ABERTAS

THEREZINHA ZERBINI TINHA UMAS TIRADAS ENGRAÇADAS, mas era uma presa que se impunha, um apoio logístico que não hesitava em usar os recursos da elite social à qual pertencia. Pouco depois de chegar à Torre, enquanto usava o buraco no chão que fazia as vezes de vaso sanitário, ela olhava de um lado para outro, inconformada. A pia onde as verduras eram lavadas ficava no mesmo cubículo da fossa. "Não pode. Isso tem de mudar", reclamou alto.

Aos 41 anos, casada com o general Euryale Zerbini, cassado logo após o golpe de 1964 por resistir à nova ordem, ela estava acostumada a mandar e desmandar.[1] Acreditava que esperaria pelo julgamento em liberdade. A tensão por ter sido contrariada e removida do Dops para o presídio provocou um ligeiro desarranjo intestinal e a consequente experiência de usar a fossa.

Três dias antes de Therezinha, na terça-feira 3 de março de 1970, tinha chegado outra presa que também se impunha, a estudante de economia Dilma Rousseff. Com apenas 22 anos, era dirigente da VAR-Palmares, organização criada em julho de 1969 pela fusão da VPR de Lamarca com os Comandos de Libertação Nacional (Colina), formado basicamente por intelectuais e universitários mineiros.

Nascida em Belo Horizonte, Dilma trocara a cidade pelo Rio de Janeiro no começo de 1969 para escapar da polícia política. Participou dos preparativos para a fusão, desfeita em setembro do mesmo ano. Enviada para São Paulo, a fim de estruturar a VAR-Palmares no estado, acabou presa em um ponto no centro da cidade em 16 de janeiro de 1970.

Embora a fama como dirigente a precedesse, ela manteve uma postura discreta ao entrar na Torre, até porque estava destroçada pela tortura que mais tarde denunciaria na Justiça Militar.[2] Naquela altura, o coletivo organizava e garantia a rotina. Havia rodízio para a faxina das celas e um esquema para melhorar, na medida do possível, a comida servida pelo sistema penitenciário. Para isso, contavam com o amparo das famílias, que deixavam víveres na portaria.

Depois de avanços e recuos nas negociações com as carcereiras, as presas passaram a indicar o beliche das companheiras que chegavam. Às escondidas da direção e do resto do presídio, elas circulavam dentro Torre durante o dia. Com a cumplicidade das funcionárias, em algumas noites os cadeados das portas das celas permaneciam abertos, dependurados perto da tramela.

Se a porta de ferro da entrada rangia, todas buscavam seus lugares e se trancavam. Dilma logo percebeu a melhoria das condições da cadeia, mas jamais se esqueceu de que estavam trancadas, à mercê da arbitrariedade do regime. "Não era nenhuma conquista. Era um disfarce, conseguido quando se construiu um certo nível de confiança com as carcereiras", lembra Dilma. Além do celão, três celas menores do pavimento superior estavam liberadas para abrigá-las.

Enquanto se inteirava da dinâmica local, Therezinha pensava na pia usada para lavar verduras ao lado da fossa. Por um momento, pareceu ouvir sua mãe, dona Arminda: "Pelo amor de Deus, Therezinha, não tenha ideias". Esse era o seu maior dom: ter ideias. Não inventara a "mãe preventiva"? Assim que criou o movimento Mães Paulistas contra a Violência, depois de um confronto entre universitários na rua Maria Antônia, em outubro de 1968, ela foi questionada porque nem sequer tinha filhos na faculdade. Sua resposta, na ponta da língua: "Sou mãe preventiva".

Naquela prisão, tentaria ao menos melhorar o inaceitável. Sem pensar duas vezes, desceu a escadaria que levava ao térreo. A carcereira quase não acreditou quando ela mandou chamar o diretor do presídio. Ainda assim, obedeceu. Com Therezinha era assim. As pessoas tendiam a obedecê-la. Dali a pouco Olyntho Denardi apareceu. Um homem corpulento, com mãos enormes e cabeleira volumosa, domada à base de brilhantina, pouco afeito a tomar providências.

— Doutor Olyntho, o senhor viu que a pia fica ao lado da fossa? Isso é uma imundice.
— Sempre foi assim.
— Eu vou denunciar o senhor para a Saúde Pública, doutor Olyntho.
— O que a senhora quer que eu faça, dona Therezinha?
— Uma cozinha naquele cômodo do canto. Aquilo é um barateiro. É só tirar as tralhas e reformar. O senhor entra com a mão de obra que eu dou o material.

O cômodo do canto a que ela se referia era uma das celas à direita de quem subia a escadaria. Abarrotado de caixas de papelão e pedaços de madeira, o espaço não demorou a virar cozinha coletiva. Em vez de pintadas, as paredes foram caiadas, o que parecia a solução mais adequada. A cal afastaria os insetos e, em especial, as baratas. Nada mais nojento do que baratas. Para acabar com elas, só muita limpeza. Por isso mesmo, Therezinha se irritava com as meninas que comiam tarde da noite e deixavam o prato sujo no chão, debaixo do beliche.

Por nem mesmo um minuto pensou em ceder um milímetro do próprio estilo. Podia até estar presa, mas manteria os hábitos de sempre. Continuaria a usar robe e chinelos de quarto enquanto se preparava para deitar. Imediatamente depois de se levantar, trocaria de roupa e ficaria composta o resto do dia. Cabelo e unhas estariam sempre bem tratados, nem que para isso precisasse contratar presas comuns. Afinal, elas também precisavam ganhar um dinheirinho. E ela, Therezinha, estava acostumada a pagar por esse tipo de serviço.

Participaria, é claro, do coletivo. Nada seria só para ela. Recursos não faltavam. Além das economias amealhadas nos anos anteriores, Therezinha continuava a receber boa parte do salário como funcionária pública. Formada em serviço social e direito, era lotada na Tesouraria dos Correios e Telégrafos, no Vale do Anhangabaú. Tinha sido colocada em disponibilidade, mas não exonerada. "Me pagam para fazer subversão", ironizava. Contava também com o suporte do general, que repassava o dinheiro durante as visitas.

Afastado das fileiras do Exército, o general Euryale Zerbini gerenciava agora as Indústrias de Papel Simão, na cidade paulista de Jacareí.

Apoiava de forma incondicional a mulher cheia de determinação, vinte anos mais nova. Ela se referia a ele como "o general", mas driblava a hierarquia sempre que necessário. "Quando ele dizia não, eu respondia que não havia me feito entender", lembra Therezinha. E explicava os motivos do meu desejo. Dava uma saída para ele. E o general: 'Ah, assim, tudo bem'."

Em algumas situações, ela apelava para a cara feia e até mesmo para o chute por baixo da mesa. Foi assim na noite de sua prisão. Estavam jantando na casa modernista projetada pelo arquiteto Plínio Croce, no Pacaembu, quando a campainha tocou. "É o capitão Guimarães", anunciou Lica, a empregada. Therezinha imaginou ser alguém pedindo encaminhamento para o irmão do general, o cardiologista Euryclides Zerbini, que em 1968 tinha feito o primeiro transplante de coração no Brasil. Batiam sempre na sua porta atrás de internação ou cirurgia.

O capitão desceu as escadas que terminavam na sala de jantar, acompanhado de dois outros militares armados com metralhadoras. "Capitão, por favor, vou mandar passar um café. Acabo o jantar e levo o café para vocês", disse Therezinha indicando a sala de estar, em um patamar mais baixo, aberta para a de jantar. À mesa, estavam ainda o general e a filha Eugenia. O filho mais novo, Euryale Jorge, passava uma temporada no Rio.

Therezinha percebeu que não vinham pedir favores, mas decidiu terminar o jantar, como relataria mais de quarenta anos depois: "Na hora mais trágica, Zôrba, o nosso poodle, salvou a situação. Entrou latindo, e um daqueles da metralhadora disse: 'Que cachorro lindo, qual é a raça?'. O general, muito hábil, muito inteligente, viu que o comentário fora feito para amaciar a situação. Respondeu que era um poodle, raça muito antiga, descendente do chacal. Contou ainda que existiam gravuras de Carlos Magno com poodle. O capitão então disse que precisava me levar para esclarecimentos".

— A quem os senhores se reportam? Ao comandante do II Exército? — perguntou o general.

— General, esse Exército não é mais o seu. É um órgão paralelo — respondeu o capitão enquanto o general fazia menção de se levantar, para ir ao telefone.[3]

Therezinha fechou a cara e chutou o general por baixo da mesa. Em seguida, com o tom de voz mais doce que conseguiu, dirigiu-se ao marido: "Nego, eu entro nisso sozinha, saio disso sozinha. Não peça favor a ninguém". Comeu a sobremesa — peras em calda que trouxera dias antes de Campos do Jordão — e pediu licença para subir a seu quarto e escovar os dentes. Antes de voltar à sala, tirou a caderneta de telefones da bolsa. Estava escuro quando entrou na perua C-14 estacionada em frente à casa, com outro militar ao volante.

A semana seguinte ela passou na Oban, o órgão paralelo ao qual o capitão se referira. Naquele momento, a estrutura ilegal com operações financiadas por empresários e executivos de multinacionais tinha feito escola. Devido a seus êxitos na "luta contra o terrorismo", o modelo inspirava a criação de organismos similares, oficiais, sob o comando do Exército, em outras regiões do país.[4] Seria batizado como DOI-Codi (Destacamento de Operações de Informações — Centro de Operações de Defesa Interna). Em São Paulo, funcionaria no mesmo endereço da Oban: rua Tutoia, 921, no Paraíso, bairro da zona sul.

Enfim, oito dias depois de entrar no "paraíso" da rua Tutoia, Therezinha foi transferida para o Dops, onde continuou a ser interrogada sobre um episódio de outubro de 1968: o sítio de Ibiúna que abrigara o congresso clandestino da UNE.[5] Em nenhum dos lugares passou pela tortura. Também não confirmou nada além do que os órgãos de repressão já sabiam. Ela havia apresentado o dono do sítio a frei Tito, o dominicano que ajudara os estudantes a organizar o congresso.

"Graças a Deus, eles só descobriram isso", conta, entre risadas. "Todo o resto eles nunca descobriram. E eu ajudei Marighella, ajudei muita gente. Ajudei até o cabo Anselmo, sem imaginar que ele seria um traidor. Escondi na casa da minha mãe, no Cambuci. E os dois se deram bem. Mais de uma vez encontrei cabo Anselmo com os braços esticados, um monte de fios de lã enrolados, e mamãe puxando, refazendo novelos."

Quando cabo Anselmo confidenciou estar enlouquecendo de tanto ficar confinado, Therezinha se sensibilizou. Ao volante de seu Dodge Dart, levou-o para um passeio noturno no campus da USP. Na Torre, o destemor voltaria à tona quando o delegado Celso Telles acompanhou um major do Exército, que tentou convencê-la a declarar apoio ao governo em troca de liberdade antecipada. Poucos dias antes, cinco presos políticos da ala masculina do Tiradentes haviam renegado em público a luta armada e tecido elogios ao regime.[6] Therezinha estava bordando um vestido para a filha Eugenia e não se dignou a responder àqueles que queriam incluí-la no rol dos "arrependidos". O major insistiu:

— O que posso fazer para lhe ajudar?

— A única coisa que pode fazer é sair da minha frente porque o senhor está me roubando a luz.

— A senhora não pode falar assim com o major — disse o delegado.[7]

— Posso sim! Sou presa política. Aqui não tem o "teje preso", pois já estou presa.

Nessa toada, Therezinha afastava alguns e aproximava outros. Havia sempre uma carcereira disposta a fazer suas compras: "Mandava comprar carne para todas nós. Para a carcereira também". Uma delas, Edméa Marinello, fazia a gentileza de telefonar para a casa da família Zerbini, a fim de levar e trazer notícias. Continuaria em contato com Therezinha pelo resto da vida, mas desconversa ao ser questionada sobre os telefonemas: "Eu sabia que algumas punham bilhete na boca e entregavam para outros presos políticos na hora da visita. Sabia, mas não contava".

Mineira de Ouro Fino, Edméa chegara a São Paulo com a família em 1950. Queria ser professora, não conseguiu terminar os estudos e acabou trabalhando com o irmão advogado. Por meio de um juiz, soube de um concurso para 25 vagas de carcereira. Pouco depois de assumir o cargo, o Exército invadiu o alojamento da USP e oitocentos estudantes foram mandados para o Presídio Tiradentes. "Eles ficaram amontoados, por pouco tempo. Só depois chegaram as políticas. A maioria era ricaça, gente da alta. Não tinha pobre."

Não era bem assim. Bastava pensar em algumas das recém-chegadas para constatar o amálgama instalado na Torre. A operária Ozenilda Alice Garcia labutava como fiandeira. Tercina Dias de Oliveira era costureira. A autônoma Maria Joana Telles Cubas vendia calçados. Filha de um ferroviário e de uma dona de casa, a advogada Maria Aparecida Costa, a Cida Costa, militava no direito até entrar para a clandestinidade. Elza Lobo, pai dono de bar no centro de São Paulo e mãe dona de casa, trabalhava na Secretaria da Fazenda do estado.

A estudante Leslie Denise Beloque era filha de um empresário da cidade paulista de Monte Aprazível que não apoiara sua decisão de estudar na capital. Dava aulas para garantir a sobrevivência. Casada com o irmão de Leslie Denise, Maria Luiza Locatelli Belloque também alternava os papéis de estudante na universidade e professora em colégios. Entre elas, quem desfrutava de condição socioeconômica privilegiada era Therezinha; Nair Benedicto, mulher de um bem-sucedido industrial; e Dilma, filha de uma professora e de um imigrante búlgaro já falecido, o empreiteiro Pedro Rousseff, que deixara um belo patrimônio imobiliário.

"Elas me chamavam de burguesona", diz Therezinha. Sabia que seu visual e sinais aparentes de riqueza apontavam nessa direção. Um desses sinais era o rádio Transglobe que reluzia em seu mocó, como os presos se referem ao espaço para guardar pertences, em geral caixotes acomodados em um canto do próprio beliche. Emprestado pelo general, o Transglobe, receptor multibanda fabricado pela Philco, permitia captar emissoras a milhares de quilômetros de distância, incluindo a Rádio Havana, que Therezinha se acostumou a acompanhar.

Nas transmissões em português da rádio cubana, circulavam mais informações políticas sobre o Brasil do que na imprensa nacional. Therezinha vibrava quando divulgavam denúncias feitas por presos políticos, cuja existência a ditadura negava. É que além de acesso às agências internacionais, a redação da Rádio Havana contava com um fluxo próprio de informações. "Algumas notícias saíam dos cárceres e chegavam a nós por meio de grupos radicados na Argélia, na França e na Itália", explica o jornalista Paulo Cannabrava, que trabalhou na Rádio Havana por indicação de Marighella.

O general, por sua vez, sabia que o acesso à informação ajudaria a mulher a superar os tempos de cárcere. Ele conhecia as regras do jogo. Nas visitas, chegava logo com meia dúzia de frangos assados. Para o aniversário de Therezinha, no dia 16 de abril, levou um pernil no sábado anterior. Ela percebeu que seria um desastre tentar parti-lo com as "facas vagabundas" da cozinha da Torre. Desfiaria tudo. Chegou perto da muralha e recorreu a um soldado da patrulha: "Guarda, ganhei um pernil. Por favor, me arruma uma faca que preciso fatiar a carne". Como de costume, foi atendida. "Dali a pouco, ele apareceu com uma faca enorme. Sou honesta. Cortei primeiro para o guarda e depois para a turma."[8]

Ser chamada de burguesona não chegava a incomodar Therezinha, contudo ela não demorou a dar o troco. Apelidou de metrancas as meninas que ficavam "o dia inteiro enfurnadas na cela, estudando economia marxista e mudando o mundo". Sua forma de atuar era intuitiva e não passava pelos livros. Quando dona Arminda apareceu na visita com dois de seus famosos pastéis, Therezinha reclamou: "Não, mamãe, não posso comer sozinha". Dali em diante, quando levava pastéis, dona Arminda carregava generosas porções em uma bandejona.

Ao contrário de Therezinha Zerbini, a operária Ana Gomes conhecia mais a escassez do que a fartura. No decorrer do ano anterior, uma de suas tarefas na clandestinidade era prestar assistência às mulheres de operários presos pela ditadura. Muitas ficaram sem nenhum recurso para alimentar os filhos e manter a casa. Uma realidade que Ana não estranhava, em razão da própria origem. De família humilde, ainda adolescente ela se acostumou ao chão de fábrica, na sede da multinacional alemã Osram em Osasco, onde trabalhou por cinco anos, a partir de agosto de 1963.[9]

Na indústria especializada em iluminação, Ana explicava o conceito de mais-valia às colegas baseando-se na formação do preço da lâmpada elétrica, que elas produziam o dia inteiro. Nada melhor que a realidade do cotidiano para fazê-las entender o quanto eram exploradas. Afinal, davam um lucro tremendo para a empresa e recebiam salários bem baixos. Tinha sido assim, na prática, e com a ajuda do irmão Osni, que Ana aprendera o bê-a-bá do marxismo.

Sempre incentivada pelo irmão, ela se incorporou à VPR na fase em que a organização ainda engatinhava. Quando se casou, em vez de um ninho de amor, Ana montou um aparelho. Era outubro de 1968 e o marido, Roque Aparecido da Silva, estava na mira da polícia desde as greves que estremeceram Osasco três meses antes. No abrigo dos recém-casados também se escondeu José Ibrahim, presidente do sindicato dos metalúrgicos da cidade, que os militares tinham colocado sob intervenção.

Quatro meses depois do casamento, Roque foi preso. Ana passou quase um ano de aparelho em aparelho, cumprindo tarefas para o setor operário da VPR e, depois de julho de 1969, para a VAR-Palmares. Continuou na organização dirigida em São Paulo por Dilma Rousseff até ser presa, em 16 de janeiro de 1970.[10]

No mundo compartimentalizado das organizações clandestinas, Dilma era a única pessoa da Torre que Ana conhecia dos tempos de militância. Em tese, seria natural que dividissem a mesma cela. Na verdade, não era apenas o conhecimento prévio ou a amizade que influenciava na definição da cela a ser ocupada pelas mulheres. Levava-se também em conta o grau de envolvimento na resistência, não importava a organização a que pertencessem. Devido à aliança estabelecida com as carcereiras, as presas decidiam a organização interna. A arquitetura da Torre também ajudava.

Aquela não era uma cadeia convencional, com um ou mais corredores de celas, uma ao lado da outra. Era uma construção redonda e alta encravada entre dois andares de pavilhões, com uma única porta de entrada, isolada do resto do presídio. Dentro, havia um amplo espaço livre, para o qual davam as portas das celas, que ficavam na realidade dentro de outros pavilhões, mas sem acesso a eles. As portas se abriam somente para o interior da Torre, inclusive as duas celas menores do térreo, atravancadas de entulho.

No piso superior, estabeleceram-se duas tendências básicas no momento em que as meninas começavam a se espalhar pelo pavimento. Uma corrente era representada pelo celão e outra pela cela das metrancas, bem ao lado da cozinha. No celão ficavam em geral as mulheres com menor grau de comprometimento, integrantes da rede de apoio das organizações. Na outra cela ficavam aquelas que se destacaram na luta, fosse por ocupar posto de destaque na estrutura das organizações, fosse por atuar em ações armadas.

Coube a Ana a cela das mais comprometidas. Se ela pudesse escolher, seria diferente, pois o celão era disciplinado, com horário para tudo: "Na minha cela não tinha a menor organização, ficavam acordadas até as três horas da madrugada". Criada em uma família na qual todo mundo dormia em uma determinada hora e depois ninguém mais fazia barulho, a operária custava a conciliar o sono: "Eu tinha uma vontade enorme de estar no celão, que tinha horário para dormir, mas ficava na minha cela para não ser chamada de pequeno-burguesa. Diziam que aquela disciplina toda do celão era desvio pequeno-burguês".

Esse era o cenário nos primeiros meses de Ana na construção centenária, mas cada momento da Torre retratava uma conjuntura. No começo, a única moradora era Dulce Maia, que a operária conhecia de muitos relatos dos companheiros da VPR. Depois, chegou o grupo das treze que desembarcaram do micro-ônibus, mas Ana não se encontrou com cinco delas. Tinham sido soltas, depois de transferidas da cela menor para o celão quando passaram a chegar cada vez mais presas políticas.

Algumas mulheres ficavam poucos meses e eram libertadas. Outras se preparavam para uma jornada de anos. Isso aconteceu com Dilma, da VAR-Palmares, e duas militantes da ALN, Maria Luiza Belloque e Leslie Denise Beloque. "Criamos um comitê interorganização", registrou Maria Luiza 46 anos depois, em gravação ao Memorial da Resistência, em São Paulo. Responsável pelo setor de massas da ALN em São Paulo, Maria Luiza era cunhada de Leslie Denise, que não tinha a mesma relevância no organograma da organização liderada por Marighella, mas participou desse comitê.

No topo da hierarquia da VAR-Palmares em São Paulo, Dilma Rousseff não hesitou em assumir a sua parte na montagem do grupo: "Nós criamos uma estrutura paralela lá dentro. Controlávamos tudo. T-u-d-o. Foi uma iniciativa política. E não era só avançar. Recuávamos quando necessário". Dilma, Maria Luiza e Leslie Denise encarnavam como poucas o conceito de "continuar organizadas", mesmo atrás das grades. A elas se juntaram militantes que estavam havia algum tempo na Torre, como a estudante Arlete Bendazzoli, namorada do líder estudantil Rafael de Falco, e a advogada Cida Costa.

De porte delicado e modos contidos, Cida Costa não integrava a cela das lideranças por acaso. Era muito respeitada pela coragem e pela frieza nas ações armadas, sempre com uma peruca loura, para disfarçar os cabelos castanho-escuros. Talvez pela aparência frágil, jamais despertava suspeitas: "Uma vez me serviram até café em um banco da avenida São Gabriel. Houve uma pequena demora do pessoal que iria anunciar o assalto, eu entrei na fila do caixa e uma copeira chegou com o café. Deu para tomar antes de a ação começar". Cida Costa manteve a fleuma na cadeia. Conversava pouco fora do círculo mais próximo. Nem toda a vizinhança sabia da criação de um comitê dentro da Torre. Quem desconfiava não criticou. Só Therezinha Zerbini adjetivava suas integrantes em alto e bom som: metrancas. O certo é que elas se fecharam em uma estrutura independente do coletivo que reunia todas as presas desde o momento em que a turma das treze chegou, no dia do assassinato de Marighella. "Cada organização tinha uma representante, em geral a militante que tivesse mais experiência, mais responsabilidade. Era um conselhão", diz Leslie Denise. Nas reuniões, não se analisava a atuação de cada grupo fora das grades, embora houvesse a preocupação em acompanhar o que acontecia além das muralhas. O debate era mais voltado para a política interna, para as questões do presídio. Claro que entre essas questões estava a checagem de cada presa que chegasse, para afiançar de que não se tratava de infiltração.

Diva Burnier não precisou de checagem. Quase todas conheciam a história da economista de 23 anos: estava presa por guardar na casa dos pais uma valise com parte dos mais de trezentos relógios roubados da relojoaria Majô, no bairro paulistano dos Jardins, em junho de 1969. A ação da ALN, classificada como "espetacular assalto à mão armada" em boletim do Serviço Nacional de Informações (SNI), repercutira também entre as organizações de luta armada.[11] Porém, mais do que o "espetacular assalto", causara impacto o plano de um dos tios de Diva, o brigadeiro de extrema direita João Paulo Moreira Burnier. Em 14 de junho de 1968, ele convocou 36 integrantes da PARA-SAR, unidade de elite da Aeronáutica, formada por paraquedistas, à sede do Ministério da Aeronáutica, no Rio, para uma missão destinada a acabar de forma definitiva "com o perigo comunista no Brasil".

A ideia era explodir o gasômetro do Rio às dezoito horas, provocando milhares de mortes, e, ao mesmo tempo, destruir a represa de Ribeirão das Lajes, integrante do sistema de geração de energia elétrica da cidade. Quando o caos e a escuridão se instalassem, quarenta figuras públicas seriam jogadas de avião no mar, entre elas o ex-presidente Juscelino Kubitschek. Na sequência, o brigadeiro Burnier planejava culpar as organizações de esquerda pelos atentados.[12]

Os ataques só não ocorreram graças à denúncia de um dos paraquedistas convocados, o capitão Sérgio Carvalho, que daquele dia em diante seria perseguido e sentiria "todo o peso dos galões do senhor brigadeiro Burnier", como registrou por escrito. Em relação ao tio, Diva estava do outro lado do espectro político. Embora fosse apoio logístico, por afinidades intelectuais, na Torre ela se aproximou do grupo que articulou a estrutura política paralela.

Antes desse arranjo, apenas o coletivo, sob a liderança de Elza Lobo, tomava todas as providências. E garantia avanços. Militante da Ação Popular (AP), Elza era funcionária da Secretaria da Fazenda do governo paulista e caíra por causa de um descuido. A caminho da casa de Elza, no bairro de Pinheiros, um casal de amigos esqueceu no táxi uma pasta com documentos comprometedores. Em vez de devolvê-los, o taxista procurou a polícia. Uma noite Elza chegou do trabalho com um litro de leite na mão e deu de cara com o capitão Maurício. Outros homens mantinham sua família sob a mira de armas.

Aos 32 anos, Elza passou quase dois meses pela via-crúcis da repressão e chegou à Torre na terça-feira 6 de janeiro de 1970, quando as meninas ainda não circulavam entre as celas e as condições eram muito piores. "O primeiro período foi nojento. A comida vinha dentro de um latão grande, como se fosse lixo", lembra. "Foi quando a gente começou a batalhar para ter pelo menos uma espiriteira, para botar na tomada e fazer a comida." Depois do fogareiro, conseguiram um fogão portátil de duas bocas, a entrada de livros (sempre examinados pelos censores de plantão) e de material para fazer trabalhos manuais.

Mulher de iniciativa e muita generosidade, Elza logo ficou conhecida pela capacidade de se colocar no lugar do outro — e de ajudar. "Ela é uma querida", elogia Ana Gomes. Até Dilma, que passava a maior parte do tempo sem sair da própria cela, não demorou a perceber as qualidades da colega. E lascou-lhe um apelido: Jeremias, o Bom. Era uma referência ao personagem criado pelo cartunista Ziraldo, como contraponto à figura de humor mais conhecida até então, o Amigo da Onça, de Péricles Maranhão.[13]

Passava das sete da noite. Ninguém estranhou ao ouvir a abertura da porta no térreo. Nos últimos tempos, o movimento na Torre andava intenso. Todas estranharam, no entanto, quando surgiu pavimento adentro uma mulher elegantíssima. Devia ter uns quarenta e poucos anos. Muito bem conservados. Cabelos sedosos, pele bem cuidada, vestido de caimento impecável, sapatos refinados, unhas feitas. Tudo nela sinalizava bons tratos.

— Companheira nova — avisou a carcereira.

— De qual organização? — perguntou uma das meninas assim que a carcereira virou as costas.

— Partidão — declarou a "companheira nova".

Quem estava por perto se entreolhou. Tinha pinta de infiltração. O pessoal vinculado ao Partido Comunista Brasileiro, o Partidão, logo se movimentou. Afinal, por mais capilar que fosse a atuação comunista, era difícil encontrar na cadeia um quadro com um visual tão refinado. Era preciso confirmar sua origem. Aos 54 anos, a maior parte deles nas fileiras da esquerda, Encarnación Lopes Peres começou a conversa com uma pergunta básica, da forma mais tranquila possível.

— Qual a sua célula?

— Partidão — respondeu, insegura, a novata.

— E o seu contato?

— Partidão — repetiu a mulher, bem abalada.

— Como?

— Pelo amor de Deus, me deixem ficar com vocês! Não me deixem com as presas comuns — apelou a novata, antes de desatar em um choro aflitivo.

— Mas de onde você é?

— Eu não sou de esquerda, não sou política. Sou a sogra do Dener. Fui presa por estelionato, por causa de um cheque. Foi um equívoco. Por favor, me deixem ficar com vocês até resolver isso.

De fato, pela aparência, ela estava muito mais para Dener do que para partido clandestino. Não havia como conferir, mas as meninas deliberaram por aceitá-la. Claro que ficariam de olho e não conversariam nada importante perto dela, mas ninguém acreditava que a repressão conseguisse arregimentar uma infiltrada tão estilosa. O mais provável era que, na carceragem, ela tivesse deixado uma boa soma de cruzeiros para escapar do pavilhão das corrós.

Dener Pamplona de Abreu, o costureiro citado pela novata, era simplesmente o homem que introduziu a alta-costura no Brasil. Nascido no arquipélago do Marajó, no Pará, ele tinha entrado para o mundo da moda com apenas treze anos, quando começou a trabalhar na Casa Canadá, no Rio de Janeiro. Dono de estilo inconfundível, sete anos depois ele abriria ateliê próprio em São Paulo, o Dener Alta-Costura. No auge do sucesso, casou-se com uma de suas modelos, Maria Stella, filha da "presa nova", Didy Splendore.[14]

Didy revelou-se uma figura de fácil convivência. Nas semanas que passou na Torre, não reclamou da sorte nem se meteu em conversas para as quais não era chamada. Mais do que isso, tentou ser cordial com todas, como lembra Leslie Denise Beloque: "Ela ficou tão agradecida de ter sido aceita que começou a agradar todo mundo. Como eu era magra e alta, decidiu que eu deveria ser modelo".

— Ah, você dá para ser manequim. Nunca pensou em ser manequim? — vivia repetindo Didy.

Com 1,77 metro de altura e cinquenta quilos, Leslie Denise até que poderia entrar para o mundo da moda. Só que era uma realidade tão incongruente com seus ideais que a simples sugestão a deixava irritada. Didy, que costumava receber a visita da filha aos sábados, não percebia a falta de sintonia. Até que um sábado o costureiro apareceu na visita. Estava separado de Maria Stella, com quem tivera dois filhos, mas se dava bem com os Splendore. Didy tratou de apresentar Leslie Denise a Dener e de adiantar toda a carreira que traçara para a estudante nas passarelas.

69

— Quando sair, me procure. Você nem precisa de curso. Já anda muito bem — decretou Dener.[15]

A cena foi observada com interesse por todo mundo que estava no pátio. Dener não era um homem que passava despercebido. Surgiu no presídio tão alinhado quanto aparecia na televisão, como jurado do *Programa Flávio Cavalcanti*, da TV Tupi. Chamava a atenção também por se tratar de um personagem famoso, que sintetizava seus veredito na televisão com as frases "isso é um luxo" ou "isso é um lixo". Já as meninas ficaram atentas ao comportamento da companheira da ALN. Sabiam que o plano de Didy a incomodava.

Acabado o horário de visita, o humor de Leslie Denise foi colocado à prova: "Quando voltei para a Torre, ficou a maior gozação. Ah, então você vai ser modelo? Com que nome vai estrear nas passarelas? Porque Leslie Denise, por favor, não é nome artístico. Dilma começou: 'Pode ser Dedê. Não, Dedê não é bom. Vai ser Lelé'. E a Dilma ficou no topo da escada gritando 'Lelé! Lelé!'. Enquanto eu não respondi, ela não parou. Comigo foi assim, mas ela dava apelido para todo mundo".[16]

Robêni Baptista da Costa ganhou o dela durante uma brincadeira de mímica. A ideia era fazer uma representação, por meio de gestos, para que as outras adivinhassem o título de um filme. Robêni bem que tentou, mas não conseguiu superar a falta de jeito. Estava no meio da performance do que imaginava ser uma produção hollywoodiana quando Dilma gritou:

— Jotalhão! — referindo-se ao elefante verde que simbolizava uma marca de massa de tomate.

Nem Robêni aguentou ficar séria: "Daquele dia em diante, virei Jota, de Jotalhão". Carioca com poucos conhecidos em São Paulo, Ana Bursztyn não teve nem chance de ensinar a pronúncia do sobrenome polonês. Logo nos primeiros dias na Torre virou Ana Buzaid, pois o sobrenome do odiado ministro da Justiça Alfredo Buzaid era mais fácil de articular.

Dilma não poupava nem as amigas mais próximas. Cida Costa ficou conhecida pela sigla PB, de Pequena Burguesa, mas não havia nenhuma relação com origem de classe: "Isso porque resolvi fazer um cartãozinho para minha prima. Pintei uma aquarela, com florzinhas e um céu azul-bebê. Como desenhista, sou um zero à esquerda. Todo mundo caiu na risada, e a Dilma saiu com a história de Pequena Burguesa. Ela era terrível".

A geógrafa Maria Celeste Martins, que trocou a militância em Porto Alegre pela atuação em São Paulo, se tornou Gaucha, com pronúncia acentuada no primeiro "a". A baiana Jurema Valença escapou do gentílico, mas não da associação com a leguminosa enlatada que leva seu primeiro nome. Virou Ervilha. E tinha que aguentar gozação cada vez que aparecia na cozinha uma lata do produto. Joana D'Arc Gontijo seria para sempre Fogueira.

Quem estava para chegar também receberia sua cota. No caso da advogada Rita Sipahi, uma elaboração a partir de regionalismos deu em Melé de Califom: "Foi uma brincadeira da Dilma. Inventaram que eu estava roubando no jogo de cartas". Melé em Fortaleza, no Ceará, onde Rita nasceu, é o curinga do baralho. Califom, por sua vez, sinônimo de sutiã. Rita jurava que não tirava nenhum curinga do sutiã durante o jogo, mas não adiantou.

Maria Nadja Leite de Oliveira, que também nasceu no Ceará, não ganhou novo apelido porque era Moló fazia tempo. O motivo: estava com dois coquetéis molotov na bolsa quando foi presa, durante uma passeata em Fortaleza.[17] No começo da gravidez, Maria Lúcia Urban, que tinha sido chutada escada abaixo no DOI-Codi, receberia muitos cuidados e seria chamada carinhosamente de Choquinha.[18]

Ana Maria Ramos acredita que, em seu caso, o visual influenciou: "Eu era Ana Urubu, porque só usava roupa preta e marrom. Além disso, tinha o cabelo comprido, muito preto". Dilma conta que o apelido original era Urubu Autêntico, dado por Maria Luiza Belloque e Maria do Carmo Campello graças a dois comentários de Ana. Um dia, ela dissera que um urubu tinha pousado em sua sorte. Em outra ocasião, discorrera sobre quem era ou deixava de ser autêntico.

Intelectual de primeira linha, a professora Maria do Carmo Campello, a Carmute, ajudou ainda a apelidar Ana Gomes: a prisioneira virou "Baixa". O detalhe curioso é que Ana, com 1,54 metro, era mais ou menos da mesma estatura de Carmute — que também contribuiu para a criação do apelido da diretora de teatro Heleny Guariba. Como usava um poncho colorido, falava bastante e estava sempre em movimento, subindo e descendo do beliche, Heleny virou Periquita Laboriosa.[19]

Da lavra exclusiva de Carmute surgiu o apelido de Iara Prado, estudante de história da USP presa em Porto Alegre, em 8 de abril de 1970. O marido de Iara, o líder estudantil Antonio de Pádua Prado Junior, era conhecido como Paeco. Quando o casal foi transferido para o Tiradentes, Carmute anunciou: "Os Paequinhos chegaram!". Iara não gostou, mas depois viu que o jeito era aceitar: "Virei Paeca". Já Dilma, mineira de Belo Horizonte e nem sempre muito delicada, as meninas não perdoaram. Chamaram de Mineirão.

Com 32 moradoras, a Torre recendia inquietude naquela primeira semana de junho de 1970.[20] Pelos canais informais de comunicação, elas souberam que militares estavam desembarcando até de helicóptero no Vale do Ribeira, no sul do estado. Tinham descoberto uma área de treinamento de guerrilha rural na região, liderada por Lamarca.[21] Ainda não estava confirmado, mas tudo indicava que o capitão havia escapado do cerco.

Nenhuma notícia sobre a operação militar saía dos radinhos de pilha que tinham entrado no presídio por causa da Copa do Mundo, que já começara. O clima ficou ainda mais estranho quando a porta de ferro do térreo foi aberta à noite e uma funcionária da carceragem entrou acompanhada por três moças muito bem-vestidas. Estariam infiltrando informantes nas prisões para descobrir pistas de Lamarca?

As moças carregavam apenas bolsas sociais. Rosalba Almeida Moledo, Marilena Nakano e Sabina Mnitentag despertaram imediata desconfiança. Eram recém-formadas na Faculdade de Filosofia, Ciências e Letras de Santo André, na Grande São Paulo, mas o currículo não estava em jogo. O que levantava suspeitas era a aparente ausência de vínculo do trio com qualquer organização. Além disso, ninguém tinha conhecimento da prisão delas.

Rosalba nem se deu conta das suspeitas que ela, Marilena e Sabina despertaram. Naquela noite, só queria chorar. Atirou-se no colchão do beliche que lhe indicaram e não falou com ninguém. A vida lhe pregara uma peça. Antes de sair de casa, ela havia conferido o figurino no espelho várias vezes. Vestido de tricô de lã vermelha, com saia enviesada, colar de prata de três fieiras, sapato e bolsa pretos, de verniz. Maquiagem discreta. Perfeito.

Chegara confiante para o julgamento no prédio da Justiça Militar, na avenida Brigadeiro Luís Antônio, na Bela Vista. Na entrada, recebera a solidariedade da demógrafa Elza Berquó, sua chefe no Cebrap, o centro de análise e planejamento criado no ano anterior por professores afastados das universidades pela ditadura: "Vamos comemorar com champanhe!".[22] Deu tudo errado. Em vez sair do tribunal para festejar a absolvição, ao anoitecer do dia 4 de junho, Rosalba foi colocada na traseira de um camburão, junto com Marilena e Sabina.

O trio tinha sido condenado a seis meses de prisão por causa de uma panfletagem malsucedida. Aconteceu na noite de 30 de outubro de 1968, quando elas cursavam o terceiro ano da faculdade em Santo André, mas acompanhavam de perto o movimento estudantil em São Paulo. Com muita frequência, participavam de reuniões na USP, tanto no campus da Cidade Universitária quanto na rua Maria Antônia, no centro.

Convencidas de que também precisavam colocar a mão na massa, decidiram produzir um panfleto para distribuir em Santo André. Como a imprensa estava censurada, a ideia era alertar a população sobre as mazelas da ditadura. Afinal, estavam certas de que "o povo unido e organizado derruba a ditadura", como afirmavam no final do texto.[23]

Rodaram o material, colocaram na Kombi azul do pai de Sabina, encostaram o carro na rua das Hortênsias e foram à luta. Quase onze da noite, estavam voltando para a Kombi quando, próximo a um ponto de ônibus, entregaram o panfleto para quatro rapazes. Um deles era um guarda municipal à paisana. Deu voz de prisão sem saber se seria acatado, mas logo chegou para ajudá-lo um sargento da Força Pública, a corporação que mais tarde passaria a se chamar Polícia Militar. Levaram as estudantes para a delegacia. Junto estava ainda outra colega de faculdade, Ruth Schuster.

Na delegacia não teve conversa. Panfleto com conteúdo subversivo era assunto para o Dops, que foi acionado. A Kombi acabou apreendida, com 2400 panfletos no porta-malas, e as famílias foram avisadas. Foi toda uma noite para registrar a ocorrência. Ninguém encostou a mão nelas. Na noite seguinte, Rosalba, Marilena, Sabina e Ruth foram transferidas para o Presídio Tiradentes.

Instaladas em uma cela da ala masculina, Rosalba e as colegas receberam cobertores. "Seus amiguinhos da UNE que deixaram", ironizou o carcereiro, referindo-se a centenas de estudantes aprisionados dezoito dias antes, por causa do congresso clandestino na cidade de Ibiúna.[24] Rosalba se martirizava. Em Santo André, tinham sido ingênuas. Deveriam ter corrido e escapado do guarda.

Depois de uma noite maldormida, elas foram liberadas. Seguiram a vida sem se preocupar muito com o processo. A estratégia da defesa tentava apresentá-las como mais ingênuas do que realmente foram. Diriam que não sabiam nada sobre panfletos contra o governo. Estariam distribuindo panfletos reivindicando a criação de cursos noturnos na faculdade que estudavam. Não teriam nem lido os papéis recebidos de rapazes que também não sabiam identificar.

Não colou. O conselho formado por três militares e um juiz de carreira registrou na sentença que a desculpa era "ridícula".[25] As quatro receberam pena de seis meses atrás das grades, sendo que Ruth foi condenada à revelia:[26] na reta final, em vez de responder ao processo, ela optou por desaparecer do mapa. Não se teve mais notícias dela. A polícia política também não a encontrou. Na ficha, registrou Ruth como "foragida".[27]

Rosalba, por sua vez, se angustiava. Não bastasse a condenação por conta de uma panfletagem boba, na Torre ainda lidava com a desconfiança das companheiras. Por mais que se esforçasse, não conseguia se enturmar: "Se estava um grupinho conversando e eu me aproximava, elas disfarçavam, mudavam de conversa. Passavam a falar do tempo, do céu azul, de qualquer coisa". Rosalba estava no limite quando a cena se repetiu no pequeno pátio do lado de fora da Torre, na hora do banho de sol.

— Vocês não são nada. Vocês não existem! A presa política aqui sou eu! — gritou.

Elza Lobo foi em seu socorro. Prestimosa como sempre, conseguiu acalmar Rosalba. De quebra, falou sobre as regras não escritas que imperavam na Torre. A primeira: era uma falácia a história de não se perguntar o motivo da prisão de ninguém. Na verdade, nem sempre perguntavam de forma direta. A aparição de qualquer novata envolvia questionamentos, até porque o risco de infiltração era concreto. Quando a militância da recém-chegada não estava muito clara, a situação se complicava.

Por mais que as organizações falassem em atuação compartimentalizada, o grupo de brasileiras comprometidas com o enfrentamento ao regime era pequeno. As pessoas se conheciam, até mesmo por relatos passados em pontos. Em suma, as moradoras da Torre precisavam de tempo para descobrir as ligações das desconhecidas. Às vezes, a resposta vinha do outro lado do presídio, onde ficavam os presos políticos. De outras vezes, demorava mais.

Na longa conversa que manteve com Rosalba, Elza Lobo também falou um pouco da geopolítica da Torre. Embora muitas meninas se unissem ou se separassem por afinidades pessoais, havia também o peso das organizações e do papel de cada uma na resistência. Aquelas que foram presas por atuar na rede de apoio às organizações eram respeitadas, mas bem menos do que as que foram para a linha de frente das ações armadas. Ou que se destacaram como dirigentes. A convivência era pacífica, mas de vez em quando escapava alguma alfinetada. Na mesma hora, Rosalba entendeu por que uma das mais graduadas se viu um dia no direito de interpelá-la por jogar baralho no meio da tarde:

— Jogando de novo? Não tem nada útil para fazer?

— Aqui dentro não — respondeu Rosalba.[28]

A implicância, com certeza, não se devia apenas ao carteado. A situação de Rosalba era mesmo surrealista. Naquela época, o cerco da ditadura avançava sobre a luta armada. Seus agentes não davam tanta importância aos estudantes, que haviam sido silenciados. A história de ser condenada por panfletagem parecia inverossímil. Por outro lado, o grito de Rosalba fazia sentido.

"Vocês não existem!" era uma boa frase para sintetizar a situação daquelas mulheres diante da Justiça Militar. A maioria das presas encerradas na Torre ainda não tinha sido condenada. E, de acordo com a contagem feita por Rosalba um mês depois de sua chegada, elas já somavam 47 pessoas. Algumas estavam mais para sequestradas do que para prisioneiras. Uma delas, Ilda Martins da Silva, se desesperava com a situação. O marido, Virgílio Gomes da Silva, havia sido morto no DOI-Codi e o corpo desaparecera. Ela estava na Torre desde o dia 4 de novembro de 1969, sem nenhuma acusação formal.

Outras nem sabiam o que estavam fazendo na cadeia. Isso ocorria com Luzia Flora Leme, de 27 anos, mulher do suíço Hans Rudolf Manz, que ensinava um grupo da ALN a fabricar explosivos e mais tarde se declarou "arrependido".[29] Dona de casa, mãe de um menino de quase três anos, Luzia tinha pouca escolaridade e defendeu-se como pôde nos interrogatórios. Disse que o marido se trancava com pessoas em um cômodo dos fundos da casa para lecionar alemão.

Nas semanas que passou no celão, ela demonstrou estar sempre bem-humorada. Uma vez, chegou a debochar de um episódio que viveu na rua Tutoia. Cidinha se lembra bem: "Luzia contou que era muito religiosa e sempre carregava vela e fósforos na bolsa. Antes de prestar depoimento, pediu para usar o banheiro. Estava assustada, queria mesmo era acender uma vela e orar, só que demorou. Foi tirada aos safanões e empurrada pela escada. Ela achava que o militar interpretou a vela acesa como uma reza brava contra eles".

Pelos critérios da época, Luzia foi a única mulher identificada como preta a ser encarcerada naquela parte do Tiradentes.[30] A maioria das presas da Torre era branca e dessa forma fichada pela polícia política. Nos arquivos encontrados pela autora, as exceções foram Luzia, a fiandeira Ozenilda Alice Garcia, identificada como parda clara,[31] e a estudante Ana Maria Ramos, registrada como morena.[32] Décadas depois, Ana se autodeclararia negra, mas essa opção não existia naquele começo dos anos 1970. A miscigenação e a cor da pele não entraram nos debates da Torre. No país embalado pelo mito da democracia racial e pela suposta cordialidade do brasileiro, outras questões monopolizavam a pauta.

O dramaturgo francês Jean Genet não tinha planejado conhecer nenhuma penitenciária no Brasil, onde desembarcara no dia 26 de maio de 1970.[33] Viera de Paris, a convite da atriz e produtora Ruth Escobar, conferir como apresentavam sua peça *O balcão* em São Paulo,[34] mas acabou atravessando o portal do Presídio Tiradentes. Depois do pórtico, percebeu que se espalhava uma prisão impregnada de infelicidade e dor, como tantas que ele conhecera, a começar pela colônia agrícola de Mettray, na França, onde amargara parte da adolescência.

Cadeia é triste em qualquer lugar, e, ao entrar no Tiradentes, o dramaturgo se comportou como quem tem o domínio do palco. Estava com 59 anos, no auge do prestígio, mas não podia nem devia criar caso. Precisava mascarar a indignação, para passar incólume pelo aparato de segurança do presídio. Queria visitar a atriz Nilda Maria Toniolo, que atuava em ousada montagem de *O balcão* e havia sido presa quando se preparava para sair de casa, rumo a mais um espetáculo.

Anfitriã de Genet, Ruth inventou até uma história para justificar a presença do dramaturgo no presídio. Como ele não falava português, passaria por um estrangeiro casado com uma tia de Nilda Maria que vivia na França. Ninguém do presídio saberia que o vínculo entre os dois era a peça repleta de críticas às relações de poder, a partir do bordel de uma cidade estremecida por uma revolta popular.

Na obra, Nilda Maria fazia o papel da guerrilheira Chantal. Por aqueles dias as cenas da guerrilheira no Teatro Ruth Escobar estavam suspensas, e a atriz dividia uma pequena cela com outra artista conhecida, Maria Barreto Leite: "A parede onde estava encostado o meu beliche era tão úmida que chegava a escorrer água". As condições insalubres ficaram em segundo plano quando ela soube que o dramaturgo havia desembarcado no Brasil e tentava encontrá-la.

Jean Genet esteve uma primeira vez no Tiradentes, junto com Ruth, mas não conseguiu entrar. Mandou entregar-lhe comida: "Era um caixote enorme, com vários frangos assados. Ele conhecia prisão, sabia como era o esquema. Todos precisam comer". Pouco tempo depois, Nilda Maria foi chamada na Torre e levada para um espaço cercado perto da carceragem. Não era dia de visita: "Eles estavam me esperando. Jean Genet, Ruth Escobar e Raul Cortez. Não sei como a Ruth conseguiu. Ela era muito louca. Muito contestadora. Conseguia coisas incríveis".

O encontro aconteceu através de um portão com grade: "Na verdade, não falamos muito. Foi um encontro emocional, muito forte. Eram olhares. Abraços através de uma grade. Ele ficou muito comovido. Parecia entender o que eu estava sentindo. Tínhamos uma cumplicidade. E a mesma experiência". Para a atriz, aqueles eram tempos de muita angústia. Casada com um advogado e mãe de dois filhos pequenos, no começo de maio tinha visto homens da polícia política levarem o marido, enquanto outros revistavam de cima a baixo a casa onde moravam. A acusação: integrar a rede de apoio da organização liderada pelo capitão Lamarca.

Nove dias depois, Nilda Maria estava às voltas com a defesa do marido, a assistência aos filhos e o próprio trabalho quando os agentes da repressão voltaram para prendê-la. Ficção e realidade se misturavam. De repente, a intérprete da guerrilheira Chantal acabou enquadrada como subversiva horas antes de encarnar a personagem no teatro da rua dos Ingleses, na Bela Vista. A acusação: atuar ao lado do marido no apoio à VPR.

Quando boatos sobre a prisão da atriz chegaram ao teatro, a casa já estava lotada. Ruth pediu que confirmassem a informação e mandou começar o espetáculo. No início do segundo ato, quando a presença de Nilda Maria em cena era imprescindível, Ruth, que também trabalhava na peça, desfez-se do papel de Madame Irma, a dona do bordel retratado em *O balcão*. Interrompeu a apresentação, pediu um microfone aos técnicos e levou o mundo real para o palco.

Em alto e bom som, mas com a voz emocionada, anunciou que Nilda Maria tinha sido presa e estava incomunicável.[35] Na noite daquele sábado, 16 de maio de 1970, Ruth avisou também que a atriz não seria substituída. A cena com Chantal estava suspensa da peça até Nilda Maria ser liberada pela polícia política. "Soube mais tarde que isso levantou um burburinho ainda maior, porque as pessoas iam ao espetáculo para ver a cena cortada. Então a repressão ficou mais irada", diz Nilda Maria.

O balcão marcou época. Para exibir o espetáculo, dirigido pelo argentino Victor García, Ruth praticamente demoliu o teatro que levava seu nome. Mandou construir uma estrutura de 25 metros de altura, uma espécie de espiral vertical metálica. O público se acomodava em arquibancadas instaladas nas laterais da espiral, em diferentes níveis.

Durante a encenação da peça escrita por Genet em 1956, atores como

Raul Cortez, Sérgio Mamberti e Paulo César Pereio ocupavam o interior da espiral metálica, onde um elevador de acrílico se movimentava no sentido vertical. Em algumas cenas, os atores ficavam suspensos por plataformas.

O sucesso da montagem e a presença do dramaturgo em São Paulo chamaram a atenção de Maria do Carmo, mulher do governador Roberto de Abreu Sodré. Sem se preocupar com o estreito vínculo do marido com os militares nem com o caráter contestador do francês, a primeira-dama mandou um telegrama convidando Jean Genet a visitá-la na sede do governo, o Palácio dos Bandeirantes.[36]

Hospedado na casa de Ruth, o dramaturgo desfiou uma coleção de impropérios quando recebeu o telegrama. Quanta petulância! Ele jamais faria rapapés a um títere da ditadura! Pragmática, Ruth esperou passar o ataque de fúria para convencer Genet a aceitar o convite. Seria uma oportunidade para pedir ajuda à primeira-dama. Naquele momento, além de Nilda Maria, um dos problemas que mais preocupavam Ruth era o desaparecimento dos netos de Tercina Dias de Oliveira, que também estava presa na Torre.

Conhecida como Tia, Tercina era uma mulher de 55 anos, com pouco estudo, que se tornara uma das figuras mais emblemáticas da luta armada. Simpatizante do Partido Comunista desde os anos 1940, ela fizera uma trajetória singular. Nascida na cidade pernambucana de Barreiros, Tercina se casou pela primeira vez aos catorze anos, pressionada pela família. Seis meses depois, ficou viúva.[37]

Mais três casamentos e outras três vezes viúva, Tercina morava em Osasco quando um de seus filhos, Manoel Dias do Nascimento, começou a trabalhar como operário, ainda adolescente, no final dos anos 1950. Incentivado pela mãe, Manoel logo se vinculou ao movimento sindical, uma militância que se consolidou com o passar do tempo. Em 1968, já casado com a operária Jovelina Tonello do Nascimento e ligado à VPR, Manoel esteve na linha de frente de uma greve que desafiou a ditadura. Na mira dos militares, ele precisou entrar na clandestinidade.

Tercina não hesitou em submergir no caminho aberto por Manoel. Mãe de seis filhos, dois deles adotivos, ela cuidou de alguns aparelhos, até ser despachada pela VPR para uma área de mata fechada, no Vale do

Ribeira. Acompanhada por três netos pequenos e por um marido fictício, o sapateiro José Lavecchia, Tercina ocupava a casa de pau a pique existente na entrada da área de treinamento de guerrilha idealizada por Lamarca. "Eles tinham uma relação muito próxima", conta Darcy Rodrigues, sargento do Exército que desertou do 4º Regimento de Infantaria de Quitaúna junto com Lamarca e participou do treinamento. "Foi Lamarca quem começou a chamar Tercina de Tia. Pegou."

No Vale do Ribeira, Tercina tinha múltiplas tarefas. Além de comandar a família de fachada, cuidava do depósito de víveres e fabricava os uniformes usados no treinamento. Para que as roupas resistissem à umidade da Mata Atlântica, costurava com fios de náilon. Nos bonés de couro, pregava uma proteção para a nuca igual à que Lamarca tinha visto no Canal de Suez, quando ele integrara as tropas de paz da ONU, em 1962. O acessório, que em Suez servia para evitar queimaduras de sol, no Ribeira protegia a nuca dos guerrilheiros de picadas de insetos.[38]

Acostumada desde muito nova a pegar no batente, Tercina não encontrava nenhuma dificuldade em cumprir tantas tarefas. Enquanto isso, seus netos ficavam no entorno da casa, comendo fruta no pé, tomando banho de cachoeira e até mesmo ajudando na vigilância. Com quase nove anos, o mais velho, Samuel, era encarregado de sinalizar a chegada de qualquer estranho na área. Nessas ocasiões, ele corria até uma construção camuflada na mata, que usavam como depósito, e puxava uma cordinha que fazia subir um pano branco. Esse depósito era o lugar mais distante da casa que as crianças tinham permissão para alcançar.

Com exceção de Lamarca, os guerrilheiros não frequentavam a moradia de Tercina. Por uma questão de segurança, ficavam sempre embrenhados em uma área de oitenta alqueires de terreno acidentado, onde montaram duas bases.[39] Ainda assim, a existência do campo de treinamento acabou revelada aos militares. Antes que a repressão chegasse ao Vale do Ribeira, Lamarca desmontou o esquema de fachada e transferiu Tercina e os netos para uma pensão, a Samburá, em Peruíbe, no litoral sul paulista.

Poucos dias depois, a própria Tercina alugou uma casinha, onde dirigentes da VPR chegaram a se reunir. Passados mais alguns dias, durante uma madrugada, ela acordou com batidas na janela. Era Maria do Carmo Brito, do comando da VPR, que havia sido presa no Rio e, à custa de muita tortura, chegava à casinha de Peruíbe com uma equipe do DOI-Codi.

Com a maturidade que a caracterizava, Tercina ficou indignada, mas manteve a linha. Acordou os netos e pediu que eles se trocassem sem fazer alarde. Acostumados a receber carinho, mas também a obedecer, os meninos nem piscaram. Só criaram problema na sede do Dops, em São Paulo, quando foram separados à força da avó.

Os gritos e choros não sensibilizaram os policiais. Tercina, por sua vez, sabia que não adiantava reagir e seguiu para a sala de interrogatório com a cabeça erguida. Desde então, não teve mais notícias dos meninos. Como se não bastasse, poucas semanas depois, soube que outro neto seu também estava desaparecido. Era o pequeno Ernesto Carlos, filho único de Jovelina e Manoel, que estavam presos no Dops.

Genet se comoveu com a história e decidiu aceitar o convite da primeira-dama. Acompanhado por Ruth, dirigiu-se à ala residencial do Palácio dos Bandeirantes. Chegou disposto a se comportar como o mais refinado visitante. Ficou na intenção. Diante da primeira-dama, o dramaturgo perdeu as estribeiras assim que começou a falar sobre o sumiço dos meninos. Atacou a ditadura como se estivesse em um palanque da oposição.

Mobilizada pela veemência do discurso de Genet, Maria do Carmo foi na mesma hora ao telefone, para pedir providências. Dois dias depois, os meninos estavam localizados e reunidos. Por meio de uma rede informal de comunicação, Ruth conseguiu avisar Tercina, que improvisou uma procuração, colocando as crianças sob a guarda da atriz. O documento, no entanto, não foi aceito no Juizado de Menores. Motivo: Ruth era uma mulher desquitada. O recurso do desquite era previsto em lei, mas ser desquitada reduzia Ruth a uma espécie de cidadã de segunda categoria. O juizado não a considerava respeitável a ponto de confiar-lhe as crianças.

Nilda Maria ficou alheia à movimentação, embora tivesse boa convivência com Tercina na Torre. "Essa parte das crianças eu simplesmente não quis saber. Qualquer coisa que falavam eu dizia: 'Não quero saber, não quero ver, não quero falar'. Das crianças, eu fiz um isolamento", rememorou mais tarde Nilda, que tinha sido separada dos próprios filhos. "Tem um limite para o sofrimento. É preciso criar uma proteção para sobreviver. A visita de Jean Genet deu uma sequência. Houve uma sincronicidade. É o que chamo de manifesto divino, porque favoreceu os meninos. Para mim não adiantou nada, mas favoreceu os meninos, o que já é uma maravilha."

Pouco depois da visita de Genet a Nilda Maria, uma onda de tensão tomou conta do Tiradentes. A direção do presídio cortou todos os canais entre o Mundão (como as meninas chamavam tudo o que existia além das muralhas do presídio) e o Mundinho (o espaço no qual estavam encarceradas). Com exceção dos funcionários, ninguém entrava nem saía do complexo penitenciário. Todas sabiam a razão: o embaixador alemão no Brasil, Ehrenfried von Holleben, havia sido sequestrado pela guerrilha no Rio, na noite da quinta-feira 11 de junho de 1970.

A notícia estava em todos os jornais, rádios e tevês, até porque uma das exigências para libertar o diplomata era a divulgação de um manifesto deixado na urna de donativos da igreja Santa Mônica, no Leblon.[40] O documento estava autenticado pelo diplomata, que só assinou ao saber que proliferaram manifestos falsos em sequestro anterior. Por incrível que pareça, um deles exigia a liberação do jogo do bicho.[41]

Na manhã seguinte ao sequestro, o diretor Olyntho Denardi despachou um ofício para o diretor-geral de polícia, Celso Telles, avisando que suspendera as visitas "até quando durar a situação criada com aqueles nefandos atos de violência e terror, próprios de mentes doentias e desesperadas". Relatou ainda que o clima "entre os terroristas" do presídio era o de maior alegria possível. Com base em informe passado por uma carcereira, escreveu que Dulce Maia teria até praticado um striptease, "ficando inteiramente nua na cela", devido à "certeza de que será um dos que serão pedidos em troca da devolução do embaixador".[42]

A parte do striptease era uma invencionice, mas nos cárceres da ditadura havia de fato alegria pelo sequestro bem-sucedido.[43] Contudo os nervos estavam à flor da pele. Muitos tinham esperança de sair de trás das grades. Na Torre, ninguém desgrudava dos radinhos de pilha providenciados por causa da Copa do Mundo. Quarenta presos políticos seriam trocados pelo embaixador alemão. Na tarde seguinte ao ofício do diretor do Tiradentes, Tercina nem continuou a ouvir os nomes dos outros presos a entrarem na troca quando escutou o seu:

— Tercina Dias de Oliveira!

Não havia bagagem a arrumar. Só vontade de deixar tudo para trás. A antiga moradora do Vale do Ribeira desceu as escadarias da Torre ao som de "Suíte do pescador", de Dorival Caymmi. O caminho da liberdade começou por degraus centenários. E a música de Caymmi fazia parte do ritual de despedida. Do alto da escadaria, pelos degraus, no térreo, por todos os lados, as meninas da Torre cantavam sem medo de errar o tom. Depois de Caymmi, foi a vez de "A Internacional", o hino dos movimentos revolucionários.

Costureira de mão cheia, Tercina usava a melhor roupa disponível — uma saia azul-marinho e uma blusa no mesmo tom, que ganhara pouco tempo antes de Luiz Roberto, o irmão mais novo de Elza Lobo. Ela adorava aquela blusa. E não poderia estar mais contente. Com os cabelos grisalhos em desalinho, saiu dançando e balançando bem alto o lenço branco que levava nas mãos.[44]

A dança de Tercina refletia a felicidade por deixar a prisão, mas também a decisão de enfrentar seus algozes. Desde que o rádio anunciara seu nome na lista de presos políticos a serem trocados pelo embaixador, ela não fazia ideia de como seria o futuro. Mas do presente sabia: só sairia do Brasil se fosse acompanhada pelos quatro netos, que tinham acabado de ser localizados graças à intervenção do dramaturgo Jean Genet. Se não concordassem em entregar os quatro, recolheria o lenço usado na despedida e voltaria para a Torre. Os militares que se virassem para libertar o embaixador.

Na sede do Dops, no largo General Osório, ela mostrou que os dois meses de cadeia não haviam esmorecido sua disposição para a briga. Os três meninos presos com ela estavam em uma unidade do Juizado de Menores. O neto mais novo, Ernesto, tinha sido levado para junto deles depois do telefonema da primeira-dama, mas havia um problema adicional: o nome de Tercina constava da relação de presos, mas com direito de levar apenas os três netos que a acompanhavam no momento da prisão.

— Entrei com três, mas só saio se for com quatro — avisou Tercina.

O impasse incomodou até companheiros de organização.[45] Corriam contra o relógio. O embaixador estava sequestrado havia três dias. Quanto mais o tempo passasse, maior a chance de a repressão descobrir o local do cativeiro. A polícia política não colocaria em risco a vida do diplomata, mas metralharia sem dó nem piedade o comando que fizera o sequestro. A repercussão seria mínima. O Brasil disputava as quartas de final da Copa do Mundo e todas as atenções estavam voltadas para a seleção de Pelé, Tostão, Rivelino, Carlos Alberto e Gérson.

No Dops, Tercina ouvia sem pestanejar os apelos para aceitar sair com os três netos. Determinada a fazer prevalecer sua vontade, ela não arredou pé. Depois de dobrar as autoridades, foi a vez de convencer Jovelina, a mãe de Ernesto, a autorizar por escrito a viagem do garoto de dois anos e três meses.[46] Jovelina tinha sido presa pela Operação Bandeirante, mas naquele momento ocupava uma cela do Dops.

O encontro entre as duas foi intenso. "Ela desceu até a minha cela. Estava vermelha, vermelha. Disse que sem o Ernesto não embarcava. Como eu e o Manoel estávamos presos, ela não via outra saída. No final eu concordei, mas disse que não assinava se não visse o menino", lembra Jovelina. "Levaram o Ernesto para uma sala do Dops. Peguei no colo, abracei, beijei e tornei a beijar várias vezes. Ele estava com uma roupinha bonita. Um pijaminha. Foi muito triste para mim. Muito triste."

Quando o Douglas C-47 da Força Aérea Brasileira decolou para o Rio, Tercina levava a bordo os quatro netos. Era um avião antigo de transportar paraquedistas, com um banco de madeira em cada lateral. Talvez de propósito, o piloto percorreu o trajeto fazendo manobras bruscas, com os passageiros escorregando de um lado para outro.[47] A costureira de Lamarca não reclamou. Estava acostumada à vida sem confortos e com sobressaltos.

Na base militar do Galeão, os banidos foram intimados a posar para um fotógrafo da Agência Nacional em frente ao Boeing 707 da Varig que os levaria para o exílio. A fotografia entrou para os acervos da repressão com os adultos numerados de 1 a 40 e os quatro netos de Tercina bem à frente, sinalizados pelas letras A, B, C e D.[48] No Dops de São Paulo, as quatro crianças tinham sido fichadas como subversivas.[49]

Na fotografia aparece também a primeira presa política a chegar à Torre: Dulce Maia, a Judith da luta armada, aquela que os presos comuns chamavam de Bonifácio para despistar os carcereiros. Depois de quase dezesseis meses encarcerada, Dulce soube junto com Tercina que as duas estavam na lista dos quarenta presos a deixar o país. Enquanto Tercina explodiu de alegria, Dulce foi mais contida. O alívio que sentia não era suficiente para superar as sequelas deixadas pela tortura.

Perdera o brilho nos olhos, a vivacidade da pele e tantos quilos que nem sabia quantos. Pele e osso, escolheu uma camisa de mangas compridas e uma calça de veludo para usar na viagem rumo à liberdade. E tratou de distribuir pela Torre os muitos pertences que acumulara na cadeia. O que mais possuía eram roupas de inverno.

"Minha mãe tinha pavor que eu passasse frio na cela, que ficasse tuberculosa. Mandava toneladas de peças de lã, de mantas e cobertores. Era amiga da família do governador Abreu Sodré. Um irmão dele, o Antônio Carlos, foi preso durante a ditadura de Getúlio Vargas e contraiu tuberculose na prisão. Morreu pouco depois." Por causa do temor da mãe da Dulce, não faltou abrigo naquele inverno.

Para Ligia Cardieri, sobrinha por afinidade de Câmara Ferreira, que chegara à Torre meses antes, Dulce ofereceu *Obra poética*, de Fernando Pessoa. "Com um forte abraço", dedicou a produtora cultural em 14 de junho de 1970, pouco antes de deixar a cadeia. Ligia amava aquele livro, lançado pela editora José Aguilar em 1960. Era uma edição com capa dura, vermelha, para confortar seus dias de cárcere.

O ofertar de Dulce correu paralelo a uma certa distensão em todo o presídio. As medidas extras de segurança tomadas desde o sequestro continuavam — guarda reforçada, dia de visitas suspenso, entrega de correspondência proibida, assim como de qualquer produto vindo de fora. O que mudava era o estado de ânimo dos presos. Da ala masculina sairiam três, entre eles um muito próximo de Dulce. Era Pedro Lobo, o ex-sargento da Força Pública preso quando camuflava um caminhão. Apesar do sobrenome, ele não tinha nenhum parentesco com Elza Lobo.

Ninguém ficaria totalmente tranquilo enquanto os quarenta banidos, que na verdade eram 44, incluídas as crianças, pousassem na Argélia, país que aceitara recebê-los. O risco de algo dar errado sempre existia, até porque a linha dura do regime não se conformava com a ideia de trocar presos por embaixadores. A perspectiva de liberdade estava, no entanto, no ar. Dulce quase não acreditou quando, a caminho da carceragem para a revista de saída, de um vitrô da ala masculina alguém jogou uma flor.[50]

O eletroeletrônico nem combinava com a Torre centenária. Dentro da construção desgastada pela falta de reparos e de pintura, uma televisão de catorze polegadas em preto e branco, reluzindo de nova, fora incorporada ao coletivo. Presente de Estera e Szlama, pais de Sabina Mnitentag, para que a filha e suas companheiras de cárcere pudessem acompanhar a Copa do Mundo.[51] Foi um custo obter autorização judicial para entrar com o aparelho no presídio, mas o clima de euforia que se espalhara pelo país facilitou a empreitada.

Na tevê e nos rádios, o que mais se ouvia era a marchinha "Pra frente, Brasil", de Miguel Gustavo: "Noventa milhões em ação/ Pra frente, Brasil/ Do meu coração/ Todos juntos vamos/ Pra frente, Brasil/ Salve a seleção!/ De repente/ É aquela corrente pra frente/ Parece que todo o Brasil/ Deu a mão!/ Todos ligados na mesma emoção/ Tudo é um só coração!/ Todos juntos vamos/ Pra frente, Brasil, Brasil/ Salve a seleção!".

"A Copa mexeu muito com a nossa cabeça. Tinha o lado positivo do futebol, mas também muita manipulação política", diz Elza Lobo. "Chegamos a conversar sobre se deveríamos ou não torcer." Se entre as mulheres houve conversa, na ala masculina a discussão foi acirrada. Não se tratava apenas de analisar se deveriam ou não torcer pela seleção. Entre os homens, um grupo mais radical defendia que a Copa deveria ser boicotada.[52] De vez em quando, as meninas recebiam notícias do impasse. Na Torre, assistiu quem quis.

Na final entre o Brasil e a Itália, mesmo quem não gostava de futebol tratou de arrumar um lugar no celão, onde a tevê tinha sido instalada. Era quase meio-dia do domingo 21 de junho de 1970 quando a telinha exibiu a vinheta com contagem regressiva, na voz de Heron Domingues: "Cinco, quatro, três, dois, um. México. Minuto zero de uma sensacional transmissão da Copa do Mundo, pela Rede de Emissoras Associadas, Rede Globo de Televisão e Rede de Emissoras Independentes. Minuto zero. Esso. Gillette. Souza Cruz. Juntas para dar ao Brasil a primeira Copa do Mundo ao vivo. Alô, alô, México!".

A transmissão era entremeada por trechos da marchinha dos 90 milhões em ação, que grudara como chiclete na cabeça das pessoas. A vinheta irritou Cidinha. Ela saiu do celão, mas, de vez em quando, chegava até a porta para dar uma espiadela no jogo. Não se conformava com o proveito político que a ditadura tirava da Copa. Enquanto a repressão aumentava o cerco e companheiros eram torturados, o presidente Médici posava de "homem do povo", radinho de pilha no ouvido. Cidinha torcia contra a seleção canarinho: "Muitas torciam a favor. Mas não tinha nada de patriotismo torcer pelo Brasil naquele momento. A seleção representava Médici. E tinha a história do João Saldanha".

Demitido três meses antes da estreia do time no estádio Jalisco, em Guadalajara, Saldanha era comunista de carteirinha. Conhecido por não ocultar suas posições políticas, ele também não costumava contemporizar no futebol. Durante uma entrevista em Porto Alegre, na véspera de um amistoso entre o Brasil e a Argentina, Saldanha não se furtou a responder a um jornalista sobre o desejo de Médici de que Dario, o Dadá Maravilha, centroavante do Atlético Mineiro, estivesse na seleção: "Olha, o presidente escala o Ministério dele que eu escalo o meu time".[53]

O comentário somou-se a outras polêmicas protagonizadas por Saldanha, que não perdia nenhuma oportunidade para apontar o alinhamento da imprensa e da Confederação Brasileira de Desportos (CBD) à ditadura. Pouco tempo depois, o técnico não escalou Pelé para um amistoso contra o Chile, no Maracanã. Como argumento, disse querer poupar a estrela da seleção brasileira, embora os cartolas desejassem o jogador em campo, para atrair público ao estádio. Depois do jogo, João Havelange, presidente da CBD, comunicou que a comissão técnica da seleção estava "dissolvida".

— O que o senhor quer dizer com dissolvida? Não sou sorvete para ser dissolvido. Quer dizer que estou demitido? — questionou Saldanha.[54]

O fato é que Saldanha classificou o Brasil para a Copa de 1970, mas o técnico da seleção exibido na tevê de catorze polegadas do celão era o ex--jogador Mário Zagallo. Ao contrário de Saldanha, Zagallo escalou Dario, que participava dos treinos, mas não chegou nem ao banco dos reservas. Dentro e fora do presídio, a troca do técnico e o uso do futebol a favor do regime foram motivo de conversas calorosas.

No jogo definitivo para levar a taça Jules Rimet, a expectativa na Torre também dizia respeito à transmissão ao vivo, um acesso inédito ao Mundão. A Itália começou atacando, e, enquanto o jogo estava no zero a zero, o clima no celão era tranquilo. Depois que uma cabeçada de Pelé marcou o primeiro gol e vinte minutos mais tarde o atacante italiano Boninsegna empatou o jogo, quem tinha planejado torcer a favor da Itália balançou.[55] Não foi o caso de Vilma Barban: "Aquela Copa do Mundo foi terrível porque eu lembrava o tempo todo dos porões, de que muita gente estava presa".

Mesmo sem grandes vínculos com o futebol, a jornalista Rose Nogueira vibrava com a seleção. Estava ciente das jogadas do governo: "Torci pelos lances bonitos, pela habilidade dos jogadores, não pela propaganda de Brasil Grande que os militares associavam a cada vitória". Militantes forjadas nas fileiras do Partidão também defendiam a torcida pelo Brasil.[56] Ainda assim, não demonstraram grande entusiasmo com os gols de Gérson, Jairzinho e Carlos Alberto no segundo tempo.

O impactante 4 a 1 levantou o país, mas nem todas as meninas festejaram. Além de Vilma Barban e Cida Santos, entre as que não se empolgaram com a conquista da taça estava Ana Gomes: "Eu via com muita antipatia aquela paixão toda pela Copa". No mês seguinte, uma companheira da mesma organização de Ana chegaria contando quanto se irritou por causa do futebol. Presa no Dops, ela sabia que estava prestes a ser transferida para a Torre, mas o procedimento foi interrompido durante os jogos, para deleite dos policiais.

Conquistado o título, o povo ocupou as ruas pela primeira vez desde o AI-5. Também pela primeira — e única — vez, as meninas tiveram acesso ao pátio à noite, para apreciar os fogos de artifício que estouravam no céu, fenômeno que se repetia em todos os cantos do país.[57] Houve uma espécie de confraternização com as carcereiras de plantão. Ana Gomes considerou chocante a proximidade com as agentes do sistema. Depois relaxou e desfrutou os momentos no pátio que só conhecia à luz do sol: "Se você está presa e abrem uma porta, claro que você sai. Foi uma maravilha ver as estrelas, sentir a brisa da noite".

A estudante Sonia Hypolito estava na Torre havia mais de um mês, mas apagou quase todas as memórias do período: "Se me conheço, torci contra o Brasil, mas não lembro nem de ter visto os fogos". Nascida em São Paulo, quatro anos antes ela trocara a casa confortável da família na rua Oscar Freire por um alojamento na Universidade de Brasília. Estudar comunicação na capital do país significava, antes de mais nada, libertar-se do controle paterno.

No Planalto Central, a mudança representou também militância em tempo integral no movimento estudantil. Aos 23 anos, ela havia voltado para São Paulo com a tarefa de fazer levantamentos para a ALN, mas foi presa, no dia 21 de março, em um Fusca pilotado por uma dirigente da organização. No centro de torturas da rua Tutoia, manteve do começo ao fim uma história inventada: "Disse que pegara uma carona com uma mulher que conheci em uma padaria e não sabia de nada".

A situação se complicou diante de manuscritos que a repressão encontrou no apartamento da família de uma militante: levantamentos produzidos por Sonia sobre torturadores e suas conexões. A papelada registrava endereços e dados de personalidades que começavam pelo ministro da Justiça e chegavam até a mãe do delegado Fleury, moradora de um prédio no bairro da Vila Mariana.[58]

Em interrogatórios que se seguiram, sob tortura, o nome de Sonia acabou citado como autora dos manuscritos.[59] Ela passou maus momentos no DOI-Codi, mas no Dops foi pior ainda: "Os últimos papéis eram sobre o dia a dia, hora por hora, do delegado Edsel Magnotti. Caí nas garras dele. No Dops, ele me mandava escrever páginas e páginas para comparar a letra. Eu negava tudo e tentava mudar o padrão da caligrafia".

Jovelina se armou de coragem. Queria de volta os objetos que os homens da Operação Bandeirante, que depois se tornaria DOI-Codi, surrupiaram da casinha onde morava com o marido Manoel e o filho Carlos Ernesto, na rua Rei Alberto da Bélgica, na Vila Formosa, zona leste de São Paulo. No dia 7 de julho de 1970, Jovelina se dirigiu por escrito ao diretor do Presídio Tiradentes. Pediu que lhe fossem devolvidos 47 objetos de sua "propriedade individual".

A casa em si Jovelina considerava uma propriedade coletiva, pois o aluguel era pago pela organização clandestina liderada pelo capitão Lamarca. Meticulosa, ela listou os seus pertences e, em seguida, os do filho pequeno, preso junto com ela. Tinha passado semanas aflita, sem notícias do garoto. Agora sabia que Ernesto estava em segurança, ao lado de Tercina, a avó paterna, na distante Argélia.

Com Ernesto fora do alcance da polícia, a faceta aguerrida de Jovelina voltou à tona. Começou a relação por duas máquinas de costura, um tapete de couro de bezerro, uma panela de pressão, dois rádios, cinco cobertores e seis volumes da *Enciclopédia do lar*. No rol de roupas, não deixou escapar nem a cinta-liga. No total, eram quatro vestidos, três blusas, três saias e uma calça comprida: "Eu adorava a saia branca de linho. Gostava de usar com uma blusa azulzinha, de manga comprida".

Trancada na Torre, Jovelina cobrou também a devolução dos objetos do filho: um velocípede, seis peças de roupa e três pares de sapatos, entre eles "um par de congas axadrezadas azuis e brancas". Um objeto do garoto Jovelina colocou, de propósito, entre as suas propriedades individuais. Era um punhal dourado, presente de Lamarca para Ernesto, depois de um episódio ocorrido havia mais de um ano.

O capitão que desertara do Exército para aderir à guerrilha ainda não tinha se submetido à cirurgia plástica que lhe mudaria um pouco a fisionomia.[60] Sua foto estava espalhada por todo o país, em cartazes de terroristas procurados pela polícia. Cada vez que Lamarca se deslocava, um esquema de segurança era montado. Os cuidados se intensificaram quando ele precisou comparecer a um congresso clandestino em Mongaguá, no litoral paulista.

Por iniciativa do marido, Manoel Dias do Nascimento, Jovelina e o filho Ernesto fizeram parte do esquema, como ela relata: "Primeiro, fomos para um casarão em São Paulo. Eu sou péssima fisionomista. Mas tinha lido no jornal sobre o capitão que deixou o quartel com um monte de armas. Quando cheguei no casarão e vi o Lamarca, eu pensei: 'O Manoel é louco. Como ele coloca a gente junto com esse homem?' Para mim, naquela época, era tudo muito estranho".

Jovelina havia entrado na guerrilha por amor. Dona de belos olhos esverdeados, ela conhecera Manoel no refeitório do frigorífico Bordon, em Osasco, onde trabalhava como operária. Filho de Tercina, a costureira pernambucana que fez fachada para o campo de treinamento do Vale do Ribeira, Manoel atuava no movimento sindical desde a adolescência. No começo, Jovelina se assustou com a fama de comunista de Manoel, mas depois se apaixonou.

Descendente de agricultores italianos que imigraram para o Brasil, ela estava acostumada ao trabalho duro desde a infância. Na enxada. Não tinha formação política. Casou-se com Manoel poucos meses depois de conhecê-lo e passou a ajudar no que fosse necessário. Em julho de 1968, transportou panfletos no carrinho do filho recém-nascido. Osasco estava sitiada por tropas do Exército, mas ninguém desconfiou de que no carrinho, debaixo do bebê, seguiam instruções para as greves que estremeciam a cidade. Nem que a mãe levava bombas caseiras na bolsa. Sufocado o movimento, Manoel entrou na clandestinidade. Jovelina não demorou a segui-lo. Escolheu até nome de guerra: Cida.

Quase um ano depois, mesmo surpresa por encontrar Lamarca no aparelho da VPR, ela nem pestanejou quando coube-lhe fazer o papel de esposa do capitão no carro que desceria a serra que separa a capital paulista do litoral sul, onde aconteceria o congresso. No colo, carregou o pequeno Ernesto, que os guerrilheiros costumavam chamar de Chezinho, por conta do revolucionário argentino Ernesto Che Guevara.

Eram quatro horas da manhã quando Jovelina e o bebê ocuparam o banco traseiro de uma Rural Willys verde. A seu lado sentou-se Lamarca. Outro casal ocupava a parte da frente do automóvel. Jovelina conhecia o motorista da Rural como Bento. Era o estudante Antonio Roberto Espinosa, que integrava o comando da organização e viajava com documentos verdadeiros. No banco dianteiro do passageiro sentava-se outra militante da VPR, Ana Matilde Tenório da Motta.[61]

Desceram a serra no escuro. Passaram pelo pedágio sem problemas. A rodovia Anchieta encontrava-se vazia, com pouca neblina. Chegaram tranquilos à rodovia Pedro Taques, o trecho final do trajeto para Mongaguá. Ainda não tinha amanhecido. Seguiam em bom ritmo até que, depois de uma curva acentuada, foram surpreendidos por uma profusão de luzes e carros estacionados. Parados pela blitz, Jovelina se assustou: "Passavam a lanterna na cara da gente. Um tenente começou a fazer perguntas. Só Bento, o motorista, respondia. O carro não era nem dele. Era emprestado. Vi quando Lamarca passou o braço por trás do banco e engatilhou uma arma. Achei que todo mundo iria morrer, mas não abri a boca".

Habilidoso, o motorista conseguiu convencer o tenente de que, junto com a mulher, estava levando o casal de tios com o filho pequeno para passar uma temporada no litoral. O tio convalescia de um problema nos pulmões. Viajavam àquela hora da manhã para não pegar trânsito. Instado a abrir o porta-malas, Espinosa conseguiu se antecipar à revista.

Levantou uns cobertores, sem deixar aparecer o armamento que escondera debaixo. E engatou uma conversa com o tenente: "Não seria perigoso montar uma blitz logo depois de uma curva fechada?". Só faltou agradecer ao ouvir a explicação do tenente: "É para proteger vocês mesmos, dos bandidos e dos terroristas". A bronca Espinosa levou mais tarde, por ter inventado a história de tio convalescente: "Lamarca disse que não era nenhum velho acabado, que a diferença de idade entre nós era de apenas nove anos".[62]

Sem entrar em detalhes quanto à indignação de Lamarca, Jovelina se emociona toda vez que relata o episódio. Não foi diferente quando contou para as colegas de cela e pediu ajuda para recuperar os objetos roubados de sua casa. Ela queria principalmente o punhal dourado que Lamarca dera de presente para o pequeno Ernesto: "Quando chegamos na casa de Mongaguá, o Lamarca pegou o Ernesto, levantou bem alto e falou assim: 'Não deixe esse menino sofrer nunca. Ele salvou a minha vida e a vida de muita gente'. E deu o punhal".

Pouco escolarizada, Jovelina não sabia como fazer a petição: "Minha letra é muito feia". Dilma Rousseff, uma de suas companheiras de cela, assumiu a tarefa. Com letra cursiva caprichada e gentileza formal, dirigiu-se ao diretor do Presídio Tiradentes: "Venho solicitar a V. S. a bondade de providenciar para que me sejam entregues os seguintes objetos de minha propriedade individual, apreendidos pela Operação Bandeirantes em minha residência à Rua Rei Alberto da Bélgica nº 45 (Vila Formosa), e que se encontram nas dependências da Operação Bandeirantes ou do Deops".

Depois de se referir à Oban com um "s" a mais e de citar corretamente a sigla completa e pouco usada do Departamento Estadual de Ordem Política e Social, Dilma copiou a relação dos 47 objetos que Jovelina havia listado em papel de rascunho. No total, a petição ocupou três folhas de papel ofício. O punhal dourado apareceu entre o tapete de couro de bezerro e um par de óculos, com armação marrom e lentes verdes de grau.[63]

O diretor do Tiradentes passou o documento para a frente mais de um mês depois. Na Delegacia de Ordem Social do Dops o ofício rolou de um lado para outro até que em 18 de agosto um escrivão deu o retorno para o delegado Renato D'Andrea: o que havia no depósito "a requerente" já tinha retirado. Era a aliança de casamento que, de fato, Jovelina recebera na hora da transferência para o presídio.

Quanto à lista, a parte apreendida pela Operação Bandeirante, escreveu D'Andrea, Jovelina deveria "reclamar a devolução" na rua Tutoia.[64] Ninguém em sã consciência bateria à porta de um centro de tortura atrás de objetos afanados por seus agentes. Mas nem essa resposta Jovelina recebeu. A falta de comunicação é sempre um problema para quem está encarcerado.

Nada mais natural. À medida que se adaptavam à Torre, as meninas iam organizando melhor o espaço. Na fase atual, tinham improvisado uma espécie de salinha dentro do celão, com direito a mesa formada por dois cavaletes e uma tábua, além de um banquinho e duas cadeiras. Havia também um sofazinho, vindo sabe-se lá de onde. Cidinha adorava ler naquele canto, até pela claridade, um descanso para os olhos. E foi para lá que se dirigiu naquela tarde de sábado, depois de circular um pouco pelo pátio feminino, entre as visitas das outras meninas.

Ela só recebia visita uma vez por mês. Era quando a mãe, Laura, percorria de ônibus mais de seiscentos quilômetros: saía de madrugada de Ribeirão Preto, passava a tarde no presídio e viajava de volta para o interior no mesmo dia. Um sacrifício. Em contrapartida, todas as quartas-feiras, dia de visita no pátio masculino, Cidinha se encontrava com o pai, Patrocínio, preso por subversão seis meses depois dela. Falava com o pai e com outros companheiros. Às vezes saía com recado dos meninos para famílias que encontraria no outro pátio, no sábado seguinte.

Naquele sábado sem visita e sem grandes novidades, ela resolveu voltar logo para a Torre. Gostava de ficar sozinha. Aproveitaria o sossego para ler. Na pilha ao lado do sofazinho viu uma revistinha de bolso. Na capa, uma mocinha sentada com as pernas cruzadas, "à moda indígena", com balões acima da cabeça, como se estivesse emitindo sinais de fumaça. A revistinha versava sobre os meios de comunicação, da idade da pedra ao rádio e à televisão. Cidinha folheou a revista até se deparar com um capítulo sobre o Código Morse. Nesse momento, Vilma Barban estava entrando na cela.

— Descobri uma coisa que vai resolver o nosso problema de comunicação — anunciou Cidinha.

Vilma arregalou seus imensos olhos verdes, mas pediu um minuto. Queria pegar um café e um cigarro. Dali a pouco as duas, lápis em punho, traçavam no papel os símbolos da cartela publicada na revista. Inventado havia mais de cem anos pelo americano Samuel Morse, o código consistia em uma combinação de pontos, traços e espaços. Na versão sonora, os pontos correspondem a sons curtos, os traços a sons mais longos e os espaços a pausas. No papel, era fácil codificar. Bastava conferir a tabela. Vencida essa etapa, elas sonorizaram a linguagem com batidas de caneta na mesa.

Uma etapa levou a outra, como conta Cidinha: "Começamos a decorar o Código Morse original. As meninas voltaram do pátio, chamaram para jantar, mas a gente não parou. Decoramos, treinamos. Conversamos bastante no código original. No papel e batendo a canetinha na mesa. Em três horas resolvemos o problema. À meia-noite, a gente estava falando até com batida de pé. A próxima fase era modificar os sinais. Para poder mandar mensagem sem que ninguém pudesse decifrar. Nem quem conhecesse o Código Morse".

Como na Torre as luzes jamais se apagavam, ela e Vilma nem se deram conta de que as companheiras tinham ido dormir. Começaram a montar uma nova tabela para o código, como lembra Cidinha: "Demos umas mexidas. Fizemos um código parecido, com os elementos do Morse combinados de forma diferente. Nenhuma letra tinha sinais iguais aos do código original. Passamos quase a noite inteira nisso. Ficamos tão agitadas que nem dormimos direito. Bom, eu já não dormia mesmo". No dia seguinte, um domingo, Cidinha e Vilma recapitularam os códigos e apresentaram a nova linguagem para as companheiras.

Ninguém quis aprender. As duas não desanimaram. Na primeira oportunidade, falaram da técnica para Luiz Carlos Cintra, amigo de Vilma que naquele momento estava preso no Pavilhão 2. Ele logo se interessou. "Na ala masculina, nós já tínhamos embaralhado a linguagem dos sinais, que os presos comuns usavam. Trocamos o significado dos sinais, para que eles não nos entendessem", diz Luiz Carlos. "Colocávamos um espelho para fora da janela ou da grade e, com as mãos, passávamos a mensagem. Com as meninas, a linguagem de sinais não funcionava. Não havia campo de visão entre nossas celas."

Em uma quarta-feira de visita no pátio masculino, Cidinha e Vilma simularam ensinar tricô a Luiz Carlos. No começo, os guardas prestaram atenção, mas, como outros presos faziam tricô e crochê, eles logo pararam de olhar para o trio. Assim que os guardas se distraíram, Vilma passou o código, usando a agulha de tricô para reproduzir as batidas. Luiz Carlos não demorou a memorizar os sinais: "Era limitado, letra por letra. Cada letra tinha várias batidas. Demorava, mas era uma maneira de passar mensagens urgentes".

Para operar o novo canal de comunicação, Cidinha e Vilma usavam uma das paredes do celão: "De lá, dava para mandar recado, transmitir notícia, combinar depoimento", diz Vilma. Do outro lado da parede, também no primeiro andar, ficava a cela 16 do Pavilhão 2. Luiz Carlos sempre de prontidão. A comunicação não era barulhenta. Tinha que encostar o ouvido na parede e bater. No andar de baixo, ficavam presos comuns. Se eles colocassem o ouvido na parede, ouviriam as batidas, mas não conseguiriam decifrá-las.

Em pouco tempo, Cidinha, Vilma e Luiz Carlos conversavam com fluência, embora fosse preciso usar uma porção de sinais para passar cada mensagem. Ainda assim, valia a pena, como ressalta Vilma: "Precisávamos combinar os procedimentos de cada um, para apresentar uma história minimamente coerente na Justiça Militar. Pela conversa na parede passamos muito depoimento".

Pela parede também passaram notícias de diferentes fontes. Às vezes, a informação vinha do sistema de rádio da própria polícia. É que algumas celas masculinas ficavam próximas ao pátio onde policiais estacionavam viaturas com o rádio ligado. Das celas, era possível saber até da prisão de companheiros, como relata Luiz Carlos: "Essas informações não saíam na imprensa. Se saíam, eram deturpadas".

Durante quase dois anos, Luiz Carlos atuou como receptor/transmissor de mensagens decifradas pelo trio. Além do código, ele tinha vínculos fortes com Vilma, pois a antiga relação de amizade evoluíra para namoro. Animado, ofereceu a ela um presente dentro das possibilidades da cadeia: um anel esculpido a partir de um prego. Quando Luiz Carlos deixou o presídio, em 30 de novembro de 1971, outros presos e presas dominavam o código.[65] Também havia mais canais de interlocução operando.

Um desses meios de comunicação ganhou nome de mulher — Josefina —, embora se tratasse de um buraco, substantivo masculino. Interligava o celão com a cela 16 do Pavilhão 2 da ala masculina. Partilhavam uma parede. Com o auxílio das ferramentas usadas para fazer artesanato, os meninos perfuraram a parede aos poucos. Havia sempre que fazer algum outro som para encobrir o barulho da perfuração.

Uma agulha de tricô entrou de novo em ação, para calcular a espessura da parede e o diâmetro do buraco. A ideia era fazer uma abertura pela qual passasse um canudo de papel bem enrolado. No final, deu tão certo que até trecho de livro copiado à mão passou de um lado para outro, como lembra Cidinha: "Os meninos enrolavam o papel da mensagem e mandavam para o nosso lado. A gente também fazia isso".

Pela Josefina também passaram abaixo-assinados, como um documento elaborado em agosto de 1970 por onze jornalistas presos no Tiradentes, entre eles Elza Lobo.[66] Enviado aos participantes do XIII Congresso Nacional de Jornalistas Profissionais, que se realizava em Salvador, o documento denunciava as arbitrariedades do regime e as péssimas condições carcerárias. O processo de redação do documento envolveu debates por escrito, transmitidos de um lado para outro.

A Josefina não podia ficar exposta, mesmo sendo bem pequena. No celão, depois de cada uso, o buraco era disfarçado com uma massinha feita com pasta de dente colorizada com pó de café.[67] Virava uma mancha a mais na parede embolorada. No lado masculino, a parede era azulejada e a Josefina ficava no encontro de quatro azulejos brancos, assentados com um certo espaço entre eles. Foi preciso usar a criatividade para abafar o som de espaço oco durante as revistas feitas nas celas pela Polícia Militar. Atrás de esconderijos, os policiais chegavam batendo o cassetete nas paredes.

Os policiais nunca encontraram a Josefina porque, depois de cada uso, os meninos introduziam no buraco um tampão esculpido em madeira com seis centímetros de comprimento e um de diâmetro.[68] A ponta era um pouco mais larga para facilitar o encaixe e impedir que a peça deslizasse para dentro da Josefina. "Tinha também um preguinho, que ajudava a puxar o tampão para fora", explica o então estudante de medicina Reinaldo Morano, preso na cela 16. "Nunca enroscou nenhum papel." Uma leve camada de gesso branco tornava o tampão imperceptível.

"Deu na Rádio Sueca", avisava Encarnación de cela em cela. Uma notícia alvissareira: o ministro da Justiça, Alfredo Buzaid, finalmente sofrera um revés. Acontecera durante visita oficial à Alemanha, no começo de setembro de 1970. Uma conferência que Buzaid daria em Bonn fora cancelada devido a protestos contra a tortura no Brasil. Frades dominicanos da Alemanha participaram das manifestações.[69] Outra notícia boa tinha chegado no final de julho: o promotor Hélio Bicudo começara a investigar o Esquadrão da Morte, comandado pelo delegado Fleury.[70] Bicudo sabia que o grupo havia retirado da ala masculina do Presídio Tiradentes oito corrós encontrados mortos em diferentes pontos da periferia de São Paulo.

Todo mundo confiava: a Rádio Sueca só dava notícia quente. Na escuta ficava a socióloga Eliana Rolemberg, que chegara à Torre havia poucos meses, na mesma época que a operária Encarnación, responsável pela difusão.[71] As notícias vinham do Mundão, trazidas por advogados, familiares e presos novos, ou eram captadas em emissoras de rádio. Quando repassadas pela ala masculina, podiam surgir escritas em papel de seda devidamente enrolado ou por toques na parede.

Na prática, não existia emissora nenhuma, conta Elza Lobo: "A Rádio Sueca, criação da Eliana, era o codinome da nossa central de informações. Para proteger as fontes e evitar que os funcionários do presídio detectassem a origem das notícias, Eliana criou um serviço com nome escandinavo e ficava sempre sintonizada em todos os meios de comunicação". Notícias das rádios BBC, Havana e Pequim também chegavam. Therezinha Zerbini tinha sido libertada e levara o Transglobo do marido general, mas Dilma emprestava um rádio similar que ganhara da mãe.

Encarnación tratava de passar as notícias para a frente. Precisava mesmo se ocupar. Subir e descer as escadas da Torre, entrar e sair das celas, passar e repassar informações era uma forma de se manter ativa e de não se deixar abater pela própria situação. Há anos estava afastada do marido, José Maria Crispim, que enfrentara prisões desde a Revolta Comunista de 1935. Seis anos depois, ele dividiu cela até com o escritor Monteiro Lobato, que chegou a escrever sobre sua generosidade e inteligência: "Ele não fala de si. Só quer conversar de grandes ideias".[72]

Operário como Encarnación, Crispim chegou a deputado por São Paulo na Constituinte de 1946, mas perdeu o mandato quando o Partido Comunista foi colocado na ilegalidade. Perseguido depois do golpe de 1964, deixou o país. De tempos em tempos, brasileiros recrutados por Crispim na

Europa batiam à porta de Encarnación na casa humilde em que vivia com os três filhos, na Vila Hamburguesa, em São Paulo. Ela fazia a ponte dos recém-chegados com a VPR.[73]

Acusada de montar aparelhos para a organização e fazer levantamentos em fábricas, Encarnación acabou presa em maio de 1970. Nos meses anteriores, tinha perdido o contato com a filha mais velha, Olga, a não militante da família. Com a filha do meio, Denise, encontrava-se em pontos, ambas na clandestinidade. Na sala de tortura, Encarnación suportava as palmatórias que recebia, mas não resistiu aos suplícios infligidos a sua vizinha Leonor Quatrochi, que não tinha nenhum vínculo político e fora levada junto com ela.

Entre um choque elétrico e outro, a vizinha pedia para que ela contasse alguma coisa. Encarnación entregou um ponto agendado com Eduardo Collen Leite, o Bacuri, o companheiro de Denise que a repressão caçava com gana de predador. Levada para o encontro, ela se jogou da viatura em movimento, cortando o rosto e sofrendo várias escoriações.[74] Ainda assim, foi colocada no lugar que indicou: em frente ao supermercado Peg-Pag da rua Cardoso de Almeida, em Perdizes, com uma sacola nas mãos.

Só que o ponto era um pouco mais distante e quem chegou foi Denise, grávida de quase cinco meses. Bacuri tinha ficado dentro de um carro, a alguns quarteirões de distância. Ao ver a mãe machucada, Denise entendeu que ela estava servindo de isca à repressão. Subiu a escada e passou ao lado de Encarnación: "Olhei com o rabo do olho. Ela não piscou nem os cílios". As mais de três décadas de militância foram decisivas para montar a estratégia. Não que fosse fácil. Encarnación era calejada, mas sentia o baque. E nada se comparava à perda do filho caçula, Joelson, morto a tiros em emboscada preparada por homens da repressão, como soube de forma cruel.

Ela estava em uma cela da rua Tutoia quando um torturador exibiu uma ficha com uma fotografia colada. Encarnación escreveu anos depois em seu diário:

> Me mostra o documento e me faz uma pergunta: 'Você o conhece?'. Era a foto de meu filho Jô, identifiquei logo. E me disse seca-

mente 'Está morto' e fica me olhando; eu também não desvio o olhar. Uma cena estranha, eu não chorei, eu não sei o que aconteceu comigo. A única força que possuía naquele momento era nos olhos, que se foram congestionando cheios de ódio. E confesso que se eu pudesse transformar os meus olhos numa arma de fogo, eu teria fuzilado aquele policial.[75]

Na Torre, Encarnación seguia em frente. Com os cabelos claros sempre penteados, os olhos verdes protegidos por óculos redondos de lentes amarronzadas, ela fazia da divulgação de notícias um novo tipo de militância. Superava até antigos problemas respiratórios, aguçados pelos anos que passara respirando fios de algodão que se desprendiam dos teares das tecelagens onde trabalhara. Às vezes, pensava que não havia limite para o sofrimento. Havia pouco tempo, avisara Torre afora que a filha Denise tinha sido presa. Pouco depois, deu a notícia de que Bacuri, o companheiro de Denise, estava sendo massacrado na tortura.

Aos 26 anos, a socióloga Eliana, que captava as notícias verdadeiras para a fictícia Rádio Sueca, também não tinha vida fácil. Militante da Ação Popular (AP), ela trabalhava com um grupo de jovens da Igreja Metodista quando foi presa. Passou os primeiros dias negando a própria identidade. Precisava ganhar tempo para o marido escapar com a filha Tatiana, de oito meses, da casinha de vila em que moravam, no bairro do Ipiranga. O casal tinha um trato: caso ela fosse presa, a garotinha seria levada para o irmão de Eliana, na cidade paulista de Jundiaí. A urgência em proteger Tatiana fazia sentido. No centro de torturas, uma das ameaças dos algozes era alcançar os pequenos.

Eliana só viu a filha quatro meses depois da prisão, quando já estava na Torre. Tatiana não a reconheceu: "Eu também achei que ela estava muito diferente". À dor do estranhamento mútuo somou-se uma decisão crucial: autorizar a retirada de Tatiana do Brasil. O irmão sairia para uma especialização na Noruega. No trajeto, pararia na França e deixaria a garotinha com o pai, que já tinha sido preso em 1964 e, com a queda de Eliana, se exilara em Paris. Ela se martirizava: "Era muito drama de consciência. Assim como acreditava que os companheiros deveriam ter explicado para suas mulheres o que era a luta, eu, militante como sou, coloquei uma criança no mundo. Uma criança sem a menor condição de decidir sobre nada, vulnerável, que pode ser pega, torturada".

Tatiana foi para a França e Eliana tentou estabelecer uma certa distância emocional da filha. Não sabia quanto tempo ficaria presa. Dois anos? Cinco anos? Quinze anos? Era difícil, mas no cotidiano tentava manter o distanciamento. Abalava-se quando recebia fotos da garota moreninha que ganhava peso e altura na França e que começou a ser chamada de Bola de Chocolate pelas companheiras da mãe. Como resposta à correspondência, Eliana confeccionava e despachava pequenas peças de artesanato, entre elas bonecos de linha.

Criou também um personagem, um leão que estava preso, mas que um dia seria libertado. A ideia de despachar a história em carta não deu muito certo: "Acharam que era um código". Para compensar a turbulência pessoal, Eliana mantinha-se em atividade, como Encarnación. Não em atividade frenética, que limita a reflexão. Buscava o contrário. A oportunidade de conviver com mulheres de diferentes trajetórias e organizações ampliou sua visão de mundo: "Aprendi a ser ecumênica na prisão. Discutíamos muito. Inclusive no conselho formado por diversas organizações. Até eu ser presa, tinha uma visão mais próxima da Ação Popular. Na Torre, aprendi a conviver com a diferença, a buscar a unidade entre a gente. Não queria nem saber se tinha divergência, se uma era pela luta armada, outra pelo trabalho de massa. Afinal, nós tínhamos um inimigo comum. E espaço a conquistar no presídio".

Essa perspectiva mudava até a ocupação e o visual da Torre. Naquele momento, as meninas que Therezinha Zerbini chamara de metrancas ocupavam a maior das duas celas do térreo da construção, Eliana entre elas. Afinal, o qualificativo não implicava o envolvimento direto com ações armadas. Dizia mais respeito à militância e à disposição para a batalha pela sobrevivência dentro dos muros da prisão.

Assim que conquistaram o direito de ocupar o térreo, em mutirão elas botaram fora o entulho acumulado no decorrer de anos, rasparam a sujeira grossa do assoalho de madeira, lavaram e desinfetaram tudo o que viram pela frente. Criaram também um esconderijo para os livros proibidos pela ditadura que conseguiam contrabandear para a cela. E viravam a noite estudando, debatendo, preparando-se para voltar a atuar no Mundão.

Com muita frequência Eliana dormia ao amanhecer. Mal despertava, começava a buscar notícias para as transmissões da Rádio Sueca. Ou tratava de organizar rodas de conversa. Preocupava-se em especial com as mulheres que não tinham formação política. Caíram por causa da militância do marido, do namorado, de conhecidos. Com elas, Eliana procurava também discutir sobre o corpo, sobre sexualidade. Muitas não tinham sequer ouvido os ecos da reviravolta dos costumes que marcou os anos 1960. Tocavam a vida nos mesmos moldes que suas mães e avós.

O movimento da socióloga várias vezes foi interrompido por uma carcereira, com um aviso sinistro: "Se arrume que vai ser levada para o Dops". De nada adiantavam os treinamentos para relaxar que a atriz Nilda Maria tinha feito com ela: "Quando você está na tortura é terrível. Quando pensa em voltar, é pior ainda. E voltei oito vezes para o Dops. Quando avisavam que seria tirada da Torre, eu ia para a fossa. Não conseguia controlar meu organismo. Ia para a fossa e ficava todo mundo em volta. Porque todo mundo tinha recado. Avisar a um o que abrira, o que revelara, no interrogatório. Pedir a outro que preservasse determinada referência. Perguntar sobre os que tinham sido presos. Eu tinha medo. Primeiro, de me sobrecarregar com tantas informações, de não guardar tantas coisas. Segundo, de fraquejar. Todo mundo tem medo de fraquejar".

Em uma das vezes em que foi levada para o Dops, Eliana chegou a questionar os homens do delegado Fleury. As acareações e interrogatórios diziam respeito a um episódio ocorrido em cidade próxima a São Paulo, quando ela já estava encarcerada: "Quer dizer que a polícia me soltou para fazer a ação e depois voltar para o presídio?". Perguntou por não conseguir conter a indignação. Conhecia bem — e temia — os métodos adotados por aqueles homens para arrancar confissões.

A volta ao Tiradentes era sempre motivo de alívio. E muitas vezes de alegria. Numa delas, Eliana soube que seria libertado da ala masculina o estudante Anivaldo Padilha, liderança entre os jovens da Igreja metodista, que havia sido preso junto com ela. Na Torre, riu demais ao ouvir a despedida que a ala masculina preparara para Padilha. Antes de entoar "A Internacional", os presos políticos, majoritariamente ateus, cantaram versos de outro hino: "Glória, glória! Aleluia! Glória, glória! Aleluia! Glória, glória! Aleluia! Vencendo, vem Jesus!".[76]

3. TERRITÓRIO (QUASE) DOMINADO

DUAS MENINAS TAMBÉM LIGADAS à Igreja Metodista chegam à Torre na quarta-feira 16 de setembro de 1970, oito dias depois da libertação de Anivaldo Padilha. Presas no apartamento que dividiam na avenida Liberdade, Ana Maria Ramos e Idinaura Aparecida Marques se conheceram no internato do Instituto Metodista, de onde planejavam sair missionárias. Dois anos depois, no turbulento 1968, a própria Igreja decidiu fechar o instituto e o curso de teologia, devido ao crescente envolvimento de alunos, missionárias e pastores com a oposição à ditadura.

Ana e Idinaura trocaram as atividades políticas no grupo da Igreja pelo suporte logístico à ALN. Quando os homens da repressão chegaram ao apartamento da avenida Liberdade, Ana tinha acabado de assinar o contrato de aluguel de um imóvel que dividiria com Carlos Eugênio Paz, o Clemente. Líder de um grupo armado da organização criada por Marighella, ele vivia na clandestinidade, instalado naquele momento em um quarto de pensão que, por coincidência, ficava nas proximidades. Só Clemente sabia desse detalhe, é claro.

Aos 22 anos, Ana mantinha vida legal: trabalhava em um banco e à noite estudava serviço social. Na faculdade, presidia o centro acadêmico. Filha de um pescador de Maceió que se tornou marceneiro em São Paulo, Ana crescera em ambiente simpático à esquerda. A comunidade pesqueira integrada pela família na lagoa de Mundaú tinha vínculos estreitos com o Partido Comunista: "Meu pai era proleta, mas achava lindo ser intelectual, ser de esquerda. Ele lia muito. E gostava de ópera".

Quatro anos mais velha que Ana, Idinaura também tinha origem humilde e referências fortes dentro de casa. Primogênita de cinco filhos, estava com treze anos quando a mãe deu um basta em um casamento abusivo e mudou-se de Lucélia, no interior, para a capital paulista. Idinaura trabalhava como corretora de seguros, o que garantia a sobrevivência da família e cobria as próprias despesas. Ainda não retomara os estudos.

Além de guardar material da organização, o apartamento de um quarto que as duas dividiam servia para abrigar perseguidos políticos. Um operário que passou uma temporada guardado por elas acabou revelando o endereço sob tortura, nas dependências da rua Tutoia. Como costumava ocorrer nesse tipo de situação, provocou quedas em sequência. O namorado de Idinaura, o líder estudantil Rafael de Falco, procurado pela repressão, estava na área. Idinaura conta que ele tentou fugir: "O Rafael chegou a sair do apartamento, mas foi baleado no braço".[1]

A notícia da prisão chegou à Torre em detalhes. Como as próprias meninas determinavam o espaço que cabia às recém-chegadas, indicaram a cela maior do térreo, onde estavam as que se destacaram na resistência. Ana soube o motivo da escolha tempos depois, em conversa com Maria Luiza Belloque: "Elas avaliaram que eu era importante na hierarquia da ALN, pois estava montando um aparelho junto com o Clemente. Só que eu atuava como apoio logístico, nem pertencia ao grupo armado".

Quanto a Idinaura, a situação era mais sensível. Ela não sabia, mas Rafael de Falco namorava fazia tempo Arlete Bendazzoli, que estava encarcerada havia mais de dez meses. Na clandestinidade, Rafael começou a namorar Idinaura. Junto com o relato sobre a captura dos três, também chegaram à Torre informes sobre a relação amorosa. A estudante de medicina Eva Skazufka esteve entre as que ajudaram a preparar o terreno: "Foi uma situação difícil para todo mundo. Tinha que acalmar Arlete. Tinha que receber bem a Idinaura. E fazer com que elas não brigassem".

Não houve discussão — tampouco diálogo — entre as duas sobre o triângulo amoroso. Arlete era sanguínea, expansiva. Idinaura, retraída, quase tímida. Cada uma ficou em seu canto. "O ambiente envolvia alguma conversa. E muitos segredos também", diz Idinaura. Na Torre, onde textos políticos eram discutidos com muita paixão, ninguém ficava contando o que fez ou deixou de fazer nos tempos de liberdade. Também não se tinha o hábito de expor questões pessoais diante do coletivo.

Sete meses antes de Idinaura, a fiandeira Ozenilda Alice Garcia também havia passado pela delicada situação de dividir cadeia com a companheira oficial do amado.[2] Virgílio Gomes da Silva, o comandante militar do sequestro do embaixador americano Charles Burke Elbrick que se tornara o primeiro desaparecido político brasileiro, era casado com Ilda, na Torre desde a noite de 4 de novembro de 1969.[3] Alice, como era chamada a fiandeira, conhecia Ilda da época em que ambas trabalhavam na Nitro Química.

Nunca foram próximas, embora partilhassem o chão da fábrica. Ilda se afastou da empresa em 1961, depois do nascimento do primeiro filho, Vlademir. Não tinha com quem deixar o garoto enquanto trabalhava. Na condição de funcionário do Sindicato dos Químicos, Virgílio aparecia às vezes na Nitro Química, para encaminhar questões trabalhistas. Alice o conheceu no sindicato, em algum momento entre o final de 1961 e o começo de 1962. Logo se apaixonou por ele.

A família da operária não aceitava o relacionamento dela com um homem casado, e muito menos o envolvimento com a guerrilha.[4] Alice seguia em frente. Com os recursos de uma indenização recebida da Nitro Química, comprou sem avisar a ninguém uma casinha em Poá, na Grande São Paulo, onde Virgílio passou os primeiros três meses de 1969.[5] Ela continuava a morar com os pais, no bairro de São Miguel Paulista, mas estava sempre em contato com o amado.

Presa aos 32 anos, no final de dezembro de 1969, três meses depois do assassinato de Virgílio, Alice desceu ao inferno nos centros de tortura. "Das mulheres, ela foi a mais massacrada", diz Elza Lobo, que estava no Dops quando a operária chegou, carregada em uma espécie de padiola. "Ela não andava, tinha sangue por tudo quanto era lado." Do ponto de vista dos repressores, pesava contra Alice o fato de ter feito o levantamento de uma ação que culminou com a morte de um policial, além da proximidade com Virgílio.

Na Torre, o clima não chegou a ficar confortável para a fiandeira, embora não houvesse hostilidade aberta. Ilda jamais dirigiu a palavra a ela. Ademais de estar preocupada com o paradeiro dos filhos pequenos, a mulher de Virgílio tinha como característica manter distância de quem a incomodava. Foi assim quando a carcereira Maria Antônia, antiga funcionária do Sindicato dos Químicos, tentou se aproximar: "Não quis conversa. Fiquei com raiva dela. Ela trabalhou no sindicato, viu a luta, e depois se enfiou na polícia. Melhor dar o desprezo".

No campo das relações amorosas das presas políticas, houve interferência até da Justiça Militar. Na época em que Ana e Idinaura chegaram ao presídio, Ana Wilma Oliveira Morais tinha sido libertada havia dois meses. Tentava a todo custo voltar ao Tiradentes no dia da visita, para reencontrar o companheiro, o fotógrafo Carlos Guilherme Penafiel, preso na ala masculina. No decorrer dos seis meses que ela passou na Torre, os dois se viam toda semana no pátio masculino. Entre um encontro e outro, ainda mantinham correspondência via carcereiros.

"Hoje acordei lépida e apaixonada. Até enrolei o cabelo para a visita de amanhã. Quero ficar muito bonita para você!", escreveu Ana Wilma em uma mensagem apreendida por policiais militares durante revista na cela de Penafiel.[6] Antiga secretária da direção da *Folha de S.Paulo*, Ana Wilma tinha conhecido o fotógrafo na antessala dos donos do jornal, Carlos Caldeira Filho e Octavio Frias de Oliveira. Penafiel era diretor de arte da *Folha da Tarde* e fora tratar da modernização do laboratório fotográfico da empresa com Octavio Frias.

Ana Wilma conta que o encontro foi eletrizante: "Ele era um homem charmoso, sedutor. Ambos vivíamos crise no casamento. Catorze dias depois, largamos nossas famílias e fomos morar juntos". Ela estava com 22 anos, ele com 33. Na casa ampla que alugaram próximo ao Aeroporto de Congonhas, montaram um laboratório fotográfico. Servia para os trabalhos autônomos de Penafiel, mas principalmente para tirar e revelar fotos a serem usadas em documentos falsos, como carteiras de identidade e passaportes, produzidos para integrantes da ALN. Entre os fotografados pela dupla estiveram Marighella e Câmara Ferreira.

A casa funcionava também como abrigo para clandestinos, além de sediar reuniões do comando da organização. "Saíamos quando tinha reunião", diz Ana Wilma. "O contato que avisava sobre as reuniões era sempre um dominicano, pois conhecíamos o Frei Betto da *Folha da Tarde*." Ex-chefe de reportagem do jornal, o religioso tinha sido preso depois da morte de Marighella, assim como Ana Wilma e Penafiel. Junto com outros frades dominicanos, encontrava-se na ala masculina do Tiradentes.

Para Ana Wilma, os últimos dois meses de cadeia foram os mais difíceis: "Comecei a ter tiques no olho, no rosto. Uma coisa muito aflitiva. E me davam remédios fortíssimos, para controlar esse negócio". Não demorou para os sintomas se agravarem: "Eu fiquei em um estado deplorável, perdendo a lucidez. Parecia um zumbi. A Therezinha Zerbini, que me ajudava muito, fez um escândalo e me levaram para o hospital".

Um mês depois, Ana Wilma foi libertada. Passou por um processo de desintoxicação e, assim que começou a recuperar o prumo, levou outro baque: foi impedida de visitar Penafiel no Tiradentes. Precisaria esperar mais de dois anos, o tempo que ele continuaria preso, para revê-lo. A Justiça Militar só autorizou a visita da mulher com quem o fotógrafo estava oficialmente casado.[7] Não era o caso dela.

No Mundão, o enfrentamento à ditadura estava cada vez mais desarticulado. A desigualdade de forças, aliada à crueldade dos métodos da repressão, minava as organizações. Não paravam de chegar ao Mundinho notícias de aparelhos estourados e militantes presos, quando não mortos. A esperança de reverter o jogo foi reacendida, no entanto, quando o socialista Salvador Allende venceu as eleições presidenciais do Chile, em setembro de 1970. Pouco tempo depois, Elza Lobo teve a ideia de reverenciar com um espetáculo o argentino Ernesto Che Guevara, morto ao tentar espalhar a revolução pela América Latina.

Elza tinha experiência em teatro. Esteve à frente da produção da peça *Morte e vida Severina*, poema de João Cabral de Melo Neto musicado por Chico Buarque de Holanda, premiado pela crítica e pelo público no Festival Internacional de Teatro Universitário em Nancy, na França. Com o sucesso, em maio de 1966 a trupe se apresentou em Paris, onde a diretora de teatro Heleny Guariba atuou como intérprete informal do grupo. Na época, ela fazia uma especialização em artes cênicas. A vida dera muitas voltas e, desde meados de maio, Heleny também estava presa na Torre.

Naquela altura, todas as celas estavam ocupadas e a circulação entre elas era intensa durante o dia. "O texto em homenagem a Che Guevara foi montado a partir do parco material que tínhamos e da memória de cada uma", diz Elza. O roteiro contaria a trajetória de Guevara, das primeiras incursões pela América Latina à guerrilha de Sierra Maestra, seguida pela ocupação da zona central de Cuba, que culminou na tomada da cidade de Santa Clara e no triunfo da revolução.

Em uma das apostilas mimeografadas que receberam por meio de subterfúgios, tinha até cópia da carta de despedida de Guevara a Fidel Castro, quando ele renunciou a todos os postos em Cuba e partiu para o Congo, na África: "Outras terras do mundo exigem o concurso de meus modestos esforços". A incursão pelo Congo, todas sabiam, tinha fracassado. Na Bolívia, a tentativa de estender a revolução cubana para outros países também não vingara. Em 8 de outubro de 1967, Guevara acabou localizado, sendo executado no dia seguinte pelo Exército boliviano.

A homenagem idealizada por Elza foi marcada para a quinta-feira 8 de outubro, três anos depois da captura de Guevara. Empenhada em produzir uma apresentação digna do mito, ela passava de cela em cela, estimulando o registro no papel de sentimentos e memórias. A jornalista Iza Salles, de 32 anos, ficou encarregada de colocar ordem nas anotações e escrever o roteiro. A própria Iza conhecia muito dos êxitos e percalços do revolucionário argentino. Com uma bolsa do governo francês, ela estudava em Paris quando Guevara foi morto e consumira tudo que a imprensa publicara sobre ele.

Em Paris, Iza também conhecera José Maria Crispim, o marido exilado de Encarnación, agora companheira de cárcere. A aproximação da jornalista com Crispim se dera em reuniões entre exilados e estudantes brasileiros empenhados em contribuir para derrubar a ditadura. Terminada a especialização em estudos políticos, Iza voltou para o Brasil trazendo na bagagem, bem camufladas, mensagens de Crispim. Não demorou a integrar o setor de inteligência da VPR. Aproveitava a condição de editora de um jornal para obter informações dos bastidores do governo militar e repassá-las à guerrilha.

Quando o cerco começou a se estreitar em torno dela, comprou uma passagem para a França para 23 de junho de 1970, dia em que a seleção tricampeã de futebol voltaria do México. Acreditava que passaria despercebida, por causa da recepção aos jogadores. No aeroporto do Galeão, no Rio, o clima era mesmo de euforia. A repressão, no entanto, não baixou a guarda. Iza chegou a fazer o check-in, mas foi agarrada por dois grandões antes de entrar no avião. Depois de dois meses na Vila Militar, no Rio, veio a transferência para São Paulo, onde abriram processo contra ela.

Estava havia pouco tempo na Torre quando Elza a convocou para preparar o texto final do tributo a Guevara, a partir de todo o material reunido pelas companheiras. Iza incluiu ainda um verso que tinha escrito em Paris, com base em informação saída na imprensa francesa de que um camponês de sobrenome Flores teria alertado o Exército boliviano sobre a localização do guerrilheiro na selva: "Quem que entregou Guevara?/ Dizem que foi um tal de Flores/ Que atravessou as montanhas/ Com a pressa dos traidores".

No dia marcado para a homenagem, foi preciso negociar com a carcereira de plantão, como lembra Elza: "Tivemos de convencê-la a deixar todas as celas destrancadas depois do jantar, para que pudéssemos nos reunir". O celão seria o cenário, que teve seus doze beliches encostados nas paredes. Fora o espaço vazio, não havia nenhum recurso cênico. Ao elenco, porém, se somara um elemento surpresa: um bebê de três meses registrado como Mauro Ernesto.[8] A socióloga Eliana ficou impressionada com a coincidência: "Foi incrível. Um bebezinho chamado Ernesto. Representava justamente o nascimento do novo".

O bebê chegara dois dias antes, espremido nos braços da mãe, uma moça de dezenove anos, de aparência humilde, tão assustada que mal pronunciava o próprio nome.[9] Com medo de que lhe tomassem o filho, apertava-o contra o peito diante de qualquer tentativa de aproximação.[10] Só relaxou um pouco depois de ouvir muitas vezes que estava entre mulheres dispostas a ajudar a ela e ao bebê. Custou para aceitar as fraldas improvisadas com roupas recortadas. Custou mais ainda para relaxar e deixar que carregassem o garotinho.

Ninguém sabia exatamente quem era Noemia Iba, a mãe do bebê. Ninguém tampouco desconfiou que pudesse ser uma infiltração, tamanho era o desassossego dela no cárcere. Nem o diretor Olyntho Denardi poderia explicar, se quisesse: o juiz Nelson Guimarães só avisou por meio de ofício que "a acusada, acompanhada de seu filho de três meses", deveria permanecer no Tiradentes, à disposição da Justiça Militar.[11] Filhos de presas políticas circulavam pelo pátio nos dias de visita, mas nenhuma criança tinha até então ficado na cela junto com a mãe.

Na Torre, Noemia falou pouco, mas deu a entender que namorava um rapaz e saiu da casa dos pais quando não dava mais para esconder a gravidez de quatro meses. Na casa alugada por ele na Vila Hamburguesa, na zona oeste da cidade de São Paulo, havia armas, panfletos e muitos documentos. Ela ajudava a operar o mimeógrafo, embora proibida de ler os impressos.[12] Tinha um documento com o nome falso de Regina Célia dos Santos, mas nada sabia sobre organizações clandestinas.[13]

Os dois teriam vivido sem problemas por quase dois meses até o namorado avisar que precisavam abandonar a casa. A polícia estava atrás dele, e a saída era desaparecer. Ele quis que Noemia se mudasse para um pensionato até a situação se acalmar. Ela preferiu voltar para a casa dos pais, no outro extremo da cidade. O bebê nasceu, e o namorado continuava foragido quando homens do DOI-Codi bateram à porta e levaram mãe e filho para a rua Tutoia. Uma semana depois, Noemia acompanhava no presídio a homenagem a Guevara.

O celão estava lotado, com boa parte das meninas sentada no chão, formando uma roda. "Cada uma foi falando a sua parte", conta Elza. À medida que a história de Guevara era contada — em prosa e verso — a emoção tomava conta do ambiente. Mais do que uma cronologia de vida e morte, importava o exemplo de coragem e desprendimento daquele que se entregou à luta emancipatória de povos. O script não fez, portanto, referência à participação de Guevara em julgamentos sumários.

Entre um trecho e outro, não faltaram canções revolucionárias. A socióloga Ligia Cardieri jamais se esqueceria de uma delas: "Canción del hombre nuevo", do compositor e violonista uruguaio Daniel Viglietti, que começa com os seguintes versos: "Lo haremos tú y yo/ Nosotros lo haremos/ Tomemos la arcilla/ Para el hombre nuevo". O conceito de Novo Homem, desenvolvido por Guevara com base no princípio de que a revolução deveria começar pela transformação do homem, se materializou na Torre por meio do bebê, que todas chamavam simplesmente de Ernesto.

Pouco depois da música de Viglietti, com o pequeno Ernesto no colo, a atriz Nilda Maria começou a sua interpretação, relembrando os momentos finais de Guevara. Na avaliação de Iza, "foi a parte mais dramática, mais perfeita". Nem as mais contidas conseguiram segurar o choro. A comoção ecoou pelo presídio, como relata Elza: "Tínhamos avisado a ala masculina sobre a atividade. Na hora que terminou a peça, todos cantaram 'A Internacional'".[14]

Ninguém prestou atenção se Noemia também cantou ou se conhecia o hino. De qualquer forma, passados cinco dias, ela foi levada embora com o bebê. Não se teve mais notícias dos dois. A roda-viva da Torre continuou, com as notícias chegando a conta-gotas e provocando perplexidade. Do outro lado do muro, o governo Médici comemorava êxitos na economia, consolidava a propaganda ufanista de Brasil Grande e provocava a oposição com o slogan "Brasil: ame-o ou deixe-o".

Em 9 de outubro de 1970, um dia depois da homenagem a Guevara, Médici reforçou a campanha que apresentava o Brasil como grande potência ao acompanhar a derrubada de uma árvore de cinquenta metros de altura em uma clareira aberta a oito quilômetros da cidade paraense de Altamira.[15] Na solenidade organizada em plena floresta, o general-presidente implantou o marco inicial da construção da rodovia Transamazônica, projetada para atravessar a Amazônia no sentido leste-oeste e integrá-la ao resto do país.

Na contramão do ideário oficial e da censura imposta por aqueles que tomaram o poder em 1964, a literatura marxista continuava em alta na Torre, em especial entre aquelas com posição mais relevante em suas organizações. Além de criar artifícios para fazer entrar os livros, elas driblavam outro problema: escondê-los para que não fossem descobertos durante as batidas policiais. Os homens a serviço da repressão apareciam de surpresa e reviravam todos os cantos. Revistavam roupas, estragavam trabalhos manuais, levantavam colchões, bagunçavam tudo, como lembra Dilma: "Só não levantavam o chão".

Era justamente debaixo do chão que ficavam obras consideradas subversivas, como os três volumes de *O capital*, de Karl Marx, que uma carcereira comprara a pedido da estudante. O piso era uma espécie de tablado, com um espaço livre entre a laje de cimento e as tábuas que as meninas lavavam de forma quase obsessiva. Em duas celas, dava para levantar uma das tábuas, com a ajuda de um cabo de vassoura.[16] Bastava tirar os móveis de cima, levantar a tábua e esconder os livros embaixo do piso, enrolados em plástico, para não molharem nos dias de lavação, por conta das frestas.

A operação era executada com relativa rapidez, mas nem todas sabiam do esconderijo. Acontecia nos espaços ocupados pelas meninas que Therezinha batizara de metrancas — outras as definiam como "as de maior responsabilidade", e Dilma se referia a elas como "militantes condenadas a mais tempo de prisão". De vez em quando, livros caíam na batida. Foi o que aconteceu com um exemplar da estudante, empilhado na escadaria repleta de obras encontradas nas celas. Um capitão comandava a batida.

— Veja, capitão, este livro aqui é verde. Chama *A questão agrária* e não é comunista — argumentou Dilma.

O livro escapou da apreensão. Era de um autor que o capitão não conhecia: Karl Kautsky, um teórico marxista crítico do totalitarismo soviético. Por ignorância dos censores, Kautsky não constava da extensa lista de autores proibidos. Nela estavam, entre outros, o historiador Caio Prado Júnior e o antropólogo Darcy Ribeiro, um dos fundadores da Universidade de Brasília, ex-ministro do presidente deposto João Goulart.[17] Naquela altura, Darcy Ribeiro vivia no exílio e Caio Prado Júnior ocupava uma cela na ala masculina do Tiradentes.[18]

Encadernados com capa diferente, como se fossem romances, e misturados aos mimos levados por visitantes, muitos livros censurados entravam no presídio, nem sempre em português. Serviam de base para Carmute ensinar os teóricos franceses com textos no idioma original. Aos 34 anos, os últimos cinco como professora da USP, ela reproduzia na cadeia os costumes da universidade criada em 1934, com forte influência estrangeira no corpo docente.

Nos primórdios da universidade, as aulas eram ministradas por intelectuais como o sociólogo Roger Bastide e o antropólogo Claude Lévi-Strauss, que vieram da França a convite da instituição. As classes eram em francês. Para acompanhá-las, os estudantes tinham de aprimorar o aprendido no curso secundário, cujo currículo contemplava o idioma, ou aprender na marra.

As mulheres que estudavam com Carmute eram as mais escolarizadas. Todas tinham passado por alguma faculdade, com exceção da operária Ana Gomes, que morava na cela devido à sua ativa participação na resistência. Ana se sentia muito discriminada: "A maioria das mulheres sabia francês, era hábil com as palavras. Para mim, foi um problema enorme".

O obstáculo acabou superado depois que ela saiu da prisão, em setembro de 1970, e partiu para o exílio, primeiro no Chile, depois na França.[19] Em Paris, Ana não apenas aprendeu francês, como também estudou na conceituada Sorbonne, da graduação ao doutorado em sociologia. Na Torre, era diferente. A elegante Carmute, que costumava usar uma capa preta e botas para espantar a friagem,[20] chegava a reclamar e cobrar dedicação até mesmo daquelas acostumadas com textos teóricos em idioma estrangeiro:

— Vocês não querem governar este país? Então estudem. Fiquem lendo. Ah, vocês levam muito tempo. Daqui a pouco eu volto.[21]

A professora não chegou a ficar sete meses junto com as alunas circunstanciais, mas deixou significativo legado intelectual.[22] A geógrafa Maria Celeste Martins soube das aulas de Carmute por tabela. As duas não se encontraram. Presa aos 28 anos no final de setembro de 1970, por integrar o setor de inteligência da VAR-Palmares, Celeste passou pelo DOI-Codi e pelo Dops. Quando foi reunida às presas políticas da construção centenária, Carmute já estava em liberdade condicional.

Ainda assim, credita a Carmute a introdução a pensadores que ela não conhecia, como Nicos Poulantzas, marxista grego radicado em Paris, antigo discípulo do filósofo Louis Althusser: "Como era professora de ciência política, Carmute estava muito atualizada em relação a esse tipo de literatura. Althusser eu conhecia antes da cadeia, mas Poulantzas foi ela quem introduziu". Lançado em 1968, um dos livros mais conhecidos de Poulantzas, *Poder político e classes sociais*, entrou no presídio com a capa trocada.

Estudante de história, Iara Prado, de 24 anos, atuava no setor de imprensa da mesma organização de Celeste, mas, ao contrário da geógrafa, teve oportunidade de conviver com a professora da USP: "Nós éramos muito novas, alguns textos eram difíceis, mas a Carmute conduzia como ninguém cada grupo de estudo. Ela foi muito importante para a nossa formação". Como não faltava tempo livre, quem gostava de estudar mergulhava nos livros.

Iara compara a dinâmica de estudos na Torre com cenas do filme *A chinesa*, de Jean-Luc Godard, quando amigos reunidos pela protagonista Véronique escolhiam temas para debater: "Cada uma escolhia um tema para estudar e depois apresentar". Na época da campanha de Salvador Allende à presidência, Sonia Hypolito se dedicou a acompanhar a batalha pelos votos dos chilenos.[23] Fez uma apresentação concorrida, até porque era grande a torcida pelo político socialista.

Quando Allende foi eleito, Sonia já tinha ido embora.[24] Ela também não estava quando *Geografia da fome* entrou na pauta, sugerido pela cela de Elza Lobo e Eliana Rolemberg. Publicado em 1946 pelo médico e geógrafo Josué de Castro, o livro contrariava a corrente dominante, que vinculava a insegurança alimentar a condições naturais, climáticas. Na prática, ele traçou o primeiro mapa da fome no Brasil, uma realidade distante da maioria das moradoras da Torre, vinda da classe média urbana.

Heleny Guariba se destacava nos debates. Formada em filosofia seis anos antes, com especialização no exterior, ela era também professora de arte dramática. Não por acaso, amealhava admirações, como a da socióloga Eliana Rolemberg: "Heleny tinha uma fundamentação enorme. Discutíamos os filósofos franceses". Aos 29 anos, a diretora de teatro só não agradava à veterana Encarnación, que a considerava demasiadamente "intelectual".[25]

Reencontrar Heleny foi uma das poucas satisfações de Danielle Simões ao chegar à Torre. As duas eram amigas, tinham filhos mais ou menos da mesma idade e moravam próximo, no bairro do Brooklin, o que facilitava o encontro de mães e crianças. Danielle, cinco anos mais velha, sabia do interesse de Heleny por questões políticas, mas não fazia ideia do envolvimento da amiga com a resistência ao regime: "Eu não fazia parte de nenhuma organização. Era contra".

Francesa nascida na Argélia, Danielle estudava biologia na Sorbonne quando o pai foi transferido para o Brasil pela multinacional na qual trabalhava e a chamou para visitá-lo. A mãe seguiria a vida em Paris, pois o casal estava separado fazia tempo. Danielle chegou a São Paulo e se adaptou ao país. Doze anos depois, trocara o sobrenome Ardaillon por Simões ao se casar, era mãe dedicada de três filhos, formara-se em ciências sociais na USP e começara a dar aulas na Faculdade de Arquitetura e Urbanismo de Santos.

O cotidiano pacato não livrou Danielle da repressão, pois ela havia repassado para um conhecido uma mensagem vinda do Tiradentes. Além disso, acatara a decisão do marido de abrigar em sua casa um par de militantes, ele com foto nos cartazes de procurados pela polícia. Presa, chegou à Torre após passagens ameaçadoras, mas sem tortura, pelo DOI-Codi e pelo Dops. Temia que ninguém soubesse de seu paradeiro.

Sentiu-se melhor ao ser avisada de que os professores Fernando Henrique Cardoso e José Arthur Giannotti tentaram visitá-la: "Eles vieram corajosamente e me trouxeram um livro do Fernando Henrique que tinha acabado de sair, *Política e desenvolvimento em sociedades dependentes: Ideologias do empresariado industrial argentino e brasileiro*. As funcionárias não me deixaram ver os dois, mas aceitaram entregar o livro".

Pouco tempo depois, o cônsul-adjunto da França esteve no Tiradentes para saber em que condições se encontrava a conterrânea. A visita protocolar se devia a movimentações feitas em Paris pela mãe de Danielle: "A primeira coisa que o cônsul me disse é que ele não era comunista. Achei ridículo ele dizer isso". De qualquer forma, os chocolates levados pelo diplomata foram muito apreciados pelas colegas de cárcere, assim como as revistas em francês.

Em outra ocasião, o cônsul-adjunto deixou na portaria uma série de publicações que contribuíram para ampliar as opções de leitura nas celas. Dilma se lembra de, por esse canal, ter lido o jornal *Le Canard Enchaîné* e a revista *Les Temps Modernes*, criada por Jean-Paul Sartre e Simone de Beauvoir, que tratava de literatura, filosofia e política. Danielle recorda-se mais das revistas *Elle* e *Paris Match*.

Instalada no celão, Danielle se preocupava mesmo era com o desconhecimento que parte das colegas tinha sobre o próprio país. Na sua opinião, havia uma enorme lacuna entre "as mais sabidas" e o resto da turma. Preparou-se então para apresentar um seminário sobre o Brasil, com foco no desenvolvimento e nas diferenças regionais, na diversidade do país: "Algumas se interessaram, mas pouca gente participou".

Na opinião da socióloga Ligia Cardieri, aquela que ganhou um livro com os poemas de Fernando Pessoa, os interesses variavam muito, embora os romances estivessem sempre em alta, não importava o grau de escolaridade ou de militância da presa: "E entravam muitos livros de literatura. Então alguém avisava: 'Vai ter uma discussão sobre *Grande sertão: veredas*. Quem quer participar?'". João Guimarães Rosa, aliás, era um dos escritores mais apreciados.

Além de *Grande sertão: veredas*, na Torre havia também *A hora e vez de Augusto Matraga* e *Primeiras estórias*.[26] Quando Dilma recebeu da mãe uma coleção de clássicos da literatura que incluía *As aventuras do sr. Pickwick*, de Charles Dickens, foi uma festa: "Todo mundo pegava. O que era romance todo mundo pegava. Só não era público aquilo que podia causar complicação para quem fosse pego: a literatura política, marxista".

Dilma conta que, com Leslie Denise Beloque, chegou também a repassar aprendizados adquiridos por transmissão oral: "No Dops, tínhamos ficado juntas na última solitária lateral. Quem estava na solitária do fundo? O Jacob Gorender. Ficamos amigos. Ele falava muito sobre um livro que estava escrevendo sobre o escravismo colonial, um modo de produção muito específico. A polícia tinha capturado os originais. Eu estava com 22 anos e não tinha estudado a escravidão no Brasil. Para mim, foi muito importante sair de lá com horas de escuta do Gorender, entender a questão da escravidão".

Na Torre, outros assuntos incomodavam por transgredir costumes, como Iara Prado percebeu durante uma animada conversa sobre prazeres sexuais. A curiosidade sobre o tema e a troca de experiências se deviam à entrada, aos pedaços, do livro *A função do orgasmo*, do psicanalista austríaco Wilhelm Reich. O assunto atraía, é claro, muitas meninas. De outra geração e formada nos dogmas do Partidão, Encarnación estava por perto, tecendo uma peça de tricô. De repente, levantou-se, olhou bem para o grupinho de Iara e disparou:

— O trem da revolução passou e despejou o lixo no Tiradentes.[27]

Maria Barreto Leite dava risada. A cena era surrealista. Se representada no teatro, pareceria inverossímil. Naquele sábado de visita, a estrela do pátio era Zôrba, o poodle de Therezinha Zerbini, que voltara para cumprir mais três meses de cadeia. Sua parceira de cela tinha avisado que dera um jeito de liberar a entrada do poodle no presídio. Maria chegou a duvidar, mas era a mais pura verdade. Sentada em um banco ao lado da filha Eugenia, Therezinha irradiava felicidade. Não parava de abraçar Zôrba, que, por sua vez, afagava o rosto de sua dona com as patinhas dianteiras. De vez em quando, abaixava as patas e se dava longas lambidas.

— Meu querido, como você está cheiroso! — repetia Therezinha para o poodle.

De pé, a coluna ereta como sempre, o general Zerbini apreciava a cena em silêncio. O contraste entre a pele rosada da mulher e o pelo negro de Zôrba era de uma plasticidade incrível. Impressionante também como o cachorro demonstrava apego a Therezinha. Centro das atenções e do carinho de várias presas e visitas, Zôrba não demorava em outros colos. Logo voltava a cabeça para sua dona. Rosalba, aquela que fora condenada por uma panfletagem em Santo André, comentou: "É inacreditável. O general observando, a Therezinha fazendo festa e um cachorrinho trazendo emoção, lembrando à gente da vida lá fora".

Zôrba não era um cachorrinho qualquer. Fazia parte da família, como ficou evidente na mensagem de Páscoa que Therezinha escreveu para o marido meses antes.[28] Em letras grandes, arredondadas, ela começou o texto falando do próprio ânimo: "Não pense que estou triste. A minha única tristeza é não estar hoje com vocês. Mas teremos muitos dias para viver juntos e felizes e com a sensação plena de termos sido amigos e companheiros nas horas difíceis e nas horas boas".

Em seguida, pediu que o marido desse muitos abraços e carinhos aos filhos em seu nome. Pediu também que ele telefonasse desejando feliz Páscoa à mãe dela e a outras pessoas queridas. Quanto ao Zôrba, recomendou: "Trate bem da pessoinha preta que é nosso filho também". E, como Therezinha não era mulher de meios-termos, registrou um alerta no final: "Para os ausentes e os indiferentes, não toque no meu nome. Eu morri para eles. Este é o meu desejo".

Maria ainda não tinha chegado à Torre quando Therezinha escreveu a mensagem, mas adorava o estilo da companheira de cela. As duas tinham algumas diferenças. Enquanto Therezinha primava pela elegância, Maria fazia a linha relaxada. Na maioria das vezes, Therezinha atuava com estratégia definida. Maria, em contrapartida, costumava ser mais impulsiva. Às vezes, trocava os pés pelas mãos. Ambas se igualavam no gosto pela boa comida e em fazer valer a própria vontade. Não por acaso, Maria acompanhava o alvoroço em torno de Zôrba sentada em uma cadeira de lona, daquelas de armar, que fizera entrar no presídio.

Aos 55 anos, ela vinha de uma trajetória movimentada. Muito jovem, tinha se apaixonado pelo português Antônio Valdez, que conhecera durante uma festa em Dacar, no Senegal. Casada com ele, foi viver na Guiné-Bissau dos tempos de colônia portuguesa, onde o pai de Valdez era administrador. Lá nasceu a primeira filha, Luiza Helena, a Duddu, atriz e produtora, que passara com ela o percurso DOI-Codi e Dops, mas assumira com tanta convicção o papel de alienada que foi logo libertada.[29] A outra filha, Vera Valdez, estava entre as modelos preferidas da estilista francesa Coco Chanel.[30]

Maria era atriz, mas na sua ficha na polícia política constava um posto no Itamaraty.[31] De fato, depois de se separar de Valdez, ela havia trabalhado no consulado brasileiro de Bordeaux e de Paris. Não chegara a ser uma funcionária exemplar, até porque adorava passar as noites em bares, com amigos da esquerda. Fora demitida havia quatro anos, durante uma incursão da ditadura para expulsar do serviço diplomático os funcionários vinculados a ideias progressistas. De volta ao Brasil, ela passou a atuar no setor de inteligência da VPR no Rio.³² Algumas vezes cumpria tarefas além da coleta de informações. No começo de 1970, levara duas lideranças da organização para um encontro com Lamarca no litoral paulista.

Pouco tempo depois, recebeu outra missão: voltar ao lugar do encontro e verificar se a casa tinha caído. Maria fora orientada a ficar passeando pela praia, para observar a casa de longe. Só deveria se aproximar se não percebesse nenhuma movimentação suspeita. A área de treinamento da guerrilha no Vale do Ribeira havia sido devassada e a organização tentava resgatar militantes que se dispersaram. Caso percebesse sinais de que a casa estava segura, Maria deveria bater à porta e levar para São Paulo os moradores — a costureira Tercina e os três netos dela.

No mesmo Fusca bege que usara da primeira vez, ela desceu para o litoral. Só que com a filha mais velha, a dona do carro, ao volante. Pelo combinado, Duddu deixaria a mãe perto da casa e sairia pela cidade, simulando procurar um imóvel de temporada para passar o final de semana com os filhos. Mais discreta que Maria, Duddu também atuava no setor de inteligência da VPR, coletando informações de bastidores.³³ Na vida legal, tinha um emprego vinculado ao outro extremo do espectro político: diretora de produção da companhia cinematográfica de Jean Manzon, um documentarista aliado da ditadura.³⁴

Na hora combinada para as duas se encontrarem, Maria apareceu acompanhada por dois homens que só faltavam usar boina ao estilo Guevara para completar o figurino de guerrilheiros. Entrou com um deles na parte traseira do Fusca. O outro sentou no banco de passageiro, ao lado de Duddu. Maria começou a explicar que precisavam levar os companheiros para São Paulo porque eles tinham ficado sem contato com a organização.

Disse ainda que planejava reconectá-los com a VPR, pois tinha um encontro marcado com o Neném. Era uma referência ao sobrinho Luiz Alberto Barreto Leite Sanz, de 1,90 m de altura, que ganhara o apelido carinhoso ainda criança, por ser filho caçula. Aos 27 anos, ele falsificava documentos para os militantes da organização que entravam na clandestinidade, mas continuava a ser chamado de Neném pela família. Maria demorou a se dar conta de que falara demais.

— Companheiras, vocês caíram — anunciou o homem ao lado de Duddu.

— Companheira é a puta que os pariu. Eu não tenho nada a ver com isso. Se a minha mãe tem, ela é uma louca. Estou organizando a minha vinda para trazer meus filhos, porque soube que as areias monazíticas daqui são muito boas para a pele — respondeu Duddu.[35]

Mal terminou a explicação, Duddu teve uma arma apontada para a cabeça. O homem sentado ao lado dela era simplesmente o capitão Maurício, chefe de equipe de busca e "orientador" de interrogatórios. Com outros homens de sua equipe, o capitão montara uma tocaia na casa desde que prendera Tercina e seus netos, na semana anterior. No banco de trás, Maria também teve uma arma apontada para a cabeça. Mortificada pela imprudência de ter entrado casa adentro, em vez de observar à distância, ela manteve a história da filha. Sentiu culpa, mas faria o possível para remediar.

A outra filha de Maria, a modelo Vera Valdez, estava em Paris, na casa do diretor de cinema Louis Malle, quando soube da prisão da mãe e da irmã: "Voltei imediatamente para o Brasil, para correr atrás de dinheiro, de amigos ricos e das companhias de teatro, que cederam bilheteria para eu entregar para os policiais. Minha grande preocupação era evitar que elas fossem torturadas". No caso delas, a pressão foi psicológica. Duddu passou quase um mês na rua Tutoia, em um cubículo embaixo de uma sala de tortura, ouvindo todo tipo de sevícia.

Quando Duddu reencontrou a mãe, Tercina estava prestes a ser trocada pelo embaixador e Maria já se adaptava à vida na Torre. Só tinha problema para usar o buraco que fazia as vezes de vaso sanitário, devido ao excesso de peso e à dificuldade para se abaixar e levantar. Duddu, por sua vez, se sentiu muito discriminada pela maioria das meninas: "Tinha os grupelhos e a ralé. Eu fazia parte da ralé. Elas acreditaram na história de que eu era uma executiva babaca, presa por acaso". Duddu, no entanto, se afeiçoou a Guiomar Silva Lopes, quadro importante da ALN: "Tinha muita ternura por aquela menina, fazia ovinho quente para ela".

Única mulher a comandar um grupo de ação armada contra a ditadura, aos 26 anos Guiomar trazia no corpo as sequelas da queda de um quarto andar, de onde se atirou ao tentar escapar da prisão. Ocupava a parte de baixo do beliche de uma das celas no térreo, a operária Jovelina na parte de cima. Também tivera problemas para usar a fossa: "Eu não conseguia agachar, depois não conseguia levantar. A Elza Lobo teve a gentileza de mandar fazer um suporte de madeira". A dificuldade para se locomover não a impedia de comparecer ao pátio no dia de visitas. Nesses momentos, sempre conversava com o filho mais velho de Duddu, o estudante Luiz Alberto Ravaglio, de dezenove anos.

Em tempos de militância clandestina e muitos segredos, o que Duddu não sabia era que o filho integrava os quadros da ALN. A mãe sequer desconfiava que ele havia se apresentado a Guiomar durante as visitas, como conta Luiz Alberto: "Falei para Guiomar da minha ligação e passei a levar mensagens de um lado para outro, entre ela e a organização. Eram mensagens escritas, tudo muito pequeninho. Eu só transportava. Não sabia do conteúdo. E me apaixonei pela Guiomar".

Luiz Alberto levava ainda informes verbais para o comando regional da ALN sobre novas prisões, como a do estudante de medicina Reinaldo Morano.[36] No vaivém de advogados e presos pelos diferentes centros da repressão, quem se encontrava atrás das grades às vezes estava mais bem informado do que os militantes em liberdade, mas com vida clandestina. Guiomar sabia muito do que acontecia no Mundão.

Outro detalhe curioso é que Luiz Alberto também não fazia ideia da militância da mãe. Só descobriu quando, antes de viajar para o litoral, ela mandou colocar uma toalha vermelha na janela caso não voltasse em dois dias. Ainda assim, ele não perguntou nada. Tratou de "limpar" a casa quando ela não voltou no prazo estipulado. Em um armário encontrou muito material usado na fabricação de documentos falsos que o primo Neném tinha pedido para Duddu guardar. Pouco depois, Neném também foi preso. E Duddu liberada, pois o personagem alienado que criou acabou vingando.

Maria não teve a mesma sorte, mas também não reclamava da temporada forçada na Torre. Acumuladora por natureza, organizava seus pertences em caixinhas de variados tamanhos e cores, todas entocadas no espaço que lhe cabia do beliche. Às filhas, costumava fazer pedidos exóticos durante as visitas, a começar por queijos franceses. Quando Luiz Alberto, filho de Duddu, também foi preso, recebia notícias do neto e do sobrinho por meio das visitas. Embora estivessem os três no mesmo presídio, não conseguiram autorização para se encontrar. Comemoraram à distância quando Maria se tornou bisavó.

Durante todo o tempo em que esteve presa, Maria recebeu a visita das filhas. Depois de libertada, Duddu levou para a Torre a cadeira de lona que permitia à mãe esparramar o corpo avantajado. Vera trocou Paris por Copacabana, onde morava em um apartamento cedido pelo pai, que tinha imigrado para o Brasil ainda nos anos 1940. Toda semana, ela viajava à noite, de ônibus, para São Paulo, junto com a tia Luiza e a prima Sandra, mãe e irmã de Neném, preso na ala masculina. Maria, que adorava varar a noite em bares e criara as filhas com as rédeas soltas de uma mulher de espírito avançado, se apavorava com a ideia de a filha fumar maconha e não se cansava de apelar:

— Pelo amor de Deus, Vera, para com isso. Na cadeia, as pessoas pegas com drogas são tratadas como se fossem bichos.[37]

Antes de se enxugar com a toalha, a estudante de medicina Eva Skazufka passou a mão por todo o corpo e retirou o excesso de água. Começou pelos braços. Ao final de cada passada de mão, sacudia os braços repetidas vezes. Gotas d'água caíam no piso de cimento encardido. O ritual, que se tornaria um hábito pela vida afora, não tinha nada a ver com energização. Eva queria molhar a toalha o menos possível, para que não ficasse com cheiro de mofo. Por causa da umidade, as toalhas demoravam a secar na sua cela. Na realidade, demoravam a secar em todas as celas. A Torre era muito úmida. E os banheiros, além de úmidos, eram nojentos. Instalados no fundo das celas, separavam-se delas por uma parede que alcançava o teto, aberta no centro. Não tinham porta. Bem diante da abertura que funcionava como entrada, na parede oposta, havia uma torneira. De um lado ficava o chuveiro. Do outro, a fossa.

Debaixo do chuveiro fechado, enquanto enxugava o barrigão da gravidez avançada, Eva olhava com desgosto para o outro lado do banheiro.

Rente ao chão estava a privada turca, uma peça de louça muita velha, com um buraco no meio e apoio para os pés nas laterais: "Eu penei muito naquela fossa. Até para fazer xixi precisava de ajuda". O problema era que para usar a privada ela precisava agachar, com as pernas abertas e os pés bem firmes no chão. Terminado o uso, necessitava de muito equilíbrio para se levantar, usando a força das coxas. Com a barriga proeminente, Eva não dava conta: "Quando eu entrava no banheiro, tinha de ter alguém por ali para me ajudar a levantar". Na maioria das vezes, quem se prontificava a ajudar eram Eliana Rolemberg e Elza Lobo, suas companheiras de cela.

Quando foi presa, no começo de abril de 1970, Eva sabia que estava grávida, embora estivesse com a barriga lisinha. Casada com o médico Rubens Bergel e quintanista de medicina na USP, ela tratou de confirmar a gestação assim que sentiu os primeiros sinais. E vibrou com o resultado positivo do teste do sapo, o método mais eficaz da época para confirmar uma gravidez. O exame era feito em laboratório. Consistia em injetar com uma seringa a urina da mulher no anfíbio, cujo organismo reagia de forma específica quando em contato com o hormônio hCG (gonadotrofina coriônica humana), abundante no corpo de grávidas.[38]

Eva, no entanto, não pensou de imediato na gravidez quando uma anestesista enviada pelo catedrático Gil Soares Bairão avisou que o marido dela acabara de ser preso no Pronto-Socorro do Hospital das Clínicas.[39] A primeira preocupação de Eva foi com o filho de sete meses que estava na creche do complexo hospitalar. Saiu rápido do setor de Clínica Médica, onde estagiava, entrou no Fusquinha da anestesista, pegou o filho na creche e foi para casa, a poucos quarteirões do hospital. Pediu que a anestesista esperasse com o bebê, dentro do carro, perto do prédio. "Vou só pegar uma mamadeira, umas roupinhas para ele. Se acontecer alguma coisa estranha, vá embora e telefone para minha irmã", disse, passando o número de contato.

Mal começou a colocar as roupas em uma pequena mala, bateram com força à porta do apartamento. Eram quatro militares fardados, armados com metralhadoras, e um homem de terno. Fizeram tanto barulho que os vizinhos saíram aos corredores do prédio, para saber o que estava acontecendo. Como usual naqueles tempos, ninguém ousou esboçar nenhuma reação. Eva, sempre suave ao se expressar, reagiu com o furor de fêmea ao defender a prole: "Não me encostem. Estou grávida". Antes de entrar na perua C-14 que a levaria para o DOI-Codi, ainda viu o Fusquinha da anestesista arrancando rua afora. Respirou aliviada. O filho de sete meses tinha escapado.

Filha dos imigrantes poloneses Frida e Aaron, judeus comunistas, Eva acompanhava a vida política do país desde muito cedo. Ainda nos tempos de secundarista em Santos, onde viviam os Skazufka, conhecera inclusive o sargento Onofre Pinto, um dos fundadores da VPR. A família, porém, desconhecia que, aos 24 anos, ela fora levada na C-14 por um trabalho que partilhara com o marido. Era um estudo médico sobre as propriedades do cianureto de potássio, no qual concluíra que uma certa dosagem do composto químico provocaria morte rápida.[40] A ideia da organização era distribuir cápsulas com o cianureto para militantes que quisessem ingeri-lo em caso de prisão.

Além disso, junto com o marido e o estudante de medicina Luiz Takaoka, Eva ajudara a montar e a manter o aparelho médico da VPR.[41] Era uma casinha na região do Jabaquara, destinada a atender guerrilheiros feridos em ações armadas e armazenar remédios e equipamentos cirúrgicos. Na prática, nenhum atendimento foi realizado no local, ocupado pela costureira Tercina e três de seus netos pequenos. Eva sabia que parte do material se destinava a uma área de treinamento de guerrilha. O que não conhecia era a localização da área.

Quando o aparelho médico foi desativado, ela instalou Tercina e os netos em uma pensão do bairro José Menino, em Santos. Desceu para o litoral ao volante do próprio carro, levando também Jovelina e o filho Ernesto. Três adultos e quatro crianças dentro de um Fusquinha. Na Torre, Eva não chegou a reencontrar Tercina, pois passara mais de dez dias no DOI-Codi e quarenta no Dops. Nesse intervalo, a costureira embarcou com os netos para o exílio, na troca pelo embaixador alemão. A operária Jovelina, em contrapartida, se tornaria uma de suas amigas mais próximas.

"A Jovelina me ensinou a ser dona de casa. Fazíamos dupla na cozinha. Uma vez por semana, a gente lavava toda a roupa de cama", lembra

Eva. "Cada uma pegava em uma ponta, torcia para um lado, para o outro. Depois balançava, pendurava e não precisava passar." Às atividades corriqueiras, a estudante de medicina intercalava muitas horas de estudo, em especial sobre a obra do filósofo marxista Antonio Gramsci, com a diretora de teatro Heleny Guariba. Às quartas-feiras, encontrava-se no pátio com o marido, preso na ala masculina.

Enfronhada na rotina da cadeia, poucos meses mais tarde estava com a barrigona que dificultava colocar-se de pé depois de ficar de cócoras para usar o banheiro da cela. Enquanto a maior parte das meninas se ocupava em tecer o enxoval do bebê que estava para vir ao mundo, Elza Lobo se afligia com a situação. Temia que não levassem Eva a tempo para uma maternidade. E se organizava para fazer um parto de emergência, apesar de jamais ter acompanhado nenhum nascimento: "Preparei lençóis limpos, tesoura, chaleira e bacia. Também separei fio de algodão para amarrar o cordão umbilical".

A própria Eva trabalhava com a possibilidade de ter o bebê na cadeia. Seu primeiro filho, Fernando, tinha nascido aos sete meses. A segunda gravidez estava mais ou menos nessa fase quando ela começou a sentir muitas contrações. Seu ginecologista, Hans Wolfgang Halbe, não se furtou a examiná-la no consultório do presídio.[42] Recomendou repouso, o que a direção do Tiradentes interpretou como transferência para o Hospital Militar. Em um primeiro momento, Eva pensou que seria uma boa alternativa. A realidade mostrou-se perversa: "Fiquei trancada, sem banho de sol, com dois militares armados na porta, e uma investigadora do Dops dentro da cela, 24 horas por dia. Eu nem sabia que hospital militar tinha cela".

Não passou um dia sem reclamar, pois sentia sua condição se deteriorar à medida que o tempo passava. Um dos piores momentos envolveu a visita do filho que escapara no Fusquinha da anestesista no momento de sua prisão. O garoto não só não reconheceu a mãe, como chorou sem parar. A permanência de Eva no hospital também incomodava os militares, até pela necessidade de manter a vigilância que eles próprios montaram.

O certo é que ela foi mandada de volta para a Torre, onde a esperava o esquema precário, mas repleto de solidariedade, preparado por Elza

Lobo. Não foi preciso usá-lo, pois a liberdade condicional de Eva saiu na sequência. Outra boa notícia não demorou a chegar à Torre: poucos dias depois de libertada, ela teve o bebê no Hospital das Clínicas. Uma menina linda, chamada Kátia. Uma homenagem a Onofre Pinto, que tinha uma única filha, de nome Kátia.

Que maravilha chegar à Torre! Fazia tempo que Ana Bursztyn era arrastada de um lugar sinistro para outro, em São Paulo e no Rio. A tormenta começara ainda no dia da captura. Primeiro, em uma delegacia comum de São Paulo. Depois de identificada como "terrorista", foi transferida para o Dops. Dos domínios do delegado Fleury, acabou retirada à força do Dops por homens do DOI-Codi. Sim, eles disputavam presos. E a prisão de Ana tinha sido escandalosa, com retrato estampado no *Jornal Nacional*, usando o nome falso de Nádia Zanzini.

Ana tinha dado muito azar. Ela se atrasara para cobrir um ponto, ou seja, encontrar-se com outro militante em lugar previamente marcado. Como estava perto do Mappin, no centro de São Paulo, resolveu passar o tempo na loja de departamentos até a hora do ponto alternativo, a opção para o caso de o primeiro agendamento furar. No prédio art déco do Mappin, comprou cosméticos e uma sacola. Uma funcionária viu a garota colocando os cosméticos na sacola e desconfiou que ela estivesse furtando.

Acionada, a segurança levou Ana para uma sala que o Mappin mantinha fechada no sétimo andar. Uma salinha fora da lei, usada para pressionar clientes suspeitos de furto. Ana chegou a mostrar a nota fiscal da compra. Não foi o suficiente. O protocolo ilegal exigia que fosse revistada, concordasse ou não. Acuada, ela tirou da bolsa um revólver calibre .38, cano curto, e fez dois disparos.[43] O primeiro, na perna do chefe de segurança. O segundo, para o alto. Não queria matar ninguém. Só precisava abrir caminho para a fuga.

Ana correu, mas acabou capturada no viaduto do Chá, nas imediações do prédio do Mappin. Poucas horas depois, era apresentada como a "ladra terrorista" Nádia Zanzini no principal telejornal do país. Logo ela, que deixara o Rio para evitar se expor, por estar muito queimada na polícia. Havia pouco recebera sinal verde do líder Câmara Ferreira para viajar para a Europa, como desejavam seus pais, atrás de tratamento para os rins. Pedir autorização fazia parte do jogo. Ninguém entrava ou saía de uma organização clandestina sem mais nem menos.

O problema de saúde tinha começado depois que ela levou seguidas cacetadas na altura dos rins em 21 de junho de 1968,[44] ao ser detida durante uma manifestação estudantil reprimida com violência pela polícia.[45] Estudante de farmácia da Universidade Federal do Rio de Janeiro, Ana não demorou a trancar a matrícula no curso e a cair na clandestinidade. De tempos em tempos, sentia fortes dores nos rins. Como a frequência das crises aumentara, ela planejou uma saída estratégica. Os pais, judeus de ascendência polonesa, estavam prontos para apoiá-la no que fosse preciso. Tratar da saúde era o mais urgente.

Cinco dias depois do entrevero no Mappin, o jornal *O Estado de S. Paulo* publicou um perfil de Ana em alto de página. O título da reportagem do sábado 18 de julho de 1970, mantida a grafia da época: "Quem é a môça prêsa no Mappin". Começava assim:

> Anna Bursztyn — a jovem de 19 anos que foi prêsa segunda-feira última no interior do Mappin, após balear o chefe de segurança da loja — é integrante da Aliança de Libertação Nacional, companheira de Eduardo Leite, vulgo Bacuri — um dos principais elementos do quadro do terror — e confessou que, em companhia dele e de vários outros indivíduos, participou do assalto ao carro pagador da Cooperativa de Consumo da Lapa.[46]

Logo nas primeiras linhas, um acerto e cinco erros. Acertaram nas consoantes do sobrenome de Ana, mas erraram no nome, que não é grafado com duplo "n". Ela estava com 21 anos, não dezenove. Confundiram também o nome da organização. Não era Aliança de Libertação Nacional, era Ação Libertadora Nacional. O quarto erro da notícia: Ana não participou do assalto ao carro pagador da cooperativa. Finalmente, o segurança baleado no Mappin não morreu, como informou o jornal.

Ana, no entanto, acompanhou de perto o dramático desfecho desse assalto, ocorrido na semana anterior. Vítima de um disparo acidental, um dos guerrilheiros sangrou até morrer no aparelho onde ela estava alojada. Com relação à notícia do *Estadão*, o certo é que, muitos anos depois, ela saberia que as informações sobre sua identidade foram publicadas a pedido de um jornalista, pai de uma antiga colega de colégio: "Ele reconheceu minha foto na tevê. Conseguiu que publicassem uma notícia com meu nome verdadeiro para garantir que eu não desaparecesse".

Naqueles tempos em que presos podiam de fato desaparecer, Ana passou mais de três meses sendo levada para diferentes centros de repressão e tortura. Em um deles, no Rio, colocaram um jacaré de cerca de um metro sobre seu corpo. Ela se lembraria para sempre que o jacaré não era grande, mas a sensação era horrível.[47] Estava tão aterrorizada que não conseguiu nem gritar. Não por acaso, quando conseguia sonhar, idealizava a chegada a um presídio: "Em São Paulo, eles não cansavam de dizer que o DOI-Codi era o inferno, o Dops era o purgatório e o Tiradentes era o paraíso".

Eles, no caso, eram os homens da versão legalizada da antiga Oban. Em uma inversão total de valores, eles se colocavam com orgulho no topo de uma escala de truculência que não parava de marcar — quando não tirar — vidas. Concediam uma posição intermediária ao Dops porque havia concorrência entre eles, mas os domínios de Fleury estavam mais para inferno do que para purgatório. Já o Tiradentes, que abrigava a Torre, não era nenhum paraíso, embora nele boa parte dos encarcerados passasse a "existir" dentro do sistema.

Ana chegou ao presídio embalada pela perspectiva de dias melhores: "Acabava a sensação de morte iminente". O corpo tinha sido tão vasculhado que ela não se abalou com a revista na carceragem. Atravessou o corredor das corrós com a dignidade possível. Logo que entrou na Torre, ficou impactada pelo cenário: "Era uma construção arredondada, escura, com uma escadaria imensa. Duas senhoras estavam no térreo. De um lado, uma mulher bonita, muito arrumada, finíssima, que depois soube ser Therezinha Zerbini. Do outro, Maria Barreto Leite, a Barretão, uma figura incrível, muito autêntica, completamente esculachada".

No alto da escadaria logo despontaram muitas meninas. Naquele momento, elas somavam 39 presas políticas.[48] A recepção foi amistosa, mas já não faziam o espetáculo de dança dos tempos da jornalista Rose Nogueira. Ana não conhecia ninguém: "Primeiro, me abraçaram, mostraram o beliche onde eu ficaria, explicaram como era a divisão de trabalho. Tinha uma celinha que transformaram em cozinha. Meio lixenta, mas tinha. Falaram do banho de sol. Eu me senti quase no céu. Além de ter sobrevivido, iria ficar entre companheiras".

Depois, Ana passou por uma experiência mais dura: "Reunião com algumas companheiras, uma de cada organização, quadros que tinham mais responsabilidade, que precisavam de informações. Como tinha sido a queda? O que abriu? O que não abriu? Quem eu tinha visto no meio do caminho? No começo, foi bom falar sem ficar me controlando, sem ter o corpo como inimigo. Na tortura, o corpo vira seu inimigo. Treme de choque. Você quer manter distância dele".

Quanto mais perguntas faziam, mais Ana se retraía: "Até entendo o lado delas, mas ficou difícil. Eu tinha passado por quase quatro meses de interrogatório. Elas não sabiam se eu tinha feito acordo, virado traidora. A partir de um determinado momento, me senti sendo interrogada". Ana tinha, de novo, dado azar. Sua queda desencadeara uma sequência trágica. Ela resistiu por muito tempo, mas, dez dias depois de capturada, revelou o endereço do aparelho onde viviam quatro militantes procuradíssimos pela polícia.

Eles souberam da prisão de Ana, mas não abandonaram a casa porque ela só entrava e saía do sobrado com venda nos olhos. Além disso, dizia que não identificava a localização. A verdade é que subestimara a própria aptidão espacial. Depois de uma semana, para escapar de mais tortura, ela conseguiu voltar à rua Harmonia, 114, na Vila Madalena. A primeira pessoa a ser presa foi Denise Crispim, a filha de Encarnación, grávida de seis meses do marido Bacuri. Quando a polícia apareceu no começo da tarde, trazendo uma Ana destroçada, Denise estava sozinha em casa.

Bacuri chegou de carro à região a tempo de ver o cerco, mas não havia como interferir. Nem seus acompanhantes, Carlos Eugênio Paz e Ana Maria Nacinovic, viram qualquer possibilidade de resgate. Aquele trecho da rua Harmonia estava totalmente ocupado por homens do DOI-Codi.

Não dava nem para acessar a casa pela porta dos fundos, que se abria para uma ruela conhecida mais tarde como Beco do Batman.[49] Os três tiveram que acompanhar de longe a queda de Denise.

Na mesma tarde, Bacuri telefonou de uma padaria nas imediações do Ibirapuera para o II Exército e ameaçou matar o comandante, general José Canavarro Pereira, caso machucassem Denise.[50] Carlos Eugênio reforçou a ameaça em ligação para o DOI-Codi. Avisou que monitoravam o general fazia tempo e que sabiam inclusive do Fusquinha vermelho que ele usava, incógnito e sem segurança, para visitar a amante.

De alguma forma, o juiz Nelson Guimarães, da 2ª Auditoria Militar, foi acionado. Em despacho assinado dali a dezoito dias, ele discorreu sobre o histórico comunista da família de Denise e decidiu considerá-la "vítima dessa loucura mortal que o veneno marxista tem conseguido inocular em muitos brasileiros". Em seguida, ressaltou a gravidez em "estado adiantado" e os "direitos do nascituro" para decretar a liberdade provisória dela.[51]

Entre a captura e a libertação, só a barriga de Denise tinha sido poupada. Na rua Tutoia, ela apanhou muito, até com palmatória. Uma madrugada, foi levada para o zoológico, onde a aterrorizaram, prometendo deixá-la trancada na jaula dos felinos.[52] Bacuri, por sua vez, tornou-se alvo de uma caçada implacável. Agosto não tinha chegado ao fim quando ele foi capturado no Rio pelo delegado Fleury e uma equipe da Marinha.

No momento em que Ana era submetida ao questionamento das companheiras, o guerrilheiro já não aguentava ficar de pé. O tormento que culminaria em sua mutilação e extermínio começara no Rio e continuava cada vez mais cruel em São Paulo. Em sua mais recente passagem pelo Dops paulista, Ana tinha testemunhado parte das barbáries que praticavam contra ele. A sensação de morte iminente parecia cada vez mais próxima do mundo real. Não havia lembrança boa.

O próprio Presídio Tiradentes, onde Ana já tinha ficado presa no passado recente, trazia imagens sombrias à sua memória. Da outra vez, conhecera a parte da frente do presídio. Nem se dera conta de que havia uma Torre incrustada na construção centenária. Junto com outros trinta estudantes, ocupara uma cela projetada para abrigar no máximo dez pessoas. Eram rapazes e moças do Brasil inteiro, arrebanhados entre os oitocentos estudantes presos no Congresso da UNE em Ibiúna, em outubro de 1968.

"Tive uma alergia horrorosa nas costas, que fazia bolhas. Chegaram a me levar no Hospital das Clínicas. Suspeitaram que carrapatos ou piolhos tivessem provocado a alergia. No sítio de Ibiúna uma parte de nós, eu inclusive, dormiu num galpão, perto do chiqueiro dos porcos. Uma total falta de estrutura. Suspeitaram também de catapora. Pelo sim, pelo não, no presídio vacinaram todo mundo contra catapora."

Ana nem se lembrava de quanto tempo permaneceu na cela superlotada do presídio. Acreditava ser uma semana, talvez um pouco menos. Sempre com a roupa suja de lama, impregnada desde a caminhada debaixo de chuva, pela estrada de terra, até os ônibus que transportaram todos para o Tiradentes. Só depois de algum tempo começaram a fotografar e a fichar cada um: "A polícia juntava um grupo, fichava, e mandava para o estado de origem". Jamais imaginara que, menos de dois anos depois, estaria de volta ao complexo.

O arcebispo metropolitano de São Paulo, dom Paulo Evaristo Arns, passava de carro nas imediações do Tiradentes quando viu o portão lateral do presídio aberto.[53] Não pensou duas vezes. Pediu ao motorista que parasse, desceu do Fusquinha, atravessou a calçada larga e caminhou presídio adentro. Uma policial que saía fez meia-volta e foi a passos largos até a sala da direção. Dois ou três minutos depois, o diretor Olyntho Denardi chegou para barrar a visita inesperada. Uma presa que fazia serviços gerais também apareceu e falou antes do diretor.

— Dom Paulo, o senhor aqui? Como o senhor nunca vai na Torre?

— A Torre? O que é a Torre? — surpreendeu-se o arcebispo, que, com a permissão da Justiça Militar, já havia visitado os freis dominicanos e outros presos da ala masculina.

— É onde trancam as políticas, as mulheres. São mais de trinta agora — disse a presa, sem acatar a ordem do diretor de calar a boca.

— Hoje eu vou lá — afirmou dom Paulo, ao mesmo tempo que lançava um olhar cortante para o diretor.

— Arcebispo, sem autorização judicial não é possível.
— Eu vou lá, com essa moça. Vou de qualquer jeito, senão excomungo você.

Dom Paulo estava calmo, mas firme. Ele não era de levantar a voz. Nem precisava. Descendente de alemães, nascido havia cinquenta anos na colônia de Forquilhinha, em Santa Catarina, o religioso às vezes se expressava de forma ríspida, capaz de intimidar. Em contrapartida, era sensibilidade pura diante de injustiças. Desde o ano anterior, como bispo auxiliar do cardeal Agnelo Rossi, acompanhava de perto o calvário dos dominicanos nos cárceres da ditadura. Também se encontrara com madre Maurina.[54]

A postura do superior de dom Paulo era diferente. Em momento algum ele se movimentou a favor dos frades vinculados a Marighella. Ao ouvir um relato de dom Paulo sobre as sevícias sofridas pelos dominicanos, dom Agnelo agradeceu, mas frisou que "outros" lhe garantiam que não havia tortura nas prisões. Na terça-feira 20 de outubro de 1970, ao desembarcar de uma viagem ao Vaticano, dom Agnelo assumiu em público o alinhamento com o regime. Classificou as denúncias de tortura como "uma campanha de difamação dirigida do exterior contra o governo brasileiro".

Agradou os militares, irritou Roma. No dia seguinte à declaração, o papa Paulo VI, sem citar o Brasil, colocou as torturas no foco do discurso que fez no Vaticano: "São inadmissíveis hoje, nem sequer com a finalidade de exercer a justiça e defender a ordem pública".[55] Falou em italiano, mas, excepcionalmente, mandou divulgar o discurso em cinco idiomas: inglês, francês, alemão, espanhol e português. Passado mais um dia, anunciou uma queda para cima e uma promoção autêntica: a promoção de dom Agnelo para o Vaticano e a nomeação de dom Paulo como arcebispo metropolitano.

A primeira visita pastoral de dom Paulo depois de nomeado arcebispo tinha sido justamente à ala masculina do Presídio Tiradentes. Na época, ele não fazia ideia de que presas políticas também se encontravam no complexo. Dessa vez, determinado a entrar na Torre, colocou o diretor em uma situação tão constrangedora que Olyntho Denardi pediu licença para "fazer uns telefonemas". Ao mesmo tempo, uma presa encarregada da faxina avisou às meninas que dom Paulo estava prestes a entrar na Torre.

Sempre preocupada em organizar o coletivo, Elza Lobo convocou uma reunião na escadaria: "Para não ter burburinho, combinamos que só três dariam informações para dom Paulo". Enquanto isso, o arcebispo esperava pelo diretor, que não demorou a voltar de seu gabinete, o que levou dom Paulo a supor que ele não telefonara para lugar nenhum. Talvez quisesse apenas ganhar tempo — ou simular que pedira autorização para liberar a entrada do religioso.

O fato é que pouco depois os dois atravessaram o corredor das corrós rumo à Torre. Logo que entrou, dom Paulo se emocionou. Estava acostumado a visitar homens em penitenciárias, mas diante das meninas, "as moças mais finas", vestidas de shorts, "como se fica na cadeia", sentiu que era "uma coisa assim triste de ver". Quase dez anos depois, ele relataria o encontro aos jornalistas Getúlio Bittencourt e Paulo Markun: "Aí eu estava na frente delas, me reconheceram, não sei como, logo pegaram confiança e começaram a contar". O diretor fez menção de sair da Torre.

— Você fica aí — disse dom Paulo.

A presença do diretor não intimidou as meninas. "E cada uma delas contou: filho torturado na frente da mãe, assim tudo, tiraram até a roupa, mostraram as marcas, querendo contar, a gente via que estavam loucas para ter alguém para quem pudessem contar", lembrou dom Paulo na entrevista. Pela descrição do religioso, o esquema planejado por Elza não funcionou: "Foram umas duas horas, quase, eu só passava de uma para outra, porque uma estava querendo interromper a outra, pois achavam que eu não teria tempo de ouvir a todas".

Quando acabou, dom Paulo agradeceu, disse que não podia prometer nada, até porque "tinha entrado assim pela porta aberta", mas deixou um pouco de esperança: "Espero que venham dias melhores para vocês. Eu vou fazer o que posso". No caminho de volta à saída lateral, parou no meio de um corredor estreito assim que o diretor começou a reclamar do depoimento das presas. Em um tom de voz baixo, mas áspero, perguntou:

— O que é verdade de tudo isso?

Diante da tentativa do diretor de desqualificar o relato das presas políticas, questionou de novo, em tom mais incisivo:
— Me diga, o que é verdade, diante de Deus!
— Talvez uns cinquenta por cento — respondeu o diretor.
— Se um por cento só fosse verdade, nós dois já devíamos desaparecer da Terra, porque o que elas contaram não tinha nada de humano, desde o começo até o fim — indignou-se o arcebispo, em um tom de voz que poucas vezes usou em sua longa trajetória.

Poucas horas depois, dom Paulo embarcou para um compromisso em Roma. No avião, escreveu em francês um relatório sobre o que vira e ouvira das presas políticas, "tudo, tudo, ponto por ponto". Deixou o documento no Vaticano, com dom Giovanni Benelli, da Secretaria de Estado, para que fosse entregue ao papa. "Depois me arrependi, devia ter trazido de volta o relato", confidenciou mais tarde o arcebispo, ciente de que não acontecera nenhuma intervenção em favor das meninas.

É provável que a experiência tenha influenciado uma decisão mais radical, tomada por dom Paulo alguns meses depois: afixar na porta de todas as igrejas da arquidiocese um protesto contra as arbitrariedades da polícia política.[56] O documento denunciava a prisão da assistente social Yara Spadini, da região episcopal Sul da capital, e do padre Giulio Vicini, que "foram torturados de maneira ignominiosa". No começo da noite de 27 de janeiro de 1971, quando soube que eles haviam sido levados para o Dops, dom Paulo abandonou uma reunião que fazia com bispos e se dirigiu ao prédio do largo General Osório.

A iniciativa evitou que Yara voltasse para a sala de tortura pela qual passou ao entrar no prédio: "Dom Paulo chegou na mesma noite. Interferiu logo".[57] Com ela, a polícia encontrara dois exemplares de um jornalzinho considerado subversivo e a matriz de um texto sobre a morte do operário Raimundo Eduardo da Silva no DOI-Codi, a ser reproduzido. Em razão da intervenção de dom Paulo, Yara só ficou uma noite no Dops. No dia seguinte, foi transferida para a Torre. Não chegava a ser bom, mas era muito melhor do que o Dops.

Zizinha, como era chamada a fiandeira, bordadeira e costureira Gerosina Silva Pereira, preparava uma comida deliciosa. Todas adoravam. Só que ninguém queria fazer dupla com ela na escala da cozinha. Zizinha começava o trabalho muito cedo, lavando tudo de cima a baixo: bancada, pia, panelas, pratos, talheres, pratos, chão. Nada escapava de seu ritual de limpeza.

Dependendo do estado em que a dupla da véspera deixara a cozinha, ainda saía a tomar satisfações. Aos 53 anos, nascida e criada na escassez do Vale do Jequitinhonha, em Minas Gerais, ela tinha o asseio como ponto de honra. Coube à estudante Robêni Costa, com menos da metade de sua idade, fazer dupla com Zizinha.

— Menina Robêni, não é assim que corta. Pode começar de novo — ordenava Zizinha.[58]

No cardápio simples e saboroso da dupla, a base era o arroz soltinho e o feijão bem temperado, mas o ponto alto eram as verduras. E Robêni cortava as verduras em centímetros, em vez de milímetros, como desejava Zizinha. Robêni demorou, mas aprendeu a técnica.

Algumas duplas nem se dignavam a preparar legumes, que ficavam sobre uma fina camada de água, numa caixa de isopor rasa, cobertos por um pano de prato umedecido. Outras duplas faziam experiências desastrosas, como uma sopa de quiabo servida tempos antes por Cida Costa e Dilma Rousseff. "Ficamos um pouco frustradas com o resultado", minimiza Cida Costa. "Havíamos nos esforçado."[59]

Boa parte daquelas presas políticas jamais havia cozinhado. Algumas devido à infraestrutura da casa de suas famílias. Outras dispensadas dos serviços domésticas por começarem a estudar e a trabalhar muito novas. A distância do fogão aumentou para a maioria que entrou na clandestinidade, vivendo em aparelhos desprovidos de rotina e utensílios domésticos. Comiam em geral pratos comerciais, em bares e restaurantes que encontravam entre um ponto e outro. Na primeira fase da prisão, todas tiveram que se sujeitar à comida de preparo duvidoso distribuída em latões pelo sistema penitenciário. Depois, quem não sabia nada de culinária precisou aprender. A cela transformada em cozinha só tinha dois fogareiros elétricos sobre a bancada improvisada com duas tábuas de madeira, mas os mantimentos trazidos pelos familiares garantiam almoço e jantar.

Robêni aprendeu muito com Zizinha: "Ela era exigente até na apresentação da comida. E generosa ao ensinar". Estudante de letras da USP, Robêni não tinha experiência anterior no fogão. Sua mãe trabalhava como faxineira no mesmo hotel de Campinas em que o pai era guarda-noturno, mas ocupava-se de tudo na casa. Desde muito jovem, Robêni ganhava a vida como professora. Não chegou a entrar na clandestinidade. Depois de se mudar para São Paulo, estudava e trabalhava, garantindo inclusive o sustento da casa onde vivia com o namorado Alcides Mamizuka, ambos da ALN. Em contrapartida, ele cozinhava, a começar pelo gohan, o arroz japonês.

Em casa, ela ajudava a rodar o *Minimanual do guerrilheiro urbano*, de Marighella, no mimeógrafo que Mamizuka instalara em um compartimento forrado por cobertores, para que o som não despertasse a suspeita dos vizinhos. Na Torre, Robêni revisava os textos preparados pelas lideranças da ALN, Maria Luiza Belloque à frente. E aprendia com a sua companheira de dupla da cozinha. Uma vez, quis reaproveitar umas abobrinhas que vieram no latão do sistema penitenciário. O problema é que elas estavam em um caldo no qual boiavam uns bichinhos brancos, lustrosos. Zizinha foi categórica:

— Menina Robêni, a gente não serve o que não tem coragem de comer.

Os bichinhos, as abobrinhas e todo o resto foram para o lixo. Zizinha não gostava de jogar comida fora, reclamava quando outras duplas deixavam as verduras estragar, mas, naquele caso, não tinha outra saída. E se acostumara a reaproveitar desde sempre. Casada com o armeiro da VPR, Antonio Ubaldino Pereira, também nascido no Vale do Jequitinhonha, ela criara três filhos com muita dificuldade. Agora que todos estavam adultos, passava por outro tipo de provação. Seu maior sonho era voltar a reunir a família. Ubaldino foi o primeiro a ser preso.

Ele tinha ficado quase dois anos encarcerado na ala masculina do Tiradentes. Durante todo o período, Zizinha não faltou na visita. Saía de sua casa, na rua Tucuri, no Bosque da Saúde, pegava um ônibus, descia perto da Estação da Luz e caminhava até o presídio. Passava pela revista obrigatória para as visitas, na entrada e na saída. Ainda assim, conseguiu sair com mensagens de Roque Aparecido da Silva, um dos líderes das greves de Osasco, preso desde o começo de 1969. Em geral, eram informações sobre companheiros que precisavam de assistência médica ou jurídica.

Zizinha repassava as mensagens para a arquiteta Celia da Rocha Paes, que a esperava na saída da visita semanal.[60] Depois de fazer escala nas mãos de outro arquiteto, as mensagens chegavam ao técnico em eletrônica Yoshitane Fujimori, da direção regional da VPR. Algumas vezes a mensagem percorria o caminho oposto, da organização para o Tiradentes. Ao final de uma das visitas ao marido, Zizinha saiu do presídio com uma peça de artesanato embalada em um papel de embrulho pardo, daqueles usados em padaria, e uma instrução enfática de Roque:

— Avisa que precisam esticar o papel com ferro de passar roupa quente.[61]

Passado a ferro, o papel de embrulho revelava o nome de presos políticos do Tiradentes que poderiam ser trocados em um futuro sequestro de diplomata.[62] A tinta invisível, sensível ao calor, era à base de suco de limão. Com a ponta de uma pena de aço molhada inúmeras vezes em um potinho com o suco, os nomes tinham sido escritos um a um. Na frente de cada nome, a situação jurídica do preso. As letras secavam quase imediatamente. O papel ficava como novo. Bastava passar o ferro quente que a escrita reaparecia. Dava trabalho, mas funcionava.

Como de costume, Zizinha cumpriu com o combinado, sem comentar nada com ninguém. A mensagem com tinta invisível não demorou a chegar ao comando da organização, que já planejava capturar um novo diplomata. Afinal, os presídios estavam abarrotados e a repressão apertando cada vez mais o cerco em torno dos que resistiam fora das grades. Pouco tempo depois, Zizinha ouviu no rádio que tinham sequestrado no Rio o embaixador da Suíça no Brasil, Giovanni Bucher. Largou os afazeres para ver se davam mais detalhes. Até muito tarde da noite não disseram nada sobre a autoria da ação nem divulgaram nenhum comunicado dos sequestradores.

No dia seguinte, ela saiu cedo atrás de um jornal. O sequestro estava na primeira página do *Estadão*, vinculado à VPR. Dentro, mais três páginas, com um mapa mostrando como tudo aconteceu. E uma notícia devastadora: Fujimori tinha sido morto em São Paulo, no mesmo bairro em que ela morava.[63] Começava assim uma semana difícil, que demorou para passar. Outra notícia ruim chegou no sábado. As visitas aos presos políticos estavam suspensas. A guarda da muralha do presídio, reforçada. Como ela, familiares que tinham vindo de longe, até de outros estados, não passaram da calçada.

Toda vez que havia sequestro, os presos políticos perdiam o direito à visita. Seguiam-se dias de angústia. Daquela vez foram semanas. Os militares não queriam negociar. Dos setenta presos pedidos em troca do diplomata, vetaram dezenove nomes, e substituí-los envolveu várias rodadas de negociação.[64] Muitos já imaginavam a polícia estourando o cativeiro do embaixador quando começaram a divulgar o nome dos presos a serem banidos. Ubaldino estava entre eles, assim como seu genro Aristenes Nogueira de Almeida. Zizinha não sabia se ria ou se chorava. Iriam para o Chile. Fazer o que fora do Brasil?

Da Torre sairiam Jovelina e Encarnación, ambas ansiosas para recomeçar a vida em outro país. Jovelina tinha muito a comemorar: o marido também entrara na troca. Chegar ao Chile seria o primeiro passo para um dia rever o filho Ernesto, o mais novo dos netos que Tercina agora criava em Cuba. Encarnación tinha esperança de que a filha Denise fosse encontrá-la em Santiago com a neta Eduarda, recém-nascida. Nos preparativos para a saída, mandaram que tirassem toda a roupa para serem fotografadas no Dops.[65] Do alto de seus 54 anos, Encarnación ficou indignada, mas não passou recibo:

— Coloca então um jornal no chão. Sou asmática, não posso pisar nesta cerâmica fria.[66]

O marido de Zizinha também passou por constrangimento similar. Ela tentou, mas não conseguiu se despedir dele.[67] Viu a foto dos setenta na frente do avião, no Rio, e depois chegando ao Chile. Era tanta gente que não dava para reconhecer ninguém. De qualquer maneira, a partir daquele dia, começou a sonhar com o Chile. Até que, no meio de uma tarde muito quente, homens vestidos à paisana chegaram em sua casa e a levaram para o DOI-Codi. Foram cinquenta dias no centro de tortura. Durante os interrogatórios, ela garantiu que só depois de presa soube que no embrulho recebido de Roque havia uma mensagem escrita com tinta invisível. Ficou firme o tempo todo.

Depois de passar também pelo Dops, Zizinha sentiu desafogo ao chegar à Torre, mas também aflição por estar longe dos que amava — o marido em outro país e os filhos em São Paulo, separados dela. Seu sonho era sair da cadeia, viajar para o Chile, reencontrar Ubaldino e fazer o caminho de volta. Uma hora os militares retornariam para os quartéis. E tudo o que ela desejava era viver no Brasil, com a família reunida. Enquanto nada disso acontecesse, transformava o seu dia de preparar as refeições em um ato de amor. Era quando tinha a oportunidade de exercer o altruísmo, de oferecer algum tipo de prazer às companheiras. "Na cozinha, ela se esmerava e crescia. Ficava maior do que a Torre", compara Robêni.

O clima fechava, no entanto, quando Zizinha entrava na cozinha e encontrava sujeira. Ou produtos estragados. Achava um desrespeito com os familiares que se empenhavam em fornecer alimentos. Seu Casimiro Mamizuka, pai do namorado de Robêni, era um deles. Toda semana chegava ao presídio com dois sacos de verduras — um para a ala masculina, outro para a Torre. Antigo plantador de batatinhas e tomates, estava aposentado, mas conhecia muitos comerciantes na Ceasa, a imensa central de abastecimento estabelecida na zona oeste da cidade. "Ele ganhava as verduras dos seus conhecidos e levava para o presídio. O pessoal da Ceasa sabia que era para nós", conta Robêni.

Quando os filhos visitavam Zizinha, o do meio, Ubaldino como o pai, também chegava com produtos: "A minha tarefa era levar os jornais do dia, além de verduras e legumes. Minha mãe era uma boa cozinheira, no trivial. E como nossa família só ganhava o suficiente para sobreviver, vivia da mão para a boca, fazer mais com menos era uma especialidade dela". Estava explicada a fúria de Zizinha quando encontrava algo estragado na cozinha. Creditava o desperdício às meninas de classe média que, dizia ela, tinham sido "empurradas" para a revolução, mas nunca haviam passado necessidade nem lavado nenhuma panela.

Nesses momentos, a única que conseguia baixar a fervura era Elza Lobo. Mestra na arte de contornar conflitos, Elza também é dona de um humor muito peculiar. E muitas vezes ria sozinha, imaginando Zizinha na primeira cozinha que improvisaram na Torre. Ficava dentro do celão, sobre uma tábua de madeira, bem perto do banheiro com a fossa turca. Muito complicado manter o asseio e o gosto por preparar refeições. Quando alguma dupla estava preparando comida, ninguém podia usar o sanitário. Casos de emergência tinham que ser resolvidos em alguma cela vizinha.

Os rituais de despedida na Torre eram sempre emocionantes. Entre abraços calorosos, lágrimas abundantes e muitas canções, quem saía costumava deixar um rastro de esperança. Não foi assim com a diretora de teatro Heleny Guariba. As meninas que ocupavam a Torre naquele momento se espalharam pelas escadarias e cantaram, mas o clima era de apreensão, como lembra a socióloga Eliana Rolemberg: "Ficamos tristíssimas. Incompreensível soltarem a Heleny se pessoas sem grandes implicações continuavam presas. A maioria teve essa percepção".

O temor era que a soltura fosse uma cilada. Fazia sentido. De um lado, os métodos da repressão se aprimoravam, com organogramas indicando quem era quem em cada organização. De outro, havia o esfacelamento da guerrilha e o espírito combativo de Heleny. Para agravar o cenário, a vida particular da diretora de teatro não podia estar mais conturbada. Preso na ala masculina, o companheiro dela, José Olavo Leite Ribeiro, se tranquilizara um pouco com a conversa que tiveram no último encontro, no pátio do presídio: "Ela disse que procuraria algumas pessoas, mas que a prioridade era retomar a guarda dos filhos e arrumar um emprego".

José Olavo ainda não sabia que havia uma infiltração no comando da vpr em São Paulo, na qual ambos militavam. Heleny também não tinha noção do rombo na segurança. Tranquilizara o companheiro, mas na verdade pretendia mergulhar nos subterrâneos da resistência. Admirada pela inteligência e pela sólida formação cultural, ela apresentava, no entanto, uma visão idealizada da realidade extramuros. Não aceitava a ideia de que a luta estava perdida. Seguiria no ritmo que sempre marcara suas atividades.

Antes mesmo de ser presa, Heleny tinha aproveitado as visitas que fazia a José Olavo no Tiradentes para cumprir tarefas da VPR. Uma delas, no começo de março de 1970, foi tentar descobrir com outros presos a identidade do militante Mário Japa, capturado pela repressão após um acidente de carro. O nikkei sabia a localização da área de treinamento de guerrilha comandada por Lamarca, procurada pela polícia. Devido à urgência de tirar o guerrilheiro da tortura, o sequestro do cônsul japonês em São Paulo estava sendo preparado. Só que Mário Japa levava tão a sério a clandestinidade que ninguém sabia seu verdadeiro nome.[68]

Sequestro consumado, durante outra visita ao Tiradentes, Heleny tentou que um preso político de origem nipônica escrevesse um comunicado à colônia, que repudiara a ação. A meta era explicar que a guerrilha não tinha nada contra os japoneses ou contra o cônsul Nobuo Okuchi. Não deu certo. O estudante Carlos Takaoka achou que colocaria em risco a segurança de todos caso o documento fosse apreendido durante a revista. Daí, no sábado 14 de março, os presos políticos pedidos em troca do cônsul decolaram rumo ao exílio no México sem que nenhuma mensagem à colônia japonesa fosse emitida pela guerrilha.[69]

Entre os passageiros do voo estava madre Maurina, que tinha sido levada da Torre para o presídio de Tremembé. Ela embarcara a contragosto, sem entender o motivo pelo qual tinha sido incluída na troca. "Não desejo viajar para o México ou qualquer outro país", registrou a madre em declaração a autoridades. "Aguardo com serena tranquilidade a oportunidade de ser ouvida pela Justiça Militar e de provar minha inocência no processo em que fui envolvida."[70]

Não foi naquela oportunidade que madre Maurina seria ouvida pela Justiça ou saberia o motivo de seu nome ter entrado na negociação. O economista Ladislau Dowbor, que participou do sequestro, esclarece: "O objetivo era incluir a ala religiosa, divulgar a perseguição aos religiosos de maneira geral". Heleny não sabia detalhes da ação. Findo o episódio, ela ainda voltou algumas vezes ao Tiradentes. O curioso é que cumpria tarefas no pátio masculino durante a visita sem que ninguém percebesse.

Extrovertida, cativante e inquieta, ela circulava entre os presos e familiares com desenvoltura ímpar. Era também destemida. Na fase anterior a seu ingresso na VPR, escondera Lamarca, recém-saído do quartel, na casa onde vivia com o então marido, o professor universitário Ulysses Guariba, e os filhos Chico e João. Os meninos tinham sete e três anos, respectivamente, quando Heleny foi presa, em abril de 1970. Já separada do marido, com quem vivera por catorze anos, ela percebeu a presença da polícia no entorno quando chegava em sua casa e, em um primeiro momento, conseguiu escapar.

Deixou as crianças com o pai e pediu ajuda à família de José Olavo. Não deu tempo de consultá-lo. A saída que o pai dele encontrou foi abrigá-la na cidade mineira de Poços de Caldas, em uma casa que a mãe de José Olavo recebera como herança. O esconderijo acabou revelado pelo sogro de Heleny aos homens do DOI-Codi. "Meu pai não aguentou a pressão, chegou a ver gente sendo torturada", diz José Olavo. "A Heleny ficou muito magoada com ele. Não quis mais falar com meu pai. Foi a primeira vez que vi a Heleny ser intransigente."

Com compleição miúda, ela havia chegado à Torre bastante fragilizada. Torturada no início do período menstrual, teve uma hemorragia tão intensa que precisou ser atendida no Hospital Militar. Na cadeia, passou a estudar marxismo com o mesmo fervor que dedicara à dramaturgia. Admiradora do francês Roger Planchon, com quem fizera estágio em Lyon, ela levara a experiência de teatro popular para a cidade de Santo André e influenciara uma geração de novos atores. Meses depois de dirigir com sucesso a peça *George Dandin*, de Molière, colocou o teatro em segundo plano.

Preferiu aprofundar as leituras do filósofo marxista Antonio Gramsci. Criada nos valores da Igreja Metodista, tinha a disciplina e o rigor intelectual como normas de conduta. Começara com a teoria de hegemonia cultural, a utilização que o Estado faz das instituições culturais para preservar poder. Aprendera muito nos quase sete meses que Carmute, a professora de ciência política, esteve encarcerada na Torre. Queria mais.

Envolvida com os livros e os debates políticos, Heleny tentava ainda visualizar saídas para continuar um embate em fase de extinção. Tinha muito claro que ações armadas como assaltos a banco afastavam a população da guerrilha. Também tinha consciência de que o desempenho da economia entusiasmava os brasileiros, assim como a ideia do Brasil como grande potência. Da mesma forma, ganhava crédito uma falsidade: as denúncias de tortura e morte de oposicionistas seriam parte de uma campanha para desmoralizar o país no exterior.

Com um olho na teoria e outro na elaboração de táticas para continuar a resistência, Heleny saía da cadeia sem deixar grandes marcas ligadas ao mundo das artes. Só produzira alguns esquetes, com a única pretensão de levantar o moral e entreter as companheiras. Nada que se comparasse às aulas que ministrara desde muito jovem na EAD, a Escola de Arte Dramática coordenada pelo diretor e autor Alfredo Mesquita na Pinacoteca do Estado e anos depois incorporada à USP.

Em um desses esquetes coube à dentista Marlene Soccas, de 36 anos, fazer o papel de Elizeth Cardoso, a Divina, interpretando "Apelo", de Vinicius de Moraes e Baden Powell. Marlene chegara à Torre um mês depois de Heleny e aceitou o desafio sem pestanejar: "Heleny achou que eu tinha uma tendência melodramática, mas a interpretação não era para apreciar nenhum talento e sim para divertir. Exageramos em tudo. Na maquiagem, nas roupas, na cabeleira, nos sapatos. Aliás, os sapatos eram muito maiores do que os meus pés". No palco improvisado no hall do térreo, os calçados inconvenientes viraram mais um detalhe do drama que Marlene interpretava: "Eu te suplico não destruas/ Tantas coisas que são tuas/ Por um mal que já paguei".

Heleny não fez críticas à performance da dentista. Nem investiu na formação de alguma atriz entre as companheiras de cárcere. Eram outros tempos. Intensos como os dos tempos do teatro, mas com outro foco. Fazia jus ao apelido de Periquita Laboriosa que ganhara de Carmute. Mas também se divertia. Nas horas do banho de sol, até se arriscava a jogar vôlei no pequeno pátio da Torre, como conta Ana Bursztyn: "Só que ela não jogava nada. Nem tinha como. Usava umas sandálias baixas, soltas atrás. Como podia jogar com aquelas sandálias?".

Com aquelas sandálias Heleny, que media 1,55 metro, ganhava estatura nos dias de visita. Tinha direito a duas por semana. Na quarta-feira encontrava-se com José Olavo no pátio dos homens, onde também se reuniam outras duplas. Eram maridos e mulheres alojados em diferentes alas do presídio. Embora Heleny e José Olavo não fossem casados no papel, o advogado José Carlos Dias conseguira na Justiça Militar uma autorização para as visitas. Foi no último desses encontros que Heleny falara em priorizar a vida pessoal assim que saísse do presídio. José Olavo acreditou: "Não se pode esquecer que ela era diretora de teatro. Podia ser muito convincente".

Aos sábados, Heleny voltava ao mesmo pátio, para receber a família. Os presos eram muitos, em especial nas alas masculinas, e o espaço ficava lotado, com crianças correndo de um lado para outro. Como não havia bancos para todos, grupinhos se formavam pelos cantos, com as pessoas em pé, ávidas para saber o que se passava de um lado e outro dos muros. Naquelas horas, o boato de que os presos políticos tinham montado uma central de informações no Tiradentes fazia todo sentido. De fato, as notícias circulavam por lá. E mensagens eram mandadas e recebidas.

Heleny não parava nem um minuto. Se alegrava com a chegada dos filhos, mas também tratava de fazer contatos. Uma de suas interlocutoras mais próximas era a atriz Dulce Muniz, ex-aluna, futura diretora de teatro. Dulce entrava no Tiradentes para visitar o irmão, que também era preso político, mas falava sempre com Heleny. Tinha sentido muito quando a antiga professora trocou os ensaios de *As bodas de Fígaro*, de Beaumarchais, no Teatro de Arena, pelos compromissos com a organização. Sofreu mais ainda ao se dar conta de que ela não voltaria aos palcos: "Heleny saiu da Torre disposta a reconstruir a VPR".

Órfã de pai desde os quatro anos, Heleny tinha sido criada pela mãe e por uma tia, Irma, com quem se dava muito bem. Era Irma quem muitas vezes levava as crianças para visitá-la. Chico, o maiorzinho, chegava sempre emburrado ao Tiradentes. "Ele sofreu muito com a separação dos pais, com a prisão da Heleny", comenta José Olavo. O caçula João parecia pouco afetado pelos problemas da família. Recebia os carinhos da mãe com a melhor cara do mundo, mas logo começava a brincar com as outras crianças. Agia como se não estivesse em um presídio.

Uma vez, no meio da balbúrdia que se instalava no pátio durante as visitas, todos pararam para observar o pequeno João. Fingindo ter uma arma em punho, ele fazia disparos fictícios contra os soldados que patrulhavam a muralha.⁷¹ O episódio provocou risos coletivos. João surpreendeu. Afinal, não estava nem um pouco conformado com o confinamento da mãe e de seus companheiros.

No aniversário de trinta anos de Heleny, Chico e João levaram um bolo e um presente embalado em papel colorido, com uma fita de cetim rosa.⁷² Ao abri-lo, Heleny caiu na gargalhada, ao mesmo tempo que beijava os filhos. Em seguida, exibiu para quem quisesse ver as calcinhas que ganhara. Treze dias depois, ela saiu da Torre rumo a uma suposta liberdade. Era uma terça-feira, 30 de março de 1971.⁷³ No pulso, Heleny não levava o relógio marca Sematic apreendido no momento da prisão.⁷⁴ Sete meses antes, ela até mandara um ofício à direção do presídio pedindo o relógio de volta, mas não devolveram.

A Torre no inverno era de lascar. Não bastassem as paredes úmidas, o vento frio entrava sem piedade pelas frestas das janelas. Diante de cada uma havia uma placa de ferro, chumbada pelo lado de fora, que barrava a intempérie frontal. Pelas bordas dessas placas, no entanto, o vento entrava encanado. Era preciso encher o espaço com rolos de jornal ou panos para bloquear a friagem. Nessas condições, as meninas tendiam a ficar encolhidas pelos cantos, mas naquela tarde uma rodinha se formou no térreo, bem diante da escadaria.

Do patamar no alto da escada, a advogada Rita Sipahi observava a cena. Aos 33 anos, ela havia sido presa no dia 8 de junho de 1971 no Rio, para onde se mudara com o marido e os dois filhos pequenos, em tentativa de desbaratinar a repressão. Tinha começado a militância no movimento estudantil em Fortaleza, onde nasceu, filha de uma descendente de latifundiário com um imigrante turco que primeiro montou um ateliê de fotografia e depois se dedicou à lapidação de pedras preciosas.

Após se casar, Rita viveu no Recife, em São Paulo e no Rio, sempre buscando evitar o radar policial. Atuava no apoio logístico do Partido Revolucionário dos Trabalhadores (PRT), uma dissidência da Ação Popular, quando foi localizada pelo DOI-Codi do Rio. Despachada para o órgão similar em São Paulo, onde era procurada, ela foi transferida três semanas depois para o Dops, onde conheceu a publicitária Zlata Kadlecova, de 39 anos, que ocupava o centro da roda formada no pavimento térreo.

Zlata chegara à Torre havia poucos dias, muito abalada pelas vivências no Dops. Rita testemunhara o estado lastimável em que Zlata voltava dos interrogatórios no prédio do largo General Osório. Mal conseguia falar. Com um casaco preto e branco de tirar o fôlego, ela agora parecia em plena forma.[75] Falante, segura. Mexia no cabelo aloirado, cortado em camadas, enquanto contava sua história para um grupo de meninas.

Disse que trabalhava com a propaganda da Chocolate Dulcora e que gostava de circular com amigos por bares e restaurantes. Um de seus preferidos era o Paribar, que havia anos reunia intelectuais, jornalistas e músicos no centro de São Paulo.[76] E repetia a versão que apresentou à polícia política: no Paribar tinha sempre um grupo de esquerda. Acreditava que alguém dessa turma soube que ela trabalhava na Dulcora e planejou envolvê-la em uma extorsão, uma nova forma de conseguir dinheiro para financiar a luta armada.

Zlata era acusada de tentar extorquir o presidente da Dulcora, Ezio Gardano.[77] A fábrica de guloseimas, instalada à margem da rodovia Anchieta, em São Bernardo do Campo, estava no auge. Chamava atenção até pelo gramado singular. Nele, placas quadradas com as letras do nome da empresa se encontravam dispostas em alturas diferentes, assim como apareciam na embalagem de seu produto mais popular, os dropes Dulcora. O jingle da guloseima era daqueles que todo mundo sabia de cor: "Dropes Dulcora, Dulcora, Dulcora/ A delícia que o paladar adora/ Quadradinhos embrulhadinhos um a um/ Você quer um, você quer um?/ Prove agora o dropes Dulcora!".[78]

Uma noite, o presidente da Dulcora recebeu em casa o telefonema de uma mulher, em tom ameaçador, exigindo o pagamento de cem mil cruzeiros: "É da VAR-Palmares. Pague em dia e local que indicaremos e sua família, você e sua indústria nada sofrerão. Não queremos repetir o caso Boilesen".[79] Ezio Gardano não sabia exatamente o que era VAR-Palmares, a organização de resistência armada à ditadura surgida da fusão do grupo mineiro Colina com a VPR do capitão Lamarca. A fusão estava desfeita havia meses, mas, fora a guerrilha, poucos tinham essa informação.

Por outro lado, o industrial conhecia muito bem o caso Boilesen. Tratava-se de uma referência ao executivo dinamarquês Henning Albert Boilesen, da Ultragaz, morto a tiros por um comando guerrilheiro havia pouco mais de dois meses. Ezio Gardano sabia também que o caso Boilesen não envolvia ameaças telefônicas nem pedido de dinheiro. Era um episódio de justiçamento. Boilesen coletava entre o empresariado recursos para financiar a repressão. Como se não bastasse, circulava com desenvoltura pelo centro de torturas da rua Tutoia.[80] No local, pianola Boilesen virou sinônimo do equipamento de dar choques usado pelos torturadores.[81]

A situação do presidente da Dulcora era completamente diferente. Por isso mesmo, ele decidiu denunciar a ameaça e, por orientação da polícia política, prosseguiu na negociação com a autora dos telefonemas, como divulgou o *Estadão* da sexta-feira 13 de agosto de 1971: "Depois de outros avisos e ameaças, Ezio foi informado do local onde deveria deixar o pacote com o dinheiro, que poderia ser em cédulas de qualquer valor". Publicada na página de assuntos policiais, a notícia passou despercebida no Tiradentes, apesar do título chamativo: "Terror usado para extorsão".

Cem mil cruzeiros era bastante dinheiro. Zlata comentou com sua pequena plateia que não sabia quantas metralhadoras seria possível comprar com esse valor, mas com certeza daria para adquirir um bom apartamento na rua em que ela própria morava, perto da avenida Paulista. Zlata encadeava histórias com desenvoltura. Nascida em Týn, uma pequena cidade da Tchecoslováquia, contou que o pai criava cavalos e a família vivia muito bem até a Segunda Guerra Mundial.[82] Tiveram que abandonar o país depois da implantação do comunismo, ela no começo da adolescência. Não iria extorquir ninguém para ajudar a implantar o regime comunista no Brasil.

O interessante era que Zlata inspirava admiração, embora se declarasse em campo político oposto ao das meninas da Torre. O encanto aumentou ainda mais depois que ela começou a receber visitas. No pátio feminino, era vista com a mãe, Ana, uma senhora também elegante, e com a filha Ivana, uma moça lindíssima. Três gerações encantadoras. De volta à cela, Zlata informou que a filha trabalhava como modelo na Madame

Rosita, a oficina de alta-costura instalada pela uruguaia Rosa de Libman na avenida Paulista, 2295. Um lugar onde poucas entravam, mas quase todas sabiam onde ficava.

Alojada na cela menor do térreo, Zlata se ajustou à rotina da Torre com a maior facilidade. Na cozinha, formou dupla com Rita Sipahi: "Zlata entendia tudo de temperos. Aprendi muito com ela. Com as explicações que me deu, aprendi até a preparar um frango recheado com pão embebido em pimenta-da-jamaica". A publicitária não fazia o frango na Torre por falta de forno, mas a mãe dela levava nas visitas.

No dia a dia, Zlata se destacava pelas dicas e préstimos. Ensinou como conquistar mechas douradas passando babosa nos cabelos e secando ao sol. Emprestou um vestido preto com caimento impecável para a estudante Márcia Mafra prestar depoimento na Auditoria Militar. E sugeriu a Arlete Bendazzoli vender na Madame Rosita o véu de noiva que tecia com mãos de artista. Afinal, à medida que tomava forma, o véu se revelava cada vez mais sofisticado.

Os dias seguiam em relativa calmaria, mas Rita se preocupava. Intuía que Zlata criara uma história que poderia ter desdobramentos negativos. Rita lembrava que no Dops queriam de Zlata a identificação da tal turma de esquerda que frequentava o Paribar. Chegaram a levá-la até o DOI-Codi. Ela, porém, não reconheceu nenhum dos presos. Rita temia que, em um momento de apuro, Zlata denunciasse algum dos rapazes encarcerados na ala masculina. Muitos deles frequentavam os bares do centro.

Um desses presos políticos, o jornalista Alipio Freire, se lembrava da publicitária no Paribar. Um dia, quando se encaminhava para o banho de sol, ele surpreendeu-se ao vê-la no Tiradentes. Zlata se encontrava numa sala destinada a reuniões com advogados, com três homens engravatados, parecidos com os que costumavam acompanhá-la na noite paulistana. Ela não chegou a ver Alipio, mas ele relatou o episódio a Rita, que tinha acesso ao pátio masculino nos dias de visita. Foi o que bastou para aumentar a desconfiança com relação à publicitária. Zlata jamais admitiu ter participado do crime. Também não criou nenhum fato novo para a história que contou à polícia política. Manteve a mesma versão apresentada no começo da investigação, quando vários profissionais vinculados à Dulcora foram presos e alteraram a rotina do Dops. "Eles encomendavam jantar de restaurante. Era gente muito rica", lembra Rita. As desconfianças em relação a essas pessoas foram logo descartadas pela polícia política.

Indiciada no inquérito que apurava a extorsão, Zlata foi a única do grupo que permaneceu sob suspeita. Ainda assim, não ficou nem três meses presa. Um dia, saiu da Torre para uma audiência na Auditoria Militar. O detalhe instigante foi que levou sua maleta de roupas. Não voltou mais. Circulou pelo presídio o boato de que conquistara a liberdade graças à interferência do representante da polícia secreta portuguesa no Brasil, de quem seria próxima. Ninguém conseguiu comprovar a veracidade da informação. O certo é que Zlata evaporou.

4. ECOS DA DERROTA

UMA RAJADA DE AR GÉLIDO PRECEDEU a entrada de Fanny Akselrud de Seixas na Torre. Eram quase nove horas da noite do feriado de 9 de julho de 1971 quando o portão se abriu e a senhora de semblante sério pisou no térreo, acompanhada pelas filhas. As três carregavam nas mãos sacolas amarfanhadas de supermercado, daquelas de papel com alcinha de plástico. "Vocês são Fanny, Ieda e Iara?", perguntou Dilma, saída da cela que ocupava no pavimento rente ao chão logo que ouviu o barulho metálico de chave na porta de entrada.[1] Não esperou resposta. Afinal, soubera por uma carcereira que a família estava por chegar e apresentou quem estava a seu lado: "Esta aqui é a Marlene, nossa dentista".

Mesmo depois de testemunhar toda sorte de absurdos em dois meses no DOI-Codi e mais de vinte dias no Dops, as três acharam bizarro. O que fazia uma dentista de jaleco branco dentro da cadeia? Ela morava com as presas? Não deu tempo de perguntar. Marlene Soccas, que costumava ficar sonolenta logo depois de comer, havia acabado de jantar. Pediu licença e foi para sua cela, deitando-se em seguida na parte do beliche que lhe cabia. Ela também era presa política, pela militância na Ação Popular. Tinha conseguido autorização para atender seus pares desde que descobrira a existência de um gabinete dentário no presídio.

Avisadas de que o coletivo destinara a elas espaço no celão, no pavimento superior, Fanny, Ieda e Iara subiram a escadaria como autômatas. Acomodaram-se sem sentir falta de maiores demonstrações de acolhimento por parte das futuras companheiras de cela. Tampouco tentaram se entrosar. Estavam exaustas. Às agruras de quase três meses desde a prisão ilegal somava-se o estresse das últimas horas. Começava a anoitecer quando foram avisadas de que seriam transferidas do Dops. O destino? Só souberam quando entraram no Tiradentes.

Filha de imigrantes vindos da Bessarábia, na Moldávia, Fanny era uma mulher forte, calejada pela vida, mas estava prestes a chegar a seu limite. Aos 53 anos, vira o corpo do marido ser tirado do DOI-Codi e jogado no compartimento traseiro de um camburão. O filho de dezesseis anos também se encontrava preso. Da tragédia que se abatera sobre a família em meados de abril só escapara o caçula Irineu, de dez anos, que estava na casa da tia materna Anita, no Rio. Anita, aliás, tinha sido presa política no governo Getúlio Vargas, pela militância no Partido Comunista.

Nascida em Santa Maria (RS), onde o pai era pequeno agricultor, Fanny chegara a atuar em escolas da região durante o programa de nacionalização do ensino promovido por Getúlio. Com o iídiche que aprendera no cotidiano da família judia, conseguia ensinar português para meninos nascidos no Brasil que só falavam o idioma das colônias alemãs. Passava dos vinte anos quando deixou Santa Maria em busca de maiores possibilidades em Porto Alegre. De lá, buscou abrigo na casa da irmã Anita, já radicada no Rio. Em 1944, trabalhava como datilógrafa do Partido Comunista, onde conheceu o operário Joaquim Alencar de Seixas.[2]

Ieda e Iara eram as mais velhas dos quatro filhos do casal unido nas fileiras comunistas. Por causa do ativismo de Seixas, mudaram-se com frequência no decorrer dos anos. Iara guardava as melhores lembranças da infância num morro de Porto Alegre, a Vila Jardim, onde a vida austera era compensada pela dedicação dos pais. Criadas com os retratos de Lênin e Stálin na parede da sala, as duas costumavam acompanhar o pai até nos comícios da direita. Neles, Joaquim conferia o impacto dos panfletos de esquerda colados na véspera em postes. Ao final, levava para casa as faixas da direita, que Fanny aproveitava para fazer calcinhas e lençóis.

Era em Porto Alegre que Ieda e Iara, já moças, viviam quando Fanny e o restante da família se instalaram em São Paulo. As duas trabalhavam e estudavam. Ieda fazia história natural; Iara, engenharia operacional. Estavam atentas ao que acontecia no país, mas aproveitavam um lado da vida menos austero. "Por um tempo, nos divertimos, saímos para barzinhos, deixamos de ser virgens, fizemos as loucuras que todo mundo fazia", conta Iara. Até que decidiram trancar matrícula na faculdade e se "engajar na luta".

Em São Paulo, marcado pela repressão, Seixas já não conseguia trabalhar em lugar nenhum. Passou a se dedicar de forma integral ao Movimento Revolucionário Tiradentes (MRT), uma organização de resistência armada formada a partir de uma cisão da Ala Vermelha. Ivan, o filho adolescente, seguia os passos do pai. Ieda e Iara, com 23 e 21 anos, respectivamente, deixariam Porto Alegre rumo a São Paulo, onde seriam preparadas para atuar na clandestinidade. Ieda viajou primeiro, no final de 1970. Três meses depois, quando Iara chegou, a família já tinha desocupado o aparelho onde vivia. Era uma medida de segurança: um militante do MRT que conhecia o endereço havia sido preso.

Ieda passou a dividir um quarto com a irmã, num pensionato perto da avenida Sumaré. Pouco conheceram da cidade. Na prática, só saíam da pensão quando tinham algum ponto marcado com o pai. Ficavam muito assustadas com as outras moças do pensionato, que viviam falando do perigo de ser presas se andassem pelas ruas. Décadas depois, Iara daria risada quando se lembrava dos alertas: "Custamos a entender que a maioria delas trabalhava fazendo viração, em boates como a La Licorne. Eram prostitutas".

Não demorou para a família voltar a se reunir, numa casinha da rua Ituxi, 135, na Vila da Saúde, alugada por Seixas.[3] Ieda e Iara chegaram a cumprir uma tarefa da organização. "O pai deu umas armas para levarmos para alguém. Colocamos numas bolsas de crochê. No caminho, fomos paqueradas por uns policiais", conta Iara. "Passamos incólumes. Sabíamos que não estávamos levando bombons, mas seguimos firmes", arremata Ieda. No mais, presenciavam o entra e sai do pai e de Ivan, que estudava à tarde, mas pela manhã e à noite acompanhava Seixas por todos os lados. Irineu, o menorzinho, já tinha sido mandado para a casa da tia, no Rio.

Seixas não chegou a pagar um mês de aluguel. Uma noite, Ieda e Iara perceberam que a mãe estava preocupada com a demora do marido e do filho em voltar para casa. Ainda assim, continuaram assistindo à novela

Irmãos Coragem na televisão. Só fizeram ideia da gravidade do atraso quando a casa foi invadida, como relata Iara: "Chegaram em bando, empurrando o Ivan, algemado, sujo de sangue, com dificuldade para andar. Daí em diante foi só violência". Seixas e Ivan tinham sido presos pela manhã. Baleado, Seixas ainda estava sob tortura no doi-Codi.

Depois de apanhar o dia inteiro, Ivan abrira o endereço para ganhar tempo, acreditando que a mãe e as irmãs já tivessem saído da casa, mas Iara lembra que elas não tiveram essa alternativa: "Nós não tínhamos nenhum contato. Estávamos numa cidade que não conhecíamos, sem dinheiro, sem nada". Foram todas presas. No dia seguinte, Fanny viu do vitrô do cômodo onde fora trancada no doi-Codi um corpo ser jogado num camburão. Em seguida, ouviu um policial perguntar para outro de quem era o "presunto". A resposta a deixou sem chão: "Esse era o Roque", disse o policial, citando o codinome de Seixas.

Na Torre, muitas meninas sabiam da saga da família, mas ninguém comentou nada. Fanny, Ieda e Iara também se fecharam em copas. Ieda nem se permitiu sofrer pelo abuso sexual de que fora vítima no banheiro do doi-Codi onde ficou encerrada, sozinha, por muitos dias: "Meu medo era que matassem minha mãe e meu irmão. Passei anos sem dar importância ao abuso sexual. Minimizei porque, afinal, não era pau de arara, não era choque nem cadeira do dragão". O trauma, no entanto, ficou para sempre. "Até hoje banheiro é um lugar em que eu entro e saio rápido", confidenciou, mais de quarenta anos depois.

Naqueles tempos de chumbo, a truculência em cima da família estava vinculada ao justiçamento do executivo Henning Albert Boilesen, patrocinador do aparelho repressivo. Em represália ao ataque, as equipes de busca empreenderam uma caçada a potenciais executores da ação, levada a cabo pela aln e pelo mrt de Seixas, morto dois dias depois de Boilesen. Fanny, Ieda e Iara sequer conversaram sobre a tragédia enquanto estavam no celão da Torre. A preocupação imediata era com Ivan, que continuava no Dops.

Em outra noite muito fria, dez dias depois da chegada de Fanny e filhas à Torre, uma carcereira mandou que elas arrumassem suas coisas porque seriam levadas para o Sul. Assim que ouviu a notícia, Dilma falou para a carcereira conferir a ordem junto à chefia: "Tem que ser engano. Quem precisa ir para o Sul somos eu e a Celeste",⁴ disse, referindo-se à geógrafa que apelidara Gaucha, sua companheira de organização, presa desde setembro do ano anterior. A carcereira conferiu, voltando com a mesma informação, acrescida do detalhe de que Ivan seria levado junto com a mãe e as irmãs.

A inquietude tomou conta da Torre. Em qualquer cárcere, retirada repentina de preso, em especial à noite, é sempre motivo de muita preocupação. "Comecei a gritar. A Guiomar me deu um calmante, mas a emenda foi pior que o soneto. Se tomo calmante, fico mais acesa", conta Ieda. "A Elza Lobo, pelo coletivo, ainda me deu um dinheiro, que escondi no sapato." Fanny, por sua vez, ficou esperançosa pela possibilidade de estar com o filho adolescente. Primeiro, vestiu o casaco de chinchila que ganhara de uma prima rica e um policial levara para o DOI-Codi quando o frio apertou. Depois, arrumou a sacola de supermercado e saiu junto com as filhas, na maior dignidade, com o figurino possível: casaco de pele e sandálias Havaianas com meias.

Camila tinha apenas cinco anos, mas já sabia: precisava tirar toda a roupa, até a calcinha, durante a revista. Precisava também tirar as botinhas ortopédicas para mostrar que não levava nada escondido. De natureza extrovertida e falante, Camila virava outra menina assim que avistava o Presídio Tiradentes. Retraía tanto que ficava parecida com o irmão, Paulo, um ano e meio mais velho, fechado por natureza. Para os dois, a visita aos pais começava sempre na véspera, quando embarcavam no trem noturno na Central do Brasil, no Rio.

A cena se repetia a cada quinze dias. No apartamento da rua Nascimento e Silva, em Ipanema, onde antes viviam com os pais, eles se despediam do tio Huseyin e do primo Victor, ainda bebê. Quem costumava viajar com eles para São Paulo era a tia Laura, mulher de Huseyin. Ele se mudara com a família do Recife para o Rio assim que soube da prisão da irmã, Rita Sipahi. Queria cuidar dos sobrinhos. O marido de Rita também fora preso e as crianças estavam com uma amiga do casal.

Com a chegada dos tios, começaram as visitas quinzenais aos pais em São Paulo. A viagem no trem noturno era uma delícia, quase uma aventura.[5] A parte ruim era a revista na entrada. Quando eram liberados para o pátio masculino e encontravam Rita e Othon, o sorriso logo voltava ao rosto de Camila. Recebida com abraços e carinhos, ela respondia rapidinho às perguntas dos pais. "Sim, tudo bem na escola." "Sim, estava desenhando muito." Agarrado à mãe, Paulo pouco falava.

Para ele, o presídio era ameaçador. "Eu ficava apavorado, não conseguia relaxar. O pátio era um espaço pequeno, cercado por muros de três metros de altura, com um soldado armado em cima, na guarita", descreve Paulo. "A sensação era de estar em perigo efetivo, vigiado, perseguido. Pior ainda olhar para cima e ver o soldado com o fuzil. Sentia que meus pais não podiam nos proteger. Eles não podiam proteger nem a eles próprios. E a Camila não tinha noção do perigo."

Rita adorava ficar com os filhos, mas durante a visita também dava atenção ao marido, aos amigos presos do outro lado do presídio, aos familiares que vinham com notícias de fora. Passados poucos instantes, Camila se afastava, atraída pelo burburinho a seu redor. Dali a pouco estava correndo pelo pátio, com os filhos de outros presos políticos. Só se aquietava quando aparecia alguma autoridade carcerária. Não importava a posição na hierarquia, se diretor ou carcereiro, ela sempre tinha um apelo a fazer:

— Olha, a minha mãe precisa ir embora. É ela que leva a gente pra escola, põe pra dormir, conta história...

Nunca obtinha resposta, mas não desistia. Sempre que tinha oportunidade, repetia a mesma narrativa. Abandonava a empreitada quando via chegar o pintor Yoshiya Takaoka, que aproveitava as visitas aos filhos Carlos e Luiz para divertir as crianças, como conta Camila: "Ele não chegava conversando. Chegava puxando ratinhos cor-de-rosa que fazia de papel higiênico. Embaixo tinha uma espécie de roldana por onde passava um fio de náilon com uma bolinha na ponta. Ele puxava o fio e o ratinho andava".

Aos 61 anos, o pintor era tratado pelos presos políticos como o Velho Takaoka. Sinal de respeito. Na cabeça de Camila, ele era mesmo um velhinho. Só que, daquela vez, quando embarcou no trem noturno na Central do Brasil, ela sabia que não ia encontrar o Velho Takaoka. Foram muitas viagens, mas aquela era diferente. Era meio de semana, não era dia de visita. Ela e Paulo iam conhecer a Torre, onde a mãe estava presa. A ideia foi de Rita, que conseguiu autorização judicial para o encontro extra.

De manhã, depois de desembarcar na Estação da Luz, em São Paulo, começou a chatice de sempre. Andar debaixo do sol até o presídio. O caminho não tinha praia nem árvores nem sombras, como no Rio. Tinha muito cimento e muita polícia. Tudo cinza. Em linha reta, da estação até o presídio, eram apenas quinhentos metros, que Camila e Paulo venciam com dificuldade. De longe, viam a muralha com guaritas e a Torre no meio da construção cinza-sujo. Diante do portal de entrada não havia fila.

Camila apertou o passo, ansiosa para encontrar a mãe. Imaginou que, como não tinha mais ninguém na fila, a entrada seria rápida. Não foi bem assim. Tiveram que esperar do lado de fora, como ela relataria tempos depois: "Não queriam deixar entrar. Tia Laura precisou fazer contato com o advogado, ver se desenrolava a história. Não tinha telefone por perto, mas ela deu um jeito e conseguimos. Só que tivemos que esperar muito tempo. E reduziram o tempo de visita para uma hora e meia".

Quando a visita foi finalmente liberada, Laura esperou na carceragem, na parte anterior do presídio. De lá viu Camila e Paulo se afastando, de mãos dadas, atrás de uma carcereira. Pela lembrança de Camila, estavam assustados: "Não foi um passeio. Lembro de ver na Torre uma mulher de cabelo branco, com uma camisolona, andando, como se estivesse perdida. Aquilo me chocou muito. A cela da minha mãe estava muito arrumada, com lençóis no lugar de divisórias e trabalhos manuais para todos os lados. Tinha pouco espaço vazio".

A menina ficou impressionada com a aparência das mulheres: "Nos dias de visita, elas se arrumavam muito. Aparentavam estar bem. Mas aquele era um dia comum, não se aprontaram. Não tinham noção do quanto estavam detonadas". Paulo também ficou com uma péssima impressão: "Era um lugar muito frio, com muito vento. Subia a escada dando volta e eu achava todo mundo esquisito, parecendo bruxa. Onde está o caldeirão? Na minha fantasia, no alto da Torre tinha com certeza um caldeirão".

Como Rita demonstrava estar em ótima forma, logo Camila voltou a atenção para os papéis e os lápis de cor que ofereceram para ela e Paulo. Risca daqui, desenha dali, ficou com vontade de fazer xixi e estranhou não ter banheiro. Fez xixi em um buraco no chão. Estranhou ainda mais quando a levaram para perto de uma parede, onde podia ouvir a voz do pai, do outro lado da alvenaria:

— Oi, Camilinha!

Em um determinado momento, Camila teve medo de não conseguir sair da Torre. E se não deixassem ela e o Paulo voltarem para casa? E se eles também ficassem presos? Não falou nada. Só pensou. E se agarrou aos presentes que ganhara da mãe: um vestido e uma boneca de crochê, de linha cinza, com cabelos de lã roxa e saia colorida. Viu que Paulo tinha largado sobre a cama da mãe os presentes dele: uma fantasia de leão e uma almofada-tartaruga grandona, toda colorida. Não parecia feliz, mas também não dava mostras de que estava desesperado para sair da Torre.

Paulo, na verdade, ficara aliviado ao saber que eles se despediriam da mãe e deixariam logo o presídio. Nos dias de visita no pátio, ele ficava angustiado com as etapas da despedida. Primeiro soava um sinal indicando que o tempo estava se esgotando. Quando tocava o segundo sinal, todos os presos políticos se retiravam e as visitas continuavam no pátio: "Meu pai ia para um lado, minha mãe para outro. Por que a gente não ia embora primeiro? Não queria perdê-los, mas também não queria ficar sozinho naquele lugar apavorante".

Naquele dia de visita especial, ele pelo menos não teria de ficar esperando no pátio para ser liberado. O certo é que no trajeto de volta, no trem noturno que saiu da Estação da Luz, Camila e Paulo permaneceram muito calados, agarrados um ao outro. Nem disputaram os sabonetinhos dispostos na pia da cabine, como costumavam fazer em todas as viagens. No dia seguinte, Laura mandou uma carta para Rita relatando o comportamento das crianças.[6] Era também assim que se comportavam quando viam algum militar na televisão: se agarravam e ficavam encolhidos, em silêncio, na frente do eletroeletrônico.

Ao ler a carta, Rita ficou em dúvida se levar as crianças na Torre tinha sido mesmo uma iniciativa adequada. Antes de o advogado tentar a auto-

rização da Justiça Militar, ela até pedira a Laura para consultar a psicóloga que havia meses atendia Camila e Paulo, de forma voluntária, no Rio. A ideia de Rita era que eles tivessem um conhecimento real do lugar onde ela estava presa, para não se perderem em medos e fantasias. Pensou nessa alternativa porque, durante uma visita, Paulo não parava de chorar. Com muito custo, depois de aninhado no colo da mãe, ele contou o motivo, por meio de uma pergunta:
— A sua prisão é perpétua?

Mais de quatrocentos quilômetros separavam a Torre paulistana da igreja da Glória, uma das preciosidades da arquitetura colonial brasileira, no alto do outeiro da Glória, no Rio. Bem mais antiga do que o presídio, a igreja barroca estava repleta quando a noiva entrou. Todos os olhares se voltaram para o adereço de linha que cobria sua cabeça, tecido ponto a ponto no cárcere. "Era um trabalho deslumbrante da Arlete Bendazzoli. Um véu em estilo medieval, com uma espécie de capuz ajustado à cabeça, que deixava só o rosto à mostra e descia pelos ombros e costas, formando uma pequena cauda", conta Iêda Britto, que vendeu o véu à noiva da alta-roda do Rio.

Iêda é dessas mulheres singulares, capazes de encontrar soluções nos momentos mais adversos. Ela encontrava-se licenciada da Secretaria da Fazenda quando soube que a colega Elza Lobo tinha sido presa havia algum tempo. Embora próximas no trabalho, uma não sabia como a outra atuava na resistência à ditadura. Diante da notícia da prisão de Elza, Iêda passou a se mexer por todos os lados, com os cuidados que a época exigia: "Depois de muito procurar, consegui saber que ela estava no DOI-Codi. Vivia o finalzinho do inferno dela naquele lugar".

Por algumas semanas, Iêda conviveu com a frustração de não poder ajudar os amigos na hora que eles mais precisavam. Um dia bateu à porta do sobrado em Pinheiros onde vivia a família da colega. Começou assim uma sólida amizade com a mãe de Elza, dona Ana, uma portuguesa baixinha, corajosa, que tomara a frente na defesa da filha mais velha. O marido e os outros dois filhos se desdobravam para apoiá-la, mas era dona Ana quem fazia e acontecia. Elza já havia sido removida para a Torre.

Dali em diante, Iêda passou a acompanhar dona Ana na visita semanal ao presídio. Era o mínimo que poderia fazer. O acesso ao pátio onde aconteciam as visitas só era permitido a familiares autorizados pela Justiça Militar. Por esse motivo, ela ficava na calçada do presídio, esperando a saída de dona Ana. Depois, as duas seguiam juntas para o sobrado onde a senhorinha vivia com o marido e os filhos mais novos.

Em uma dessas ocasiões, tomando café na cozinha, conversaram sobre as dificuldades de algumas famílias para pagar advogado, aluguel de casa e despesas de crianças desamparadas devido à prisão dos pais. Uma rede de apoiadores tentava ajudar, vendendo os trabalhos produzidos no presídio, fazendo rifas e arrecadando doações, mas não havia dinheiro que chegasse. A cada dia mais militantes entravam na clandestinidade, eram presos ou simplesmente desapareciam. De repente, na cozinha de dona Ana, lembrando de um gorro de lã que ganhara em uma das visitas, Iêda lançou a ideia:

— E se eu vendesse as roupas que as meninas estão tecendo?

Dona Ana encampou a proposta. Dias depois, apareceu com a primeira leva de trabalhos de crochê e tricô. Grávida de sua primeira filha, Iêda passou a vender as peças na casa em que vivia, no Itaim: "Logo formei uma clientela fidelíssima. Quando chegava uma partilha, eu avisava. Montamos uma linha de produção de vestuário feminino. As peças eram originais. Quem comprava sabia que ninguém teria nada igual. E pouquíssimos sabiam que era trabalho de presa política".

Da Inglaterra, vinha a onda *Swinging London*, com tudo de descolado que podia representar. Na moda, fazia sucesso o suéter *poor boy*, de meia manga, para usar com camisa.[7] Na euforia da recuperação econômica, o modelo fazia referência às agruras vividas pelos londrinos durante a Segunda Guerra Mundial. Isso porque, quando os suéteres ficavam pequenos, as famílias abriam as costuras, alargavam o decote e cortavam as mangas. A tendência caiu como uma luva para as possibilidades de confecção das meninas da Torre, fosse em linha, fosse em lã.

Com dona Ana sempre na intermediação, chegavam peças cada vez mais primorosas às mãos de Iêda. Ela não fazia ideia de quem fornecia as linhas e lãs para a confecção: "Era material de primeira. Eu podia cobrar o que quisesse". O passo seguinte foi ampliar a clientela. Depois de uma boa pesquisa, Iêda optou por abrir uma loja, a Oriana, no andar térreo da Galeria Ouro Fino, na rua Augusta. O valor do aluguel, bancado por ela, com o apoio da família, era razoável. Nas imediações havia muitas butiques e lojinhas, o que não chamaria a atenção para a Oriana.

A discrição estava em primeiro plano. Se a repressão descobrisse o que estava por trás das roupas modernosas da lojinha, faria uma razia. Com as portas abertas ao público, Iêda manteve sigilo em torno da procedência das peças. E festejou o fato de tricoteiras e crocheteiras de diversas partes surgirem para oferecer seus trabalhos: "Eu aceitava tudo. Precisava dar uma fachada à loja. E ter estoque, pois as peças das meninas saíam como água".

Ao final de cada remessa, Iêda fazia uma relação dos valores e entregava a dona Ana: "O dinheiro das meninas era sagrado. As despesas da loja eu escorava. Claro que nem tudo foi um mar de rosas, mas o que me dava ancoradouro era ver materializada uma ajuda. Não tanto pela questão do dinheiro. Era proporcionar momentos de alguma felicidade para aquelas pessoas, porque o que passavam era muito duro".

À medida que os trabalhos faziam sucesso na lojinha da Augusta, as meninas se esmeravam. E soltavam a imaginação. Suéteres que misturavam cores como laranja e verde pistache faziam a festa da clientela mais ousada. O ponto alto foi o véu de noiva, que dona Ana trouxe nos dois braços estendidos, em um grande embrulho. "Cuidado, cuidado", disse ela, quando Iêda começou a abrir o pacote.

A comerciante circunstancial ficou impressionada: "Como Arlete teve essa ideia? Como pôde tecer esse véu dentro de uma cela? E como conseguiu mantê-lo limpíssimo?". Quem estava na Torre sabia: Arlete tecia sobre um lençol branco muito limpo. E com as mãos salpicadas por talco.[8] De lá viera também a sugestão para vender a peça no ateliê Madame Rosita. Iêda tentou negociar, mas não gostou do valor da proposta. Acabou conseguindo preço muito melhor no Rio, para uma noiva cujo nome prefere manter no anonimato.

O véu causou espécie, mas talento não era uma exclusividade de Arlete. No microcosmo da cadeia, não faltavam aptidões e maestrias. Duas arquitetas capturadas por apoiar organizações clandestinas revelaram ser possível transformar um ambiente sem contar com nenhum recurso. Primeira a chegar, no dia 27 de julho de 1971, Maristela Scofield, 28 anos, ficou chocada com a estética do celão: "Era um espaço muito grande, com fileiras e fileiras de beliche. Uma coisa horrorosa. Parecia dormitório de sargento". Logo depois chegou a colega Ivone Arantes, quase três anos mais velha, e Maristela se animou: "Vamos mudar?".

No dia seguinte, logo cedo, as duas colocaram todo mundo para fora e desmontaram tudo. O celão só não ficou completamente vazio porque as arquitetas mantiveram no mesmo lugar o beliche encostado na parede que dava para a cela 16 do Pavilhão 2 da ala masculina. A posição do móvel era estratégica: ajudava a camuflar a pequena abertura pela qual se fazia a comunicação com a turma que estava do lado de lá. Fora isso, nada ficou no lugar. Aproveitaram para dar uma limpeza mais caprichada do que a habitual, lavando inclusive paredes.

Na sequência, começaram a remontar os beliches. Alguns perderam a parte de cima, para arejar e dar leveza ao ambiente. Ao reposicionarem as camas no celão, foram criando ambientes, montando salinhas. Tudo feito no mesmo dia, para que à noite as moradoras tivessem onde dormir. Ivone acredita que melhorou até a comunicação entre elas: "Ficou muito mais agradável, com espaços aconchegantes, onde podíamos conversar, fazer artesanato de frente umas para outras".

Maristela também gostou do resultado: "Não tinha nada lindo porque era só beliche desmontado, mas a abertura de espaço permitiu até que uma companheira muito interessante exercitasse seu dom para contar casos divertidos. Formava uma pequena plateia. As histórias mais engraçadas eram sobre as gafes que ela já tinha cometido com a tradicional família do marido". A companheira espirituosa era a psicóloga Lúcia Coelho, casada com o antropólogo Ruy Galvão de Andrada Coelho, ambos professores da USP.

Aos 34 anos, Lúcia tinha sido presa junto com Ruy, os dois acusados de rodar em mimeógrafo um jornal de oposição à ditadura. Como muitos outros casais, eles passaram pelo DOI-Codi e o Dops antes de chegar ao Tiradentes. Mal se instalou na Torre, Lúcia foi convocada pela administração do presídio para atender uma presa comum em crise. A caminho de uma sala na entrada do complexo, ouviu alguém chamar de uma cela pela "doutora Lúcia". Quando se virou, ficou surpresa ao encontrar uma antiga empregada de sua casa.

— O que você está fazendo aqui?

— Andei me virando por aí. E a senhora, qual foi o seu golpe?

— Ah, o meu golpe foi muito atrapalhado.

Acostumada a lidar com diversos tipos de infratores no Juizado de Menores, onde também dava expediente, Lúcia acreditou que não entrar em detalhes daria um certo suporte à ex-empregada. E seguiu em frente, para o primeiro de muitos atendimentos: "Tinha a sensação de que saía de casa todo dia para trabalhar". O caso mais grave que Lúcia acompanhou foi o de uma moça que perguntava pela filha, aos gritos, o tempo todo, enquanto as mulheres com as quais dividia a cela a maltratavam, chamando-a de cínica, de assassina.

"Era uma epiléptica que estava com uma bebê no colo e teve uma crise de ausência, uma crise crepuscular. Jogou a filha em um poço d'água. A bebê morreu, mas ela não se dava conta do que tinha acontecido. Fiz a hipótese diagnóstica e consegui que um neurologista do Hospital das Clínicas a examinasse no presídio. Com isso, a moça foi levada para tratamento hospitalar. O marido dela veio agradecer, mas não entendia nada. Como uma outra presa estava atendendo a mulher dele, falando com o médico?"

Durante os quase três meses que ficou na Torre, Lúcia manteve a rotina de "sair" para trabalhar: "Se cada um usa o que sabe, é mais fácil aguentar a prisão. Naquela realidade, como psicóloga, eu fazia atendimento imediato. Na maioria dos casos, para acalmar a pessoa". Ela própria também precisou se tranquilizar para receber no Tiradentes os filhos Adriana e Sérgio, de cinco e quatro anos. Tinha planejado poupá-los de ver os pais encarcerados, mas mudou de ideia devido à incerteza sobre quanto tempo continuariam presos. Os garotos reagiram bem. Nos dias de visita, a família se encontrava no pátio masculino. Adriana e Sérgio logo corriam para brincar com outras crianças. Lúcia ficava a maior parte do tempo com Ruy.

O pátio onde as mulheres recebiam visitas aos sábados, depois do corredor das corrós, era bem menor se comparado ao dos homens, com cerca de 750 metros quadrados.[9] A proporção entre mulheres e homens aprisionados por envolvimento com organizações de esquerda também levava a marca da diferença. Pela contabilidade do presídio, elas eram 37 e eles 155 no final de setembro de 1971.[10] As casadas com companheiros encarcerados nos pavilhões masculinos, como Lúcia Coelho, recebiam visitas junto com o marido, no pátio dos homens.

Solteira, Leane Almeida recebia a visita do companheiro Otacílio Guimarães Cecchini no pátio feminino. Gaúcha, a bancária de 23 anos fora presa em São Paulo, onde tinha se refugiado assim que a repressão chegou a seu nome em Porto Alegre. Para protelar a tortura no DOI-Codi, inventou um ponto na praça Ramos de Azevedo, nas proximidades do Mappin.[11] O delegado Octávio Gonçalves Moreira Júnior, o Otavinho, integrava a equipe que interrompeu o interrogatório para levá-la ao ponto. Leane não se esquece do rebuliço: "Eles me fizeram vestir correndo a calça comprida, a malha de tricô e o casacão que eu usava quando me prenderam. Não deixaram nem vestir calcinha e sutiã".

Claro que ninguém apareceu no ponto, em torno do qual a equipe do DOI-Codi se espalhou. Como estava frio, ficou fácil para eles esconderem as armas dentro dos agasalhos. Passados quinze minutos, Leane resolveu tentar uma fuga, apesar de ser pequena, magrinha e estar cercada por homens armados: "Saí correndo em diagonal, em direção ao prédio dos Correios. No meio da corrida, tirei o casacão, que estava me atrapalhando". Os policiais do DOI-Codi, por sua vez, levantaram para o alto metralhadoras antes camufladas e correram atrás de Leane, aos gritos de "pega, pega!".

Um pedestre segurou Leane pela blusa de tricô: "Com isso, Otavinho me alcançou. Pegou o casacão e me enfiou na cabeça para ninguém identificar quem estava sendo levado". Dali em diante, no decorrer de torturas à base de choques elétricos, a gaúcha começou a também ser alvo de zombaria. No centro da rua Tutoia, passou a ser chamada de "duzentos metros rasos", como Otavinho a apelidou. "Foram duzentos metros rasos inúteis", lamenta Leane.

Dois meses e meio depois, no pátio feminino do Tiradentes, ela esperava pelo companheiro Otacílio, que chegara a ser preso, mas já havia sido liberado pela Justiça Militar. Enquanto acompanhava a entrada dos visitantes, Leane foi tomada por uma tristeza imensa: "Ver sua resistência política destruída é difícil. Ver todas as organizações políticas serem destruídas é trágico. E no pátio tinha meninas da ALN, da VPR, da VAR-Palmares, da AP, de todas as organizações".

As notícias que chegavam do Mundão só pioravam o cenário. Lamarca tinha sido executado debaixo de uma baraúna, no sertão baiano, no dia 17 de setembro.[12] Heleny Guariba, que saíra da Torre disposta a reconstruir a VPR, estava desaparecida. O mesmo juiz que mandara libertá-la no dia 30 de março expediu novo mandado de prisão em 12 de julho.[13] Heleny decidiu fugir para o Rio, onde teria sido presa e morta na tortura. Leane não se conformava com tanta tragédia.

Ela integrava o POC, o Partido Operário Comunista, uma organização com origem na antiga Polop, formada por trotskistas e dissidentes do Partido Comunista Brasileiro.[14] Tratava-se da mesma matriz da VPR e da VAR-Palmares, embora o POC estivesse mais voltado para o debate teórico, investindo na formação de quadros entre estudantes e operários. Em dezembro de 1970, a direção original do partido se deslocara para Paris, para fazer uma espécie de estágio de seis meses na Liga Comunista, a seção francesa da IV Internacional, composta de seguidores de Leon Trótski.

Presa 36 dias depois de Leane e apoio logístico da mesma organização, a estudante de história Janice Theodoro da Silva, 23 anos incompletos, explicou o motivo da incursão europeia: "Como o projeto político era de revolução em nível mundial, os contatos internacionais eram muito valorizados no POC, em especial as relações que estavam sendo consolidadas na França". No DOI-Codi, Janice ficara sabendo que um dos principais dirigentes do POC tinha sido morto na tortura. Era o jornalista Luiz Eduardo da Rocha Merlino, o primeiro a desembarcar do estágio na França, com passaporte legal e sem nenhuma acusação formal.[15]

Leane tinha visto o corpo de Merlino no estacionamento do centro de tortura. Para isso, contara com a ajuda de duas outras integrantes do

POC, com as quais dividia cela no DOI-Codi: a psicóloga Lúcia Coelho e a arquiteta Ivone Arantes. Preocupadas com uma barulheira que vinha de fora, elas suspenderam Leane, para a gaúcha verificar o que acontecia através de um vitrô no alto da cela. Foi quando Leane viu o corpo de Merlino ser colocado em um carro, no dia 19 de julho de 1971.

Nesse período, o centro de torturas do Exército empreendia uma persistente caçada ao POC. Tinha mudado o cenário registrado pelo tenente-coronel Waldyr Coelho, em agosto do ano anterior, na análise "A subversão e o terrorismo em São Paulo".[16] No documento arquivado com o carimbo de "reservado", o militar havia descrito em detalhes a situação de onze organizações, mas sido sucinto em relação ao partido de Leane, Janice, Lúcia e Ivone: "Não há ainda dados precisos sobre a organização e objetivos do POC em São Paulo. Sabe-se, no entanto, que a VAR-Palmares vem ultimamente mantendo contatos com o POC em São Paulo, visando a fusão das duas organizações".

Leane se considerava militante sem grande importância na estrutura do POC, mas era ela quem recebia a correspondência enviada pela direção na França: "Apreenderam uma mala com cartas e me perguntavam sobre cada uma delas. Queriam decodificar as mensagens". Depois de desmantelar organizações que aderiram às armas, como a ALN, a VPR e a VAR-Palmares, a repressão estendia suas garras sobre outros grupos. No dia de visita em que Leane ficou baqueada ao constatar a derrota da esquerda, doze mulheres vinculadas ao POC estavam presas na Torre.[17]

Chegariam outras, como a estudante Léia Schacher, que aos 22 anos deixara o curso de história em Porto Alegre para cuidar do arquivo do partido em um aparelho em São Paulo: "Tínhamos muitos livros e documentos, de outras organizações também, para estudarmos e entendermos o cenário". O material foi todo apreendido, mas no presídio outros livros entravam, no dia de visitação. Além de livros e notícias, os visitantes proporcionavam momentos de afeto e muita fartura.

Aos 24 anos, a pedagoga Ana Mércia Marques Silva, a Mércia, que também caiu na caçada ao POC e fora transferida para a Torre no final de agosto, achava incrível o desempenho do pai, funcionário do setor de serviços gerais do Banco do Brasil. Dono de um vozeirão, seu José chegava sempre com uma caixa de isopor enorme, repleta de picolés: "Primeiro as presas e as crianças!", anunciava em voz alta. Na Torre não havia geladeira. Para quem estava encarcerado, era a chance de apreciar um sorvete bem gelado.

Como ocorria no lado masculino, os sábados de visita significavam voltar para as celas com pratos e mais pratos saborosos, preparados pelas famílias. E a despensa abastecida. "Quem podia mais dava mais, levava mais mantimentos. Quem não podia não levava e estava tudo bem", diz Léia. Nascida em uma família abastada do Rio Grande do Sul, Léia contava ainda com outras mordomias: "Eu não precisava lavar roupa. Minha irmã morava em São Paulo e me trazia roupa lavada toda semana". Assim também costumava fazer a mãe da jornalista Rose Nogueira, que tinha sido libertada em julho de 1970. "Num sábado, eu entregava as roupas e lençóis que tinha usado", lembra Rose. "No outro, ela trazia tudo lavadíssimo e passado."

Outro costume que as meninas consolidaram era o de se apresentar da melhor maneira possível para as visitas. A estudante de história Márcia Mafra até escreveu sobre a reviravolta na rotina: "Já na sexta-feira lavamos os cabelos, fazemos unhas, limpamos nossas peles". O movimento continuava no dia seguinte: "Acordamos cedo e começamos a nos empetecar. De verdade! Aqui na Torre tem uma arara de roupas com minissaias geniais e outras coisas fantásticas, que as pessoas que saem vão deixando para o 'coletivo'. A vaidade, por aqui, é 'braba'".

Antes de ser capturada pelo DOI-Codi, em 25 de fevereiro de 1971, aos 23 anos, Márcia se desdobrava entre a faculdade, as aulas de história que ministrava em um curso supletivo e a militância na ALN. Na Torre, enviava muitas cartas para amigos e para a família, que morava no bairro do Tatuapé. Em uma delas, contou que tinha começado a cortar os cabelos das "massas", como denominou o coletivo: "Até o cabelo da Dilma, que é muito chata no assunto — diz que tem cabelos crespos e é preciso cortar mais os de baixo do que os de cima, para diminuir o volume — eu cortei".[18]

Nem todas, porém, se preocupavam com a própria aparência. Era o caso da estudante de arquitetura Angela Rocha, de 24 anos, que chegou à Torre tão fragilizada que não falava com ninguém. Embora medicada com antidepressivos, ela também não conseguia dormir nem se alimentar direito. "Eu estava apavorada. Parecia um rato de laboratório. Se tocava uma campainha, eu já começava a tremer", lembra Angela. "Associava o sinal com ser chamada de volta para interrogatório. Apesar de estar nesse estado, eu percebia que todas ficavam preocupadas comigo."

A estudante de arquitetura costumava passar muito tempo perto do parapeito do balcão do andar superior da Torre, lugar onde as duas escadarias saídas do térreo se encontram, formando o patamar que dá acesso às celas. Para as companheiras de cadeia, a presença de Angela naquele lugar, com o olhar perdido, representava risco de acidente fatal. Ou de queda deliberada, para colocar fim ao sofrimento.

Décadas depois, Angela confidenciaria que naquela época pensou seriamente em se matar, talvez por meio de um coquetel de medicamentos: "Não me passava remotamente pela cabeça me jogar lá de cima. Não teria coragem, mas bastava eu chegar lá que aparecia alguém para conversar, oferecer algo para comer". Na realidade, ela acredita que ficava no balcão atraída pela arquitetura da Torre: "É sedutor olhar para baixo e ver aquelas escadas em formato circular".

Paulista, presa em Porto Alegre pouco depois de chegar de uma viagem ao Chile, Angela passara quatro meses entre três centros de tortura antes de chegar à Torre. Além dos traumas indeléveis das sevícias, ela se martirizava por não ter conseguido alertar o jornalista Merlino sobre quedas do POC em São Paulo e, com isso, impedir a volta dele para o Brasil. O anfitrião dela em Santiago, o professor brasileiro Marco Aurélio Garcia, exilado no Chile, bem que tentou mandar uma mensagem para Merlino em Paris, como relata Angela: "Mas ele já tinha embarcado para o Brasil".

A viagem da estudante de arquitetura ao Chile entre junho e julho de 1971 estava ligada a um movimento já detectado pelo militar que relatara uma aproximação do POC com a luta armada: "Eu participava de uma frente cuja ideia não era exatamente unir forças. Era exercer algum tipo de mudança. Estava tudo esfacelado. Muita gente tinha morrido ou estava no exílio. Não tinha mais ações políticas. No Brasil, a maioria se encontrava presa ou na clandestinidade, tentando sobreviver. Para mim, isso significava a perda de toda a prática de vida".

A análise de Angela faz eco à constatação de Leane no dia de visitas: a esquerda estava desmantelada. Só que naquela época ela não dava conta de verbalizar: "E tinha a sensação de que as pessoas que estavam presas não sabiam o que estava acontecendo fora". Passou a se expressar um pouco mais depois que Rita Sipahi lhe ofereceu papel, pincel, tintas e material de desenho.

Num final de tarde, Angela estava desenhando com carvão o retrato de Merlino quando outra militante do POC comentou de supetão: "Você não consegue mesmo superar o culto à personalidade!".[19] Angela embolou o papel, jogou no lixo e revidou: "Você não entende nada!". Não se tratava de nenhum culto à personalidade, interpretou Rita, que tratou de desamassar o papel: "Era como ela estava conseguindo expressar os sentimentos, talvez até a identificação com a tragédia maior da morte".

O fato é que a Torre podia ser palco de muitos dissabores. Sobressaltos ocorriam também no dia de visitas. Janice, a estudante de história, sentiu a própria vulnerabilidade em um sábado em que recebeu o marido, Manoel Arriaga de Castro Andrade Junior, o Maneco. Isso porque a campainha soou, indicando que as meninas deviam voltar para a Torre, e ela continuou no pátio: "Fiquei arteiramente namorando o Maneco, batendo papo. Nós tínhamos nos casado havia pouco tempo e naquele momento estávamos muito apaixonados". De repente, tocou outro alarme e um guarda se aproximou dela.

— Você ouviu?
— Ouvi.
— O que é isso?
— Um alarme.
— É um alarme de fuga. Sabe quem fugiu? Você! Para aprender a nunca mais brincar, você hoje fica na cela dos comuns.

Janice entrou em pânico, mas não teve como reagir. Levada para um pavilhão térreo abarrotado de homens, entrou em um longo corredor, sempre acompanhada pelo guarda: "Eu andava e nem olhava para os lados. Só lembrava de uma orientação antiga. Se um dia me pusessem numa cela de presos comuns, que eu fechasse com o líder. Só lembrava que me disseram ser esta a única forma de sobreviver". Quando ela chegou ao final do corredor, o guarda postergou a ameaça:

— Desta vez você volta para a sua cela, para o lado feminino. Da próxima, fica numa cela de comuns.

O clima entre as meninas da Torre no geral era bom, mas havia divergências. O campo político era marcado pela divisão entre as que defendiam pegar em armas e aquelas que apostavam na mobilização das massas, na cidade e no campo. No cotidiano da cadeia, os atritos tinham mais relação com vasilha suja e roupa deixada de molho por dias seguidos. As acostumadas com tarefas domésticas não disfarçavam a irritação diante dos desleixos. As diferenças, porém, caíam por terra quando havia alguma emergência. Nessas horas, todas eram solidárias. Foi o que aconteceu em uma noite de dezembro, quando Fanny, hipertensa, começou a passar mal.

Temendo que fosse um infarto, as meninas pediram para chamar o médico Rubens Bergel, ainda preso na ala masculina. Ele recomendou que levassem Fanny para um hospital. Pressionada pelas meninas, a carcereira acionou a chefia da carceragem, que pediu escolta ao Dops. "Deixa a terrorista morrer", responderam.[20] Enquanto isso, Fanny não parava de sentir dor. E evacuava sangue. Ao lado da mãe, na cela da família no térreo, Ieda e Iara não sabiam mais o que fazer. Pressionada de novo, a chefia da carceragem telefonou para a casa do diretor, que mandou tirar um guarda da muralha para acompanhar Fanny e a carcereira ao hospital.

Antes de sair, a carcereira trancou todas as presas das celas do piso superior. Quando se preparava para fazer o mesmo no piso térreo, Dilma a chamou para conversar. "Ela negociou para que não fechasse a nossa cela nem a dela", conta Ieda. Sem vigilância interna, as presas que ocupavam as celas do térreo passaram a noite juntas, boa parte do tempo no pé da escadaria. Iara se desesperava com a saúde da mãe, prestes a completar 54 anos: "Puta merda! Já mataram o pai, se a mãe morre não sei o que vai ser". Dilma batia as mãos e repetia: "Calma, calma, que a Velha vai voltar".

Celeste fumava um cigarro atrás do outro: "Tenho certeza de que não é nada". A professora Joana D'Arc Gontijo, que dividia cela com Fanny e as filhas, entrou em parafuso. "Discuti com ela à tarde", contou a professora, presa pela militância no Movimento Revolucionário Marxista (MRM), uma pequena organização voltada para o trabalho ideológico com operários. "Discutimos por causa do Mao Tsé-tung", explicou Joana, citando o líder da Revolução Chinesa.

Como costumava aplacar o nervosismo com algum tipo de atividade, Joana pegou vassoura e um balde d'água. "Ela lavou a nossa cela de cima a baixo", diz Ieda. Anos depois, ao relembrar o episódio, Joana deu outra explicação: "Era preciso limpar a cela, acabar com as bactérias, pois Fanny parecia muito debilitada". Pelos registros da Santa Casa, enviados depois para a Justiça Militar, Fanny chegou à emergência do hospital na noite de 20 de dezembro de 1971 com o coração um pouco acelerado (cem batimentos por minuto), sobrecarga no ventrículo esquerdo e inflamação do intestino (enterocolite).[21]

O dia já estava claro quando a matriarca voltou para a Torre, amparada pela carcereira. Rita logo se prontificou a preparar um "macarrãozinho na manteiga", para que ela tivesse uma alimentação leve. Mesmo enfraquecida, Fanny não perdeu a irreverência, como demonstrou na primeira visita de Rubens Bergel à sua cela, na fase de recuperação: "Está lendo merda agora, doutor?".[22] É que o preso-médico examinava as fezes feitas pela presa-paciente sobre um jornal, para saber se ela continuava a perder sangue.

Sem se incomodar com a brincadeira, o médico continuou a analisar as fezes de Fanny por vários dias. Se o quadro não se alterasse, seria preciso mudar a medicação. De volta à própria cela, discutia o caso com o colega Aytan Sipahi, irmão de Rita, gastroenterologista também preso, mas sem poder exercer o ofício no presídio. Retaliação do diretor Olyntho Denardi, pelo fato de Aytan ser representante de cela nas reivindicações e nos embates com a direção.[23]

De todo modo, sorte de Fanny ter adoecido na Torre, depois de passar quase dois meses no Dops de Porto Alegre sem nenhuma justificativa plausível. Se tivesse adoecido em sua temporada no Sul, ela provavelmente não teria recebido tanta assistência. Junto com as filhas, Fanny havia ocupado por semanas uma cela estreita, sem banheiro. Cabiam um beliche e uma cama de armar. Um espaço tão reduzido que não permitia às três ficarem em pé ao mesmo tempo. Ivan fora colocado em uma cela próxima, junto com outros presos.

O avião da Força Aérea Brasileira que os levara algemados para Porto Alegre tinha mais homens da repressão do que presos políticos. No voo estava inclusive o major Carlos Alberto Brilhante Ustra, comandante do DOI-Codi paulista. Chegando ao aeroporto, eles os entregaram à polícia gaúcha e nunca mais apareceram. Os próprios delegados do Dops estranharam a situação. "O que vocês estão fazendo aqui?", perguntavam de vez em quando.

Tempos depois, elas presumiram que a viagem dos presos não passara de uma desculpa para justificar o deslocamento de Ustra e seus comandados. Será que eles não tiveram alguma reunião da Operação Condor, a aliança secreta dos regimes do Cone Sul para eliminar opositores de esquerda? A suposição, jamais comprovada, surgiu devido aos boatos que circulavam na esquerda sobre uma ilegal e contínua colaboração entre os aparelhos repressivos dos países vizinhos.

O certo é que do nada, sem nenhuma explicação, elas foram embarcadas de volta para São Paulo, junto com Ivan e outros presos políticos. Também em avião da Força Aérea, mas com escolta reduzida e nenhum figurão a bordo. Ao regressar para a Torre, as três se sentiram em uma posição diferente. "Nosso cartaz estava lá em cima", diz Iara. "Como a repressão nos levara, devem ter imaginado que tínhamos um envolvimento sério. E fomos colocadas na cela das fodonas da ALN."

Esse grupo de militantes ocupava naquele momento uma cela menor, à esquerda de quem chega ao segundo pavimento. Eram militantes mais graduadas no organograma da organização, entre elas algumas que tinham pegado em armas. Na lógica da Torre, como o MRT de Seixas tinha feito ações em parceria com a ALN, a família pertenceria à área de influência da organização.

Não deu certo. Fanny estava aflita com a situação de Ivan, que, do Sul, fora levado para o Carandiru, como era conhecida a Casa de Detenção de São Paulo. Não sabia nada dele. Quanto a Irineu, o caçula, a notícia que teve a deixou enlouquecida. Com medo de a repressão tomar o menino e colocá-lo em alguma instituição, Anita queria a guarda do sobrinho. "Como? Dar o meu filho? Nunca!", repetia Fanny, indiferente aos argumentos da irmã de que o menino ficaria mais protegido.

Depois de uma visita de Anita, Fanny e as filhas voltaram para a cela discutindo o problema. As companheiras reclamaram. "Chegaram a dizer que Fanny tinha que aguentar firme, ser uma mãe vietnamita", indigna-se Ieda. Sem ambiente para conversar com as filhas sobre os dramas da família, Fanny ameaçou chamar a chefe da carceragem. Estava disposta a pedir transferência para o meio das presas comuns. Avisada do imbróglio, Dilma interveio. Destinou a cela menor do térreo para a família de Fanny e transferiu para a própria cela quem estava lá.

A mudança foi feita na mesma hora. As roupas e os objetos pessoais continuavam em sacolas de supermercado, mas as três tinham agora uma televisão Admiral portátil, presente de Anita. A professora Joana D'Arc, que estava no celão, se incorporou de imediato à cela de Fanny. Haviam se aproximado ainda no período em que estiveram presas no DOI-Codi. Aos 32 anos, mineira radicada em São Caetano do Sul para, junto com o marido, montar o aparelho de sua organização, Joana foi recebida como se fosse da família.

Nas novas instalações, Fanny teve mais liberdade para discutir o problema que a atormentava e decidiu seguir seus instintos maternos: não cedeu a guarda de Irineu. Com o respaldo da experiência nos tempos do Partido Comunista, decidiu também formar o próprio grupo. Não queria ser área de influência de nenhuma organização. Representaria a cela quando a cúpula que Leslie Denise chamava de conselhão se reunisse para deliberar sobre algum tema. A dentista Marlene Soccas participava das discussões do grupo de Fanny, embora continuasse a ocupar um beliche do celão.

Entre as primeiras pautas discutidas estiveram as diretrizes das organizações para os militantes resistirem à prisão e, se capturados, manter o silêncio, ainda que sob tortura. Concluíram que as circunstâncias e a crueldade dos interrogadores para arrancar confissões não tinham sido levadas em conta quando essas normas foram repassadas aos militantes. Para Fanny, era imprescindível alertar as lideranças que ainda se encontravam em liberdade sobre a urgência de traçar novas orientações.

A posição foi endossada com entusiasmo pela estudante de letras Maria do Socorro Cunha Campos, que coordenava na USP uma célula do Partido Operário Revolucionário Trotskista (PORT),[24] dissidência do PCB alinhada com as ideias de Leon Trótski.[25] Socorro disse ter tentado escapar ao perceber que estava prestes a ser presa, em um ponto de ônibus da rua Líbero Badaró, no centro de São Paulo: "Corri, mas um transeunte me agarrou".[26]

Aos 27 anos, ela também tentou seguir as diretrizes do partido quanto a ficar em silêncio no DOI-Codi. Não aguentou. Ainda abalada pelas sevícias, Socorro encontrou amparo no grupo de Fanny assim que chegou ao presídio. O outro esteio era o marido, Martinho Campos, preso na ala masculina do Tiradentes, com quem se reunia no pátio, no dia de visita. O restante da família vivia na Paraíba, estado de origem do casal.

Vinda do outro extremo do país, a advogada catarinense Clair Martins, de 26 anos, passou apenas dois meses na Torre, mas também se aproximou do grupo de Fanny. Nele, conhecia Marlene, da militância como dirigente da AP. Tinha passado quarenta dias isolada em uma cela do Dops, levada com tanta frequência para a tortura que acreditava não ter sido assassinada devido ao fato de seu irmão ter servido o Exército como médico: "Foi uma contenção". Encontrava-se ainda debilitada quando viajou escoltada para Curitiba, para depoimento.

Fanny, por sua vez, tentava manter-se firme, mas continuava muito angustiada por não ter notícias de Ivan. Quando menos esperava, um padre que costumava visitar os presos do Tiradentes prometeu que tentaria descobrir como estava o adolescente. Esse padre não contava com a confiança de todas, pela suspeita, talvez infundada, de que seria ligado ao regime.

Dias depois, o padre voltou: "Dona Fanny, estive com o Ivan, ele está bem, não judiaram dele". A carga depreciativa do último verbo fez a judia Fanny estremecer. Afinal, o termo remetia ao Holocausto e a "tratar como os judeus foram tratados". Na sequência do relato, veio um conforto. O padre pedira a Ivan que falasse alguma coisa que só a família pudesse entender. E ele mandou avisar à Duda que estava bem. Duda, poucos sabiam, era o apelido de Iara.

Ivan estava bem, mas era mantido isolado no Carandiru, sem poder receber nada de fora, nem mesmo um bilhete de Fanny. "Por que me tiraram meus direitos de mãe? Acho que tenho o direito de me comunicar com ele onde quer que esteja", escreveu Fanny em 14 de fevereiro de 1972, em carta enviada para o juiz responsável pelo processo da família. Lembrando que o filho tinha apenas dezesseis anos, apelou para que ele fosse trazido de volta para o Tiradentes o mais breve possível, antes que o desespero a levasse "ao descontrole total".[27]

— Tu és preso político? — perguntou a dentista catarinense Marlene Soccas, ao perceber o jeito prepotente de andar do homem que acabava de entrar no consultório.

— Não, mas estou no pavilhão dos políticos. Sou funcionário do Deic — respondeu o investigador Wenceslau, referindo-se a um departamento de investigações criado poucos meses antes na Polícia Civil.

— Olha, se és da polícia, és torturador. Torturador eu não atendo — respondeu Marlene, chamando em seguida o carcereiro.

— Eu nunca torturei preso político — argumentou o homem.

— Torturou outros presos. É a mesma coisa. Não tem diferença entre político e comum — devolveu a dentista para o investigador, que ficou em silêncio, no que Marlene interpretou como admissão de culpa.

— Pode levar de volta para a cela, porque torturador eu não atendo — repetiu a dentista para o carcereiro, que arregalou os olhos, mas não perdeu a pose.

— Você é só uma presa com autorização para trabalhar no ambulatório. Se não atender agora, não atende mais ninguém — ameaçou o carcereiro.[28]

Como a dentista cruzasse os braços, o carcereiro sinalizou para o investigador que voltariam à ala masculina, mas praguejou: "Com subversivos só se trata no pau".[29] O investigador do Deic incentivou ataques: "Dá um pau nessa dentista para ver se ela não me atende". Foi o suficiente para outro preso político, frei Fernando de Brito, intervir: "Ela tem direito de tratar de quem quiser. Está trabalhando de graça". A polêmica não parou por aí.[30]

Deixando bem claro de que lado perfilava, o diretor interino José Marconi Júnior não demorou a se manifestar. Primeiro, proibiu o trabalho de presos no ambulatório, o que envolvia frei Fernando e o médico Rubens Bergel. Poucos dias depois, mandou colocar Marlene e frei Fernando em um camburão e levá-los para o Tribunal de Justiça Militar. Algemados. Queria um novo processo contra os dois. Quando voltou para o Tiradentes, Marlene não cabia em si de contente: "Da ala masculina, veio uma ovação". Ela quis chegar logo à Torre, para contar às colegas a boa surpresa que tivera. Em um momento em que o juiz interrompera a oitiva e saíra da sala, o escrivão, que antes parecia em perfeita harmonia com a situação, passou a mão no cabelo grisalho, virou-se para Marlene e disse: "Bem que a senhora fez. Eles são uns monstros". Quando o juiz voltou, o escrivão já havia reassumido a postura cordata, de quem registrava depoimentos como autômato.

"Tu vês, de onde menos se esperava vem o maior apoio", comentou Marlene. Foi como falar ao vento. Algumas meninas não esconderam a decepção. Outras reclamaram. Afinal, afastada do consultório, Marlene não poderia mais fazer a comunicação entre presos de alas diferentes. Era o fim da principal alternativa de rota para as balinhas, os bilhetes dobrados e revestidos por durex levados dentro da boca de uma parte do presídio para outra.[31] Até frei Fernando costumava fixar bilhetes no espaço de um molar arrancado no passado. Duas semanas antes, o religioso tinha inclusive passado aperto por conta da atividade.

"No banho de sol, um companheiro entregou-me um bilhete; ajustei-o no lugar do molar. Zezinho, chefe da carceragem, apareceu; irônico, pediu o bilhete que eu tinha na boca. Como insistisse, fiquei bravo, reagi sério: 'Eu exijo respeito. Se acha que estou com bilhete, me denuncie ao diretor. Mas pare com essa provocação!' Ele afinou e deu as costas; mais do que depressa, engoli o bilhete", registrou o frade dominicano no diário que escrevia em folhas de seda e mandava toda semana para o convento, por meio dos religiosos que o visitavam. Fininhas, as folhas eram enroladas em torno da pena de canetas Bic opacas.[32]

Pegar e entregar bilhetes dentro do ambulatório era sempre mais seguro. Nenhum funcionário do presídio ficava dentro do consultório enquanto Marlene estava atendendo. Só que a recusa de atender o investigador do Deic culminou com o fechamento do canal de comunicação, como lembra a dentista: "Suspenderam minha função no consultório e, com isso, minha atividade de pombo-correio, de levar e trazer mensagens. Muitas meninas brigaram comigo. Diziam que eu não pensei no coletivo. Fazer o quê? Tratar os dentes de um torturador? De jeito nenhum".

A ponte entre as alas masculina e feminina via consultório odontológico era obra do dentista Guilherme Simões Gomes, professor da USP em Ribeirão Preto. Preso aos 55 anos na ala masculina, ele conseguiu colocar para funcionar o gabinete desativado e abastecê-lo com equipamentos e materiais de rotina doados por amigos dentistas da sua cidade e de São Paulo. Por mais de um ano teve como assistente o estudante de odontologia Carlos Botazzo, também preso político.

Dilma Rousseff chegou a ser tratada pelo professor Simões, devido a sequelas da tortura: "Ele me arrancou um dente que já estava devidamente abalado por um soco que levei. O dente tinha ficado parado na boca e começou a infeccionar". O doutor Simões também atendeu a filha de um carcereiro conhecido por torturar presos comuns.[33] A moça estava com uma inflamação aguda em um dos dentes e ele não quis fazer da profissão "um instrumento sectário".

Simões e Botazzo tinham sido libertados quando o investigador do Deic foi dispensado por Marlene. Como se não bastasse a índole destemida da dentista, três meses antes, durante julgamento na 1ª Auditoria Militar, ela concluíra que não valia a pena fazer concessões em hipótese alguma. Na época, convencida pelas colegas de cárcere e por uma advogada, Marlene tinha bancado a ingênua diante do conselho de juízes. Pretendia denunciar as torturas que sofrera desde que fora presa, no começo de maio de 1970, mas acabou aceitando a estratégia de simular ingenuidade. Dessa forma, permaneceu impassível no decorrer da defesa, na qual era citada o tempo todo por sua advogada como "doutora Marlene".

A ideia era dar respeitabilidade à denunciada. Para livrá-la de uma condenação na Justiça Militar, a advogada ressaltou que não estava sequer comprovada a existência da Resistência Democrática (Rede), a organização vinculada à VPR que sua cliente era acusada de integrar.[34] Marlene não moveu um músculo, como se lembraria décadas depois. "Era doutora Marlene para cá, doutora Marlene para lá. Parecia fazer efeito, mas, na hora de anunciar a decisão do Conselho Militar, no dia 28 de outubro de 1971, o juiz não deixou por menos: 'Para a doutora Marlene...' E deu pena máxima para o meu artigo, o 12 da Lei de Segurança Nacional, que previa dois anos de prisão". Furiosa, Marlene saiu do julgamento decidida a escrever uma carta denunciando crimes do regime, contando o que tinha antes planejado dizer na auditoria.

— Estou tentando livrar você. Se fizer isso, vai pegar mais dez anos de cadeia — disse a advogada, ela própria perseguida pela ditadura, por defender presos políticos.[35]

— Não faz mal. Eu pago. Pago mais dez anos de cadeia. Fico mais tempo no presídio, mas essa carta tem de sair — respondeu a dentista.

De volta à Torre, Marlene sabia que a advogada tentaria, uma vez mais, enfrentar a Justiça Militar, entrando com um recurso para diminuir a sentença de dois anos de cadeia. Marlene não queria ficar de braços cruzados, até porque tinha mesmo denúncias a fazer. Estava presa havia um ano, cinco meses e dezessete dias. Antes de chegar ao presídio, passara doze dias nas mãos de torturadores do DOI-Codi e outros 45 no Dops.

Começou a carta falando sobre os primeiros momentos no centro clandestino de tortura mantido pela repressão nos fundos de uma delegacia, na rua Tutoia, a 850 metros do Quartel-General do Exército em São Paulo: "Despida brutalmente pelos policiais, fui sentada na 'cadeira do dragão', sobre uma placa metálica, pés e mãos amarrados, fios elétricos ligados ao corpo tocando língua, ouvidos, olhos, pulsos, seios e órgãos genitais".

Não foi a única passagem de Marlene pelo DOI-Codi, que os próprios agentes da repressão apresentavam como sucursal do inferno. Pouco tempo depois de chegar à Torre, ela foi retirada do presídio para ser acareada com o geólogo Marcos Arruda, preso no mês anterior. Antes de colocá-la frente a frente com o geólogo, o torturador se gabou do resultado do "serviço" feito no rapaz: "Prepare-se para ver o Frankenstein". Arruda já havia superado o pior, pois voltava de uma hospitalização, mas estava desfigurado. Marlene ficou chocada.

Foram semanas escrevendo, reescrevendo e estudando a melhor forma de tirar a denúncia do presídio e despachá-la para o juiz auditor do Superior Tribunal Militar. Naqueles tempos e condições, a trajetória das missivas costumava ser tortuosa. Muitas se perdiam no caminho. Marlene não queria comprometer a advogada, alvo constante da repressão. A oportunidade surgiu quando dona Amélia, mãe da dentista, viajou da cidade catarinense de Laguna para visitar a filha em São Paulo.

"Mãe, copia e manda para esses endereços", pediu Marlene, entregando uma relação que começava com o Superior Tribunal Militar, passava, entre outros, pela Ordem dos Advogados do Brasil, pela Associação Brasileira de Imprensa, e chegava à Anistia Internacional. "A mãe copiou e mandou." Chegou até ao jornal *The Washington Post*. Em matéria sobre tortura de presos políticos no Brasil, publicada no dia 14 de abril de 1972, o jornalista Dan Griffin reproduziu vários trechos da carta de Marlene, entre eles o reencontro com Marcos Arruda, anunciado como Frankenstein: "Vi-o entrar na sala com passo lento e incerto, apoiando-se em uma bengala. Tinha uma das pálpebras caídas, a boca contorcida, os músculos do abdômen tremendo constantemente, incapaz de articular duas palavras".[36]

A arte de confeccionar as balinhas citadas pela dentista Marlene exigia alguma habilidade e muita paciência. Os mais perfeccionistas faziam rascunho da mensagem, em papel convencional. Em seguida, passavam a limpo com letra minúscula para uma tira de papel de seda, arrancado dos cadernos de desenho que as famílias levavam para o presídio. Escrita a mensagem, a tira era dobrada, embrulhada em outro pedaço de papel de seda e revestida com durex. O produto final tinha que ser pequeno o suficiente para se acomodar no meio de transporte — a boca. Melhor ainda se encaixasse entre dentes.

Esconder papéis na roupa envolvia maiores riscos. Marlene foi bem-sucedida ao entregar a carta para a mãe dela, mas nem sempre dava certo. Poucos meses antes, Leslie Denise Beloque planejou passar a um visitante uma análise sobre a própria organização. Quatro tiras de papel de seda bem enroladinhas, que não fizeram volume em sua calça comprida. Deu o azar de encontrar pela frente Dyarsi Ferraz, tenente da Polícia Militar, que a revistou, apreendeu o documento e lavrou um memorando.[37] Sorte da estudante que a transgressão não provocou maiores consequências.

Boa parte das mensagens costumava ser enviada por meio das balinhas, a começar por informes políticos. Passavam também cartas de amor. Um namoro entre dois desconhecidos começou entre papéis de seda, por iniciativa da uruguaia Maria Cristina Uslenghi Rizzi. Com quase cinco meses na Torre, Cristina era chamada pelo apelido de Tupamara, embora não pertencesse ao grupo guerrilheiro: "No Uruguai, eu militava no Partido Socialista, de onde saíram os Tupamaros, mas nunca estive com eles".

Bancária e ativista sindical dos dezesseis aos 24 anos, a uruguaia tinha conhecido o próprio companheiro por acaso, em novembro de 1966. Voltava para Montevidéu de uma reunião com sindicalistas no Rio quando soube que o voo levava três refugiados brasileiros. Seis meses antes, eles tinham fugido de uma prisão, pulado o muro da embaixada do Uruguai e permanecido nela até receberem um salvo-conduto.[38] Cristina lembra o que falou ao se aproximar do grupo: "Disse que me procurassem, pois o sindicato daria apoio a eles. A ditadura já se configurava, mas o governo uruguaio ainda era democrático".

Da aproximação casual seguida pelo gesto de solidariedade aconteceram muitos encontros até Cristina se unir a Tarzan de Castro, um dos asilados brasileiros que conhecera no voo. Quatro anos e dois meses depois, os dois foram presos no Recife, onde viviam de forma clandestina desde que o regime uruguaio endurecera e passara a perseguir sindicalistas. Cristina sobreviveu a torturas no Recife, no Rio e em São Paulo antes de atravessar o portão que levava à Torre. Chegou em frangalhos, mas continuava solidária, apostando na vida e nas relações amorosas. Um dia, decidiu arrumar um parceiro para a estudante cearense Nadja, a Moló:

— Ah, você tem que namorar um dos meus meninos. Quer um goiano ou um espanhol?[39]

Ambos estavam presos na ala masculina do Tiradentes, junto com Tarzan de Castro. Todos da Ala Vermelha, organização de luta armada criada ainda em 1966, a partir do Partido Comunista do Brasil. Cristina sequer conhecia os "seus" meninos, mas, nos dias de visita de casais, soubera por Tarzan que nenhum dos dois tinha namorada. Nadja também estava sozinha. Encantara um preso político de Goiás na temporada de quatro meses que passou no Dops, mas o caso não foi adiante. Decidiu se aventurar.

— Goiano eu já conheço. Vou experimentar o espanhol — avisou para Cristina, que a incentivou a escrever uma mensagem.

Com uma letra bem miúda, Nadja disparou a primeira bala de seda. Na tira de papel enrolada com cuidado, ela se apresentou ao espanhol Vicente Roig. Contou que tinha nascido 26 anos antes em Pacajus, no Ceará, mas morava com a família na capital Fortaleza quando foi apanhada pela polícia durante uma passeata. Na falta de presídio feminino na cidade, passou 45 dias trancada em um quarto de hospital. Como a situação era inconveniente até para o hospital, foi liberada para aguardar o julgamento em liberdade. E seguiu o conselho do advogado: fugir para longe, porque estava para receber uma pena exemplar, capaz de intimidar todos os estudantes do estado.

Nadja não precisou explicar a Vicente por que era conhecida como Moló. O apelido a precedeu. Todo mundo que tinha estado no Dops nos quatro meses anteriores passava a informação: estava lá uma estudante cearense que esperava a transferência para Fortaleza. Tinha sido presa com dois coquetéis molotov na bolsa e condenada a dois anos e onze meses de prisão. A detenção se deu muito depois da fuga de Fortaleza. Acolhida por amigos e estabelecida em São Paulo, Nadja se integrara com facilidade à cidade e inclusive trabalhava, usando nome e documentos verdadeiros.

A surpresa chegou ao trocar de emprego. Contratada por uma multinacional belga, soube no primeiro dia de trabalho, uma segunda-feira de novembro de 1971, que dividiria a sala com duas pessoas: uma era o chefe, a outra, um conterrâneo de Pacajus. Decidiu não fugir de novo. "Na sexta-feira me chamaram no Departamento Pessoal. Era a equipe de Fleury", lembra. Nadja demorou para descobrir que o rapaz não a denunciara. Numa época em que os porteiros em São Paulo prestavam contas ao Dops sobre moradores e visitantes, ela caíra na lista de suspeitos do zelador do prédio onde vivia uma amiga ligada à ALN.

Nadja não entrou em tantos detalhes na primeira mensagem a Vicente, levada por uma companheira da Torre que uma vez por semana tinha o direito de ver o marido, preso na ala masculina do Tiradentes. No mesmo dia, o mensageiro entregou a bala de seda a Vicente. Na semana seguinte, ela trouxe outra mensagem de volta, como conta Nadja: "Vicente respondeu todo animado. Disse que gostou do meu nome, do jeito que eu escrevia, e começamos uma longa correspondência". As cartas eram artesanais, o correio demorava, mas o namoro à distância entusiasmava os dois.

"Nas cartas, cada um foi contando sua história", recorda Vicente. "Comecei assim... Nasci em Valência, meu pai participou da Guerra Civil, viemos para o Brasil fugindo da ditadura de Francisco Franco. Cheguei aqui com nove anos." Atrás das grades havia dois anos e meio, Vicente confidenciou até trapalhadas da infância. Foi em uma noite em que faltava luz, na casa da avó, ainda em Valência. Ele tinha três ou quatro anos e não hesitou em engolir o conteúdo de um copo "com uma coisinha" que encontrou em cima da mesa iluminada por velas. Era oxalato de cobre, que por pouco não o matou.

Tinha 25 anos quando foi preso, ao tentar escapar de um cerco policial. Junto estava a namorada daqueles tempos, a secundarista Guida Amaral, uma das treze presas políticas que chegaram à Torre de micro-ônibus, em novembro de 1969. Indiciada, mas sem processo, Guida foi liberada dois meses depois. Em seguida, partiu para o exílio na França. Nada disso Vicente precisou contar à Nadja: todos os presos políticos sabiam. Em geral, eles só faziam segredo de atividades que envolviam riscos. Nenhum preso soube, por exemplo, do diário que frei Fernando escrevia em papel de seda, colocava dentro de uma caneta Bic e trocava por outra idêntica quando recebia visita dos irmãos dominicanos.

O artifício criado por frei Fernando para reunir no convento os registros que fazia no cárcere também não foi descoberto pelos funcionários do Tiradentes. Da mesma forma, as mensagens trocadas por Nadja e Vicente passaram incólumes pela vigilância. O namoro fluía tão bem que eles não demoraram a ficar ansiosos para se conhecer pessoalmente. Pelos caminhos regulares, era impossível. Nadja recebia a visita da irmã, Niedja, no pátio das mulheres. Vicente, por sua vez, só podia se encontrar com os pais no pátio dos homens. Embora contíguos, os dois pátios eram separados por um portão de ferro, formado por chapas maciças, sempre trancado.

Ocorre que no meio do portão, a um metro e meio de altura, havia uma pequena abertura quadrada, uma espécie de olho mágico sem lente. O visor servia para os guardas verificarem quem estava do outro lado nas ocasiões em que precisavam liberar a passagem. Para Nadja e Vicente, a abertura permitiu ouvir a voz um do outro, conversar um pouco, nos dias de visita. Em uma das conversas, surgiu a ideia de se encontrarem sem um portão entre eles, no consultório dentário. Contaram com a cumplicidade de Marlene Soccas, que tinha voltado a atender. A dentista mandou chamar Nadja e Vicente no mesmo horário. "Quando chegamos, já fomos nos agarrando, beijando", lembra Nadja. Não teve segundo beijo. O carcereiro que escoltara Vicente cancelou a consulta na hora.

— Guigui, vem tomar café! — chamou Robêni.

Guiomar, que por esses dias ocupava uma cama instalada para ela no celão repleto de beliches, não se moveu. Logo ela, que tinha o costume de se levantar cedo. Robêni estranhou o imobilismo da amiga.

— Guigui, Guigui! — repetiu Robêni, aumentando o tom de voz, que raramente se elevava.

Cidinha, que estava por perto, se aproximou e deu o alerta. Rita Sipahi chegou em seguida e percebeu a gravidade da situação. Robêni jamais esqueceu as cenas que se seguiram: "Foi uma gritaria. Guiomar não reagia. Estava sem sentido. Que sofrimento. Gritamos, gritamos, até chegarem as carcereiras". Uma delas foi ao pavilhão masculino atrás de outro preso político, o médico Rubens Bergel.

Ele foi categórico. Era preciso levá-la com urgência para um hospital: "Chamem uma ambulância". Uma simples olhadela nos frascos de analgésicos e soníferos indicava a potência do coquetel que Guiomar tinha tomado sem que ninguém percebesse. Logo agora que diminuíam as sequelas da queda do quarto andar do Hospital das Clínicas, em tentativa de escapar da prisão. Ela ainda claudicava. Precisava do apoio de uma bengala para andar, mas parecia estar se recuperando.⁴⁰

Enquanto o som da sirene da ambulância sumia cidade afora, a Torre exalava aflição. Guiomar saíra carregada, inconsciente. Cidinha e Márcia Mafra, que seguiram a maca com a companheira até a carceragem, sentaram no chão do pátio. "E a bengala?", perguntaram uma à outra. "Alguém se lembrou?" Nisso, chegou Robêni, o olhar perdido de quem já não pode fazer nada. Nas mãos, trazia a bengala de Guiomar.

A preocupação em mandar a bengala refletia a esperança de que a companheira se restabelecesse e precisasse do apoio para se levantar. Guiomar resistiria mais uma vez? Na manhã de 21 de março de 1970, quando foi presa, ela não tivera tempo de pegar a cápsula de cianureto que carregava na bolsa. Fechada no trânsito por uma viatura do DOI-Codi, tinha sido arrancada à força do volante do Fusca que dirigia, comprado com sua identidade falsa, em nome de Eneida Martins de Castro (RG 2.361.524).⁴¹ Nem viu o que acontecia com Sonia Hypolito, que estava no banco do passageiro.

Guiomar começou a ser espancada no meio da rua. Reagiu gritando alto, na esperança de que alguém a ajudasse. Em tempos de exceção, no entanto, a maioria vira o rosto diante da barbárie. A violência aumentou na rua Tutoia. O corpo respondeu com contrações tão fortes que suspeitaram de ingestão de cianureto. Os torturadores tinham toda a sua ficha. Sabiam que, pela posição na hierarquia da ALN, ela tinha acesso ao veneno fatal.

No hospital particular mais próximo, providenciaram uma lavagem estomacal, mas o quadro não melhorou. Os médicos não sabiam, mas Guiomar não tinha tomado a cápsula. As contrações eram reação do corpo dela à tortura. Recomendaram levá-la para o Hospital das Clínicas, onde o chefe do Pronto-Socorro reclamou por precisar tratar de uma "terrorista". Guiomar procurava um jeito para acabar com aquilo quando foi colocada no soro, em uma saleta contígua à emergência.

Ela estudou a área: "Era uma espécie de boxe que dava para uma janela. Na frente tinha uma cortina, que deixaram aberta. Esperei uma distração do policial, arranquei o soro e saltei pela janela. Estava no quarto andar, mas no último lance tinha um telhado que cobria as máquinas da lavanderia. Quando caí, afundei no telhado e fiquei presa. Toda quebrada".

No primeiro momento, o que mais doía era o ombro esquerdo, por causa de uma luxação que comprimia a artéria. "É uma dor insuportável porque provoca isquemia", explica Guiomar, referindo-se à falta de irrigação sanguínea por obstrução. Levada de novo ao Pronto-Socorro, o mesmo médico que a chamara de terrorista adotou uma postura similar à dos torturadores: "Não vou botar o seu braço no lugar. Vai isquemizar".

Quando finalmente voltou o osso para o lugar, o médico repetiu para quem quisesse ouvir: "Chega. Levem essa mulher daqui, pelo amor de Deus". Transferida quando já era noite para o Hospital Militar, Guiomar acabou com boa parte do corpo engessada porque a quebradeira provocada pela queda tinha sido grande, a começar pelo quadril. Não conseguia andar, sequer levantar-se.[42]

A imobilidade da presa não sensibilizou os torturadores, que prosseguiram com o interrogatório à beira do leito hospitalar. No dia seguinte, Guiomar reconheceu um dos interrogadores. Era o capitão Maurício. Tinham sido apresentados anos antes, durante uma formatura da escola Caetano de Campos, onde ela estudara desde criança. Na cerimônia, o então recruta Maurício Lopes Lima apareceu de verde-oliva, na condição de noivo de uma colega.

"Como vai sua mulher? Como vai a Sandra?", provocou Guiomar no sinistro reencontro, para surpresa do capitão. A figura de Sandra sempre a impressionara, pois desconfiava que a mãe da garota pintava os cabelos dela de loiro, "aquele loiro Hebe Camargo", desde que a colega tinha dez, onze anos. Fazia tempo, mas Guiomar guardara essa lembrança. Não sabia por que fizera a provocação, mas acreditou ter conseguido por alguns instantes desmontar o torturador. O embaraço durou pouco. Refeito da pergunta inesperada, o torturador continuou o interrogatório. Da mesma forma, prosseguiram os choques elétricos quando Guiomar foi levada de novo para o centro de torturas. Com boa parte do corpo engessada, ela sofreu uma trombose na perna esquerda. Depois de mais uma temporada no Hospital Militar, voltou para o DOI-Codi, ainda carregada. "Você é a Maria? Tão pequenininha, tão baixinha!", ironizaram os interrogadores, referindo-se ao codinome Maria, que ela usou por um bom tempo.

À temporada na rua Tutoia seguiu-se outra, nas celas do Dops, interrompida depois que a área de treinamento de guerrilha do Vale do Ribeira foi desmantelada. Como era necessário abrir espaço para uma nova leva de presos, ela foi mandada para o Presídio Tiradentes. De lá, saiu muitas vezes escoltada, para sessões de fisioterapia, primeiro no Hospital das Clínicas, depois na Santa Casa.

O fato de estar fragilizada não diminuía em nada o respeito que Guiomar inspirava nos grupos de esquerda. A maioria dos militantes não a conhecia pelo nome de batismo. Quase todos, no entanto, tinham ouvido falar em Maria, a escolhida por Marighella para assumir o posto de Virgílio Gomes da Silva, o Jonas, depois que ele se tornou o primeiro desaparecido político brasileiro. Ela comandava um Grupo Tático Armado da ALN.

Guiomar entrou pela primeira vez no pátio que leva à Torre andando com muita dificuldade, apoiada em duas muletas. Avisadas da chegada por uma carcereira, várias meninas a esperaram no térreo, em um silêncio comovedor. Não faltaram braços para ajudá-la a instalar-se na parte de baixo de um beliche da cela menor do térreo. Em cima, ficava a operária Jovelina, da VPR. Naquela época, o outro beliche era dividido entre Carmute, a professora de ciência política da USP, e a diretora de teatro Heleny Guariba.

Quase dois anos depois, mesmo com a mobilidade reduzida, Guiomar conseguia subir a escadaria que dava acesso ao andar superior. No rodízio de celas provocado pela mudança de Fanny e suas duas filhas, ela transferiu-se para uma cama colocada em um espaço livre do celão, à esquerda da entrada. A cama não passava de um estrado alto com um colchão em cima, mas representava mais espaço livre para ela se movimentar.

O arranjo também permitiu maior acesso das meninas do celão a Guiomar, o que significava generosas doses de atenção e cuidados. O susto foi imenso quando Robêni tentou, em vão, acordá-la. Na noite anterior, elas participaram de uma reunião na cela sobre divisão de tarefas. Nada de excepcional. Só que, ao contrário das meninas, que depois ficaram batendo papo, Guiomar foi deitar assim que a reunião acabou. Ninguém imaginava que não despertaria, como sempre, na manhã seguinte. Poucas estavam a par dos dramas que ela vivia.

Desde que Guiomar trocara o quarto ano de medicina pela guerrilha urbana, sua família não media esforços para fazê-la mudar de ideia. Na época, a estudante se sujeitou até a um exame psiquiátrico, na tentativa de convencer os pais de que estava bem, consciente da opção escolhida. A situação piorou depois que ela foi presa. Em 10 de setembro de 1970, quando Guiomar já estava na Torre, Jandira, sua mãe, chegou a escrever para o juiz Nelson Guimarães, pedindo clemência. "Queremos trazê-la para junto de nós, responsabilizando-nos por tudo", registrou Jandira em um dos trechos da carta manuscrita. Não obteve resposta.[43]

Um ano e 25 dias depois, um novo pedido de clemência, datilografado, foi dirigido ao presidente Garrastazu Médici. Dessa vez, firmado pela própria Guiomar: "Assinei um papel em branco", lembra Guiomar. "Minha família disse que iria entrar com mais um recurso no processo e acabou fazendo uma carta desse tipo." Na esperança de libertar Guiomar, é provável que a família tenha acreditado na propaganda da ditadura. Para desmoralizar a resistência, a repressão investia na época no depoimento de presos "arrependidos", que renegavam a guerrilha e teciam loas à ditadura.

A categoria se popularizara desde o ano anterior. Atraídos pela promessa de diminuição da pena, declaravam sentir remorso por ter participado da guerrilha, elogiavam a política econômica do ministro Delfim Netto e recomendavam aos jovens que não contestassem o governo. Guiomar sofria por ter assinado uma folha em branco, mas não se prestaria a papel similar.

Eva Skazufka, aquela que quase deu à luz na Torre, acompanhou de perto o drama da amiga. Depois de libertada, ela havia retomado o curso de medicina. Estava no sexto ano, de plantão no Pronto-Socorro do Hospital das Clínicas, quando soube que uma presa política dera entrada na emergência. Em coma. Eva não hesitou em se posicionar: "Pedi permissão para cuidar dela, ser a pessoa de contato, já que a família não podia entrar. Como não existia unidade de terapia intensiva, Guiomar foi colocada sozinha, em uma sala do Pronto-Socorro. Quando ela saísse do coma, queria que me visse. E fiquei o tempo todo ao lado dela".

Uma semana depois, já consciente, Guiomar foi transferida para o Hospital Samaritano, com direito a acompanhante e a visitas da antiga colega de cárcere. Como Eva era casada com o médico Rubens Bergel, o preso político que atendera Guiomar na Torre, ela também tinha direito a visitas no Tiradentes. E levava as notícias de um lado para outro. As novidades que contava ao marido no pátio masculino logo chegavam às meninas da Torre.

Assim que Eva avisou da volta iminente de Guiomar, as meninas fizeram um pacto: nada de choro. A ideia era recebê-la com muito carinho, mas sem lágrimas. Todas concordaram que não era hora de perguntas nem de explicações. Muito menos de choro. O combinado durou pouco. A comoção tomou conta da Torre assim que Guiomar despontou no portão do pequeno pátio que leva à Torre, amparada por duas carcereiras.

5. CONSTRUÇÃO CONDENADA

O PRESO QUE ENGRAXAVA OS SAPATOS do diretor Olyntho Denardi todas as manhãs esperou em vão.[1] Ele não apareceu no presídio. O nome de Olyntho Denardi, no entanto, entrou pelas ondas do rádio no circuito da Torre: ele estava com a prisão preventiva decretada pela Justiça.[2] Era notícia de alto de página do *Estadão* daquela terça-feira 9 de maio de 1972, mas a entrada do jornal no presídio foi proibida. A ordem de prisão partira do juiz responsável por um processo sobre oito assassinatos atribuídos ao Esquadrão da Morte, grupo que exterminava criminosos comuns e jogava os cadáveres na periferia da Grande São Paulo. A certeza de impunidade era tamanha que os crimes levavam assinatura: junto aos corpos o esquadrão deixava um cartaz de uma caveira com dois fêmures cruzados.

Um relações-públicas do grupo, autodenominado Lírio Branco,[3] telefonava para as salas de imprensa, avisando a localização dos corpos. Os boatos de que o delegado Fleury comandava o bando de extermínio estavam evidenciados desde o final de 1968. Para vingar a morte de um policial, Fleury preparou uma tocaia para um bandido conhecido como Nego Sete, que acabou crivado de balas. Descartou o cadáver bem longe do lugar do extermínio, sem saber que, do interior de uma igreja, o padre canadense Geraldo Mauzeroll tirara fotos da execução. Mais tarde o próprio padre sentiria a fúria do esquadrão, ao ser jogado do alto de um andaime, mas sobreviveu ao atentado.[4]

As autoridades de plantão faziam vista grossa aos crimes de Fleury. Os serviços do delegado interessavam ao regime, pois ele estendera a truculência para os militantes políticos e guerrilheiros urbanos. A matança promovida por Fleury também interessava à parte da sociedade que aceitava o extermínio dos indesejados, na ilusão de que teria mais segurança. Inconformado, um promotor de compleição franzina e determinação gigantesca insistiu nos diversos escalões do Ministério Público até assumir as investigações sobre o bando.

Mal começou a rever as sindicâncias já instauradas, o promotor, de nome Hélio Bicudo, constatou ser lenda a ideia de que o esquadrão agia para livrar a sociedade dos marginais.[5] "Tratava-se de um esquema que favorecia determinadas quadrilhas de drogas em detrimento de outras, assegurava redes de prostituição e adotava o sistema mafioso de venda de proteção", registrou o promotor em suas memórias.[6] "Os crimes atribuídos ao esquadrão chegavam a centenas — e nunca se soube quantos realmente foram."

Uma das vertentes da investigação voltou o foco do promotor para o Presídio Tiradentes, mais precisamente para a ala de presos correcionais, os corrós. Horas após o assassinato de um investigador de polícia, na sexta-feira 17 de julho de 1970, ocorrera uma revanche do esquadrão, anunciada com antecedência por Lírio Branco aos jornais. Com a cumplicidade de Olyntho Denardi, Fleury e outros onze policiais tiraram oito corrós do Tiradentes, em duas levas. Seus corpos apareceram no dia seguinte, espalhados em ruas e estradas desertas da Grande São Paulo.

Quase três anos depois, a prisão domiciliar de Olyntho Denardi nem ocorrera por conta da acusação de coautoria nos assassinatos. Muito menos por falsificação de documentos ou apropriação, pelo fato de registros dos correcionais no presídio terem sido apagados e o dinheiro de um dos presos ter desaparecido da seção de valores. Naquele momento, o diretor estava acusado de coagir testemunhas. Ele fora à Casa de Detenção pressionar antigos presos do Tiradentes a mudar o depoimento que tinham dado à Justiça sobre a retirada dos oito corrós para o extermínio.

A crueldade contra os presos comuns marcara desde sempre a administração Olyntho Denardi. A primeira presa política a ficar na Torre, a produtora cultural Dulce Maia, já ouvia os gritos de presos sofrendo tortura por afogamento em um poço que existia bem no meio do pátio masculino: "Eles eram jogados no poço de madrugada. Um frio...". Da cela onde se encontrava, Dulce não conseguia ver nada, mas ouvia a gritaria.

De tempos em tempos, as sessões se repetiam, para desespero dos torturados e dos que estavam trancados, sem poder fazer nada.

Na madrugada gélida do sábado 16 de maio de 1970, os gritos acabaram com o sossego dos que tinham ido dormir embalados pelo afeto das visitas recebidas à tarde. Frei Fernando, que escrevia o diário em papel de seda, contrabandeado para fora do Tiradentes, registrou que naquela madrugada carcereiros e soldados torturaram meia dúzia de corrós: "A tampa de madeira do poço sanitário havia sido retirada, e um por um eram ali mergulhados à força. Enquanto se afogava em merda e mijo, debatendo-se como lagarta chamuscada pelo fogo, os demais se dobravam ao espancamento com porretes e cassetetes".[7]

Agarrados às grades, os presos políticos do pavilhão que dava vista para o poço começaram um grito que se espalhou por todo o presídio: "Assassinos! Assassinos!". A sessão parou, mas episódios de violência continuaram a permear o cotidiano da cadeia. A jornalista Rose Nogueira, que estava no Tiradentes na época da Copa do Mundo, lembra que, durante uma revista da polícia, encontraram um radinho de pilha na ala dos corrós com os quais as meninas se comunicavam por meio da linguagem de sinais ou por teresas. "Eles apanharam, mas não disseram que fomos nós que passamos o radinho", diz Rose. "Nós tínhamos o direito de possuir rádio. Eles não podiam ter nada, nem rádio, nem jornal."

Mais do que a revista nas celas, os corrós temiam o esquadrão. Entre a bandidagem, sabia-se que às vezes o bando de Fleury escolhia ao acaso, para vingar alguma baixa entre os seus. De outras, o delegado ia atrás de um alvo determinado, que interferira nas atividades de seus comparsas. Nas madrugadas do presídio, havia ainda os gritos de presos violentados por outros detentos, sem que nenhum funcionário se dignasse a interromper o ciclo de violência. O eco dos suplícios perseguia as lembranças de Dulce Maia, no exílio desde que fora libertada, em junho de 1970: "Era horrível. Nós não víamos, mas ouvíamos tudo. E batíamos com força nas grades".

O protesto possível pouco ajudava as vítimas. Quando o diretor Olyntho Denardi foi afastado, no entanto, os responsáveis pela Segurança Pública reagiram rápido. No mesmo dia em que a notícia saiu nos jornais, um araponga da polícia política esteve no presídio e produziu um relatório de cinco páginas datilografadas. Pelo documento, ele primeiro falou com os carcereiros, concluindo que a medida judicial repercutira "intensamente entre os terroristas, significando a mesma como uma grande 'vitória' do movimento subversivo, animando-os, contagiando-os e estimulando-os na luta subterrânea contra as instituições".

Depois, passando-se por advogado, o araponga tentou ouvir os próprios "terroristas".[8] Não chegou à Torre, que, além de ficar isolada do resto do presídio, não costumava ser visitada por homens. Na ala masculina, o araponga constatou que todas as celas tinham rádio, televisão e publicações impressas. Foi o gancho para falar sobre as condições carcerárias e perguntar quais seriam as demandas do grupo. Além do desejo de qualquer preso — celas abertas —, eles reivindicaram voltar a receber os jornais *O Estado de S. Paulo* e *Jornal da Tarde*, ambos da família Mesquita. Embora distantes de apoiar qualquer movimento de esquerda, os periódicos driblavam na medida do possível os censores que se instalaram dentro de suas redações.

Os dois jornais, pelo relatório do araponga disfarçado de advogado, tinham entre seus articulistas "elementos reconhecidamente subversivos", como o promotor Hélio Bicudo. Depois de afirmar que o promotor, "a pretexto de manifestar-se altamente católico", nos tempos de estudante pertencia a alas esquerdistas da Faculdade de Direito do Largo São Francisco, o araponga questionou a motivação do homem que enfrentou o Esquadrão da Morte. Classificou a investigação como uma "campanha" deflagrada para atender a "ordens estrangeiras de seus companheiros".

Pelo raciocínio, toda a "campanha" contra o esquadrão devia-se à necessidade de propagar na Europa que o governo brasileiro prendia e matava "elementos subversivos". Nessa parte do relato, o araponga colocou em segundo plano o Presídio Tiradentes e fez referência a brasileiros vivendo em Paris. Escreveu que "fugitivos brasileiros" fizeram construir no interior da igreja de Saint-Germain-des-Prés, no Quartier Latin, a figura de um Cristo, com os dísticos de Ordem e Progresso e de Esquadrão da Morte: "Era preciso provar a existência de tal Esquadrão da Morte para o mundo exterior". Daí para o agente da ditadura concluir que a prisão de Olyntho Denardi fazia parte de um complô internacional foi só um passo.

* * *

Robêni desceu as escadarias apreensiva. Ser convocada à carceragem em plena quinta-feira era um mau sinal. A carcereira se recusou a dar detalhes. Só adiantou que não era nenhum advogado. Como recebia visita apenas aos sábados, duas siglas encarnavam os temores de Robêni: Dops e DOI-Codi. Nas vezes em que foi tirada da Torre para interrogatórios ou acareações, não chegou a ser torturada de novo, mas outras não tiveram a mesma sorte. De qualquer maneira, só de pensar naqueles lugares ficava estressada.

Não que o clima estivesse bom no Tiradentes. Desde a semana anterior, o diretor Olyntho Denardi se encontrava em prisão domiciliar, acusado de pressionar testemunhas no processo do Esquadrão da Morte. Seu imediato, o delegado Marconi Júnior, assumira a direção.[9] Ele não respondia ao processo por execução de presos, mas estava na corda bamba. Temia perder o controle sobre o presídio, chamado por alguns de aparelhão, como se fosse uma enorme residência clandestina, dominada por presos políticos.[10]

Naquela tarde, Marconi Júnior se empenhava em impedir a deflagração de uma greve de fome. No leva e traz dos carcereiros e das faxinas, soubera que o movimento estava sendo organizado pela ALN, mas que nem todos os grupos iriam aderir. Soubera ainda que Alcides Mamizuka, da ALN, seguiria os colegas de cela, da Ala Vermelha, que decidiram não entrar em greve. O novo diretor viu na dissidência uma oportunidade de enfraquecer o movimento na Torre, que somava naqueles dias 22 presas.[11]

Robêni era uma dessas presas. Integrante da ALN e companheira de Mamizuka, ela respirou aliviada ao chegar à carceragem e se dar conta de que não seria levada para lugar nenhum. Logo percebeu que o diretor queria aliciá-la: "Ele veio com uma conversa de que, se eu não entrasse em greve, isso seria considerado pelo juiz". Presa havia um ano, dois meses e treze dias, Robêni ainda não tinha sido julgada. Apesar disso, não se sensibilizou com os argumentos do diretor.

Às nove horas da manhã seguinte, 12 de maio de 1972, ela estava entre as treze meninas da Torre que aderiram à greve de fome iniciada na virada do dia na ala masculina. Por escrito, elas avisaram à Justiça Militar que ficariam sem comer até a volta dos companheiros, "retirados arbitrariamente do presídio". Na véspera, cinco presos políticos tinham sido transferidos para a Casa de Detenção do Carandiru, como parte de um plano das autoridades para esvaziar aos poucos o aparelhão, espalhando os "subversivos" por vários presídios.[12]

Nesses presídios, seriam integrados ao regime carcerário convencional. Além de perder regalias como receber livros ou cozinhar a própria comida, os presos políticos ficariam mais vulneráveis como grupo e individualmente. "É possível que estivessem separando o pessoal para liquidar com eles", diz Robêni. "No Carandiru ou em algum outro presídio do estado, poderiam ser mortos durante uma rebelião ou em uma chacina de presos comuns."

Em certa medida, todos os presos políticos do Tiradentes temiam o impacto da separação, que começara a ser orquestrada no início do ano. A diferença estava na forma de reagir. Nesse ponto, a esquerda encarcerada no Tiradentes havia rachado fazia tempo. Um grupo defendia não criar problemas na cadeia, para cumprir a pena o mais rápido possível e retomar a luta em liberdade. Outro grupo acreditava que o presídio era uma nova frente de combate e resistência à ditadura.

A secundarista Gilseone Westin Cosenza se associou ao segundo grupo no decorrer de horas. Mineira de Paraguaçu, ela entrara na Torre pouco depois de Robêni voltar da conversa com o diretor. "Eu não conhecia ninguém e nem deu tempo de me enturmar", lembra. "Tinha reunião nas celas, com a proposta de greve, e eu aderi." Aos vinte anos, Gilseone acabara de ser transferida do Recife, onde fora presa dez meses antes, depois de atuar em Belo Horizonte, Rio e São Paulo, sempre pela Ação Popular (AP).

Das treze meninas em greve de fome, seis eram da ALN: Ana Bursztyn, Cida Costa, Leslie Denise Beloque, Márcia Mafra, Marli e Robêni. Teve gente da organização que não participou por já estar muito debilitada, como ocorreu com Cidinha. Recém-chegada de uma consulta no Hospital das Clínicas, ela atravessava a primeira das muitas crises de labirintite que sofreria vida afora. Ligada ao Movimento Revolucionário Tiradentes (MRT),

Fanny Seixas também foi liberada de participar, devido à pressão alta e às condições de saúde em geral. As filhas Ieda e Iara a representavam.

O combinado era tomar apenas água e gastar o mínimo possível de energia. Ainda assim, nos primeiros momentos algumas meninas zanzaram dentro da Torre. Depois, à medida que foram ficando mais fracas, mantiveram repouso, na própria cela ou no celão, onde beliches foram afastados das paredes e colocados bem no centro do cômodo. "Eu chegava na porta do celão e via o rosto das meninas", lembra Cidinha. "Márcia Mafra estava sempre quietinha, pois ficou muito debilitada."

Ao contrário da estudante, a operária Zoraide de Oliveira parecia em grande forma. "Nunca vi tanta resistência", diz Ieda. "Era a única que subia e descia as escadas sem problemas." Nascida em Santo André, na região do ABC paulista, Zoraide tinha disposição de ferro. Quando criança, chegara a invejar a saúde frágil da irmã gêmea, que ganhava as maiores porções, as frutas mais saborosas: "Como eu era muito saudável, não precisava do melhor". Operária dos catorze aos 27 anos, fora presa em Belo Horizonte, para onde se mudara com o marido, dirigente da AP.

Transferida para a Torre havia duas semanas, tinha motivo para manter o ânimo em alta, embora seguisse a dieta à base de água. Sua filha, Beatriz, não só estava em segurança, na casa da família, como fora levada para visitá-la. As duas tinham sido separadas no momento da prisão e Zoraide passara os primeiros dias sem notícias da filha de apenas um ano e meio. Depois, precisou enfrentar à distância a mulher de um juiz, que levara a garota para casa e resistia em devolvê-la.

Operário que jamais saíra do ABC paulista, o pai de Zoraide viajou três vezes a Belo Horizonte, para recuperar a neta. Esteve sozinho no embate. O pai da menina não tinha como ajudar, pois escapara de ser preso e mergulhara na clandestinidade. Depois de ter a filha de volta, Zoraide concluíra que não poderia expô-la a novos riscos. Deixaria de militar junto da organização, mas continuaria firme em seus princípios. Não hesitou em aderir à greve de fome, embora não imaginasse que seu corpo, de compleição média, reagiria tão bem à falta de alimento.

Vontade de degustar um bom prato não faltava. Enquanto tentava contornar a própria fraqueza, Ieda se admirava com a postura de Zoraide: "Ela passava horas folheando revistas de culinária. Dizia que comeria tudo aquilo quando a greve chegasse ao fim". Só que antes de o movimento acabar elas foram separadas. Coube a Zoraide ir para o Hospital Militar. Ao examiná-la, o médico militar ficou admirado: "Nem parece que está só na água".

Junto com Zoraide, no hospital, estavam Ana Bursztyn, Leslie Denise Beloque, Ieda Seixas, Gilseone e Márcia Mafra. Para a Penitenciária Feminina foram Áurea Moretti, Cida Costa, Iara Seixas, Joana D'Arc e Marlene Soccas. Na divisão feita por um critério desconhecido pelas presas, coube a Marli Gomes Carvalheiro ficar sozinha no Dops. Para espanto dos funcionários dos três lugares, elas não se intimidaram com a separação. Todas continuaram em jejum.

Todas também contavam com a abertura de um canal de negociação. Mas não adiantou. O pedido para que o arcebispo de São Paulo, dom Paulo Evaristo Arns, mediasse um diálogo não foi sequer levado em consideração pelas autoridades carcerárias e judiciais. Como se não bastasse, presos políticos continuaram sendo retirados do Tiradentes sem aviso prévio nem destino anunciado. Na Casa de Detenção, bem ao lado da Penitenciária Feminina, encontravam-se pelo menos trinta deles, em greve. Outro tanto se mantinha firme na Penitenciária do Estado, no mesmo complexo prisional.

As meninas continuavam isoladas em três lugares diferentes quando foram avisadas por um representante do sistema carcerário que a greve tinha acabado. Márcia Mafra escreveu mais tarde sobre o episódio: "O desenlace dessa greve de fome, para nós, mulheres dela participantes, não poderia ter sido pior. Os homens que haviam optado pela greve de fome, separados do restante do coletivo, haviam assinado um acordo com base em promessas. No Hospital Militar, lemos estupefatas os termos do acordo".[13]

O pacto era produto de uma negociação feita apenas entre os presos que estavam na Casa de Detenção e o diretor do Departamento dos Institutos Penais de São Paulo, Werner Rodrigues.[14] Havia outro grupo na Penitenciária Masculina do estado. No dia 17 de maio, reunido em uma sala, o primeiro grupo se acertou com o diretor e combinou que cessaria a greve assim que os companheiros da penitenciária fossem avisados. As companheiras não foram consultadas. Souberam da reunião no dia seguinte.

Márcia Mafra relata que as meninas que se encontravam no Hospital Militar discutiram sobre o que fazer e não viram saída: "Constatamos que, embora discordando daquilo, teríamos que aceitar os termos do acordo, já que éramos poucas e não tínhamos nenhuma forma de comunicação, quer com o mundo, através de famílias, visitas etc., quer com o restante do conjunto de presos, estivesse onde estivesse". Foi o que fizeram. Robêni perdeu doze quilos, mas não se arrependeu: "Saímos todas de pé".

Os detalhes sobre o acordo feito pelos presos políticos na Casa de Detenção também foram registrados pela dentista Marlene Soccas, que tinha ficado na Penitenciária Feminina. Em duas páginas de papel sem pauta, escritas com caneta de tinta vermelha em 15 de junho, ela contou que o diretor do Departamento dos Institutos Penais se apresentou aos presos como o mediador autorizado a negociar com os grevistas a melhor solução para ambos os lados.[15] Na conversa, Werner Rodrigues lançou uma informação crucial: o Presídio Tiradentes estava prestes a ser demolido.

O diretor deixou claro que não se tratava apenas de esvaziar celas. A construção centenária seria derrubada, jogada ao chão. Não haveria futuro para o presídio, que começara a receber presos mesmo antes da inauguração oficial, em maio de 1852. Cento e vinte anos depois, o complexo encontrava-se no caminho da linha norte-sul do metrô, cujas obras já rasgavam parte da cidade de São Paulo. Em breve as máquinas chegariam àquele trecho da avenida Tiradentes.

A informação parecia verídica. Notícias sobre o desmanche do Tiradentes circulavam de tempos em tempos, assim como reclamações quanto a seu péssimo estado de conservação.[16] A Torre, que no passado despontava no vértice de dois pavilhões térreos, com vista para um jardim e uma horta cultivados com esmero, tinha sido quase totalmente envolvida por pavilhões repletos de celas carentes de manutenção.

Na cadeia das meninas sobravam infiltrações. Nas alas masculinas, a decadência era similar, se não pior, pois a superlotação das celas ano após ano ajudava a agravar o desgaste do imóvel. Na reunião, o diretor do sistema penitenciário nem precisou citar a decadência do prédio. A notícia alvissareira era que ele se comprometera a transferir todos os presos políticos para o mesmo lugar. Ninguém ficaria separado.

Agindo como se tivesse carta branca, o diretor disse que, se parassem a greve imediatamente, ele providenciaria, em tempo hábil, a remoção de todos os presos políticos do Tiradentes para um pavilhão do presídio do Carandiru, a três quilômetros de distância. Como se tratava de um espaço destinado apenas a homens, as mulheres ficariam na Penitenciária Feminina, bem ao lado. A proximidade facilitaria o reencontro no dia de visitas.

Estabelecidas as condições, os rapazes terminaram a greve, sem consultar seus pares. Avisadas do tratado quando continuavam em jejum, as meninas ficaram chocadas por terem sido excluídas da negociação. Marlene não acreditou nos termos do acordo e chorou de raiva: "Suspenderam a greve sem nada de concreto acontecer. Estávamos apenas no sexto dia". Entre soluços, ela lamentou mais de uma vez com Iara que todos continuariam vulneráveis, correndo risco de vida.

Comprometida até o último fio de cabelo com ideais de justiça social, Marlene era uma figura atípica. De origem humilde, frequentara com bolsas de estudo as melhores escolas de Santa Catarina. Não tinha piano em casa, mas tocava o instrumento desde os oito anos de idade, praticando no colégio, depois das aulas, sempre que o instrumento estava disponível. Acabou fazendo as vezes de pianista em uma prestigiada escola de balé clássico de Florianópolis, em troca de aulas de dança.

Primeira da família a entrar em uma faculdade, passou sem problemas no vestibular para o curso de odontologia. Em paralelo, entrou por concurso nos Correios e Telégrafos, como postalista. Formada, se dividia entre o consultório e os Correios até em São Paulo, para onde se mudou em busca de uma especialização na USP. Com o envolvimento na resistência política, desistiu da pós-graduação, vendeu o consultório e doou o dinheiro para a Ação Popular (AP). Em seguida, começou a trabalhar como operária em uma metalúrgica de São Bernardo do Campo. Queria se proletarizar.

Envolvida desde os tempos de Santa Catarina com Paulo Stuart Wright, dirigente da AP, ela preservou o nome dele não só na tortura. Para garantir que nenhuma pista sobre o companheiro chegasse à repressão, jamais falou sobre o relacionamento dos dois para ninguém. A imagem de Paulo Stuart também nunca apareceu, nem de forma simbólica, em nenhum dos muitos quadros que Marlene pintou na cadeia.[17]

Telas e tintas ela mandava comprar com uma espécie de mesada que recebia de um grupo de dentistas do interior paulista: "Nunca conheci nenhum deles, mas todo mês eles se cotizavam e me mandavam um dinheiro". Com os recursos comprava também material para confeccionar e pintar lenços de cambraia, vendidos pela rede de apoio que amparava as famílias mais necessitadas: "Eram lencinhos bem delicados. Em um canto eu pintava um rosto de moça, um chapéu, talvez um braço, não mais do que isso. E passava renda em volta, com ponto Paris".

A estudante Maria Lúcia Urban ficou encantada com as habilidades de Marlene quando esteve na Torre, entre setembro e dezembro de 1971. Nascida em Belo Horizonte, ela estava com vinte anos e havia se estabelecido em São Paulo fazia pouco tempo, para atuar na célula de imprensa de uma pequena organização. Presa pelo DOI-Codi junto com o companheiro, Antonio Edson, Maria Lúcia descobriu que estava grávida na rua Tutoia.

"Me chutaram escada abaixo e comecei a sangrar", contou às companheiras, feliz por não ter perdido o bebê, mas preocupada com o impacto da violência na gestação. Passou todo o tempo cercada de atenção: "Todas me cuidaram muito. A Dilma até enrolava os meus cabelos, meio crespos como os dela. A Fanny também me ajudou demais". Filha única, Maria Lúcia tinha perdido os pais muito nova e só depois de presa conheceu a família do companheiro, que morava em Curitiba.

A barriga já despontava quando Maria Lúcia foi libertada: "As meninas brincavam comigo, pois minhas pernas eram fininhas e eu era muito magra. Parecia que tinha engolido uma azeitona". Como o companheiro continuaria preso, ela foi acolhida pelos sogros, na capital paranaense. Gravou para sempre detalhes da Torre levados para as telas pela dentista: "Impressionante como ela retratava o cotidiano daquele lugar, da posição das celas às expressões das pessoas".

Uma das telas de Marlene reproduzia o interior da construção. Algumas meninas ocupavam o patamar superior, enquanto outras se debruçavam sobre o corrimão dos dois lados da escadaria, olhando para baixo. Bem no centro do lobby do piso térreo, uma companheira fazia uma performance. Outra tela gravada na memória de Maria Lúcia mostrava o banho de sol no pátio de cimento, com soldados de vigia no alto da muralha.

Marlene fazia tanto sucesso com o cavalete, as telas e os pincéis que um dos guardas da muralha posou para ela, exibindo o fuzil. A iniciativa foi dele, que não se abalou ao saber que o juiz autorizava as pinturas, mas proibia a saída das telas do complexo penitenciário. "O juiz suspeita que estou camuflando a planta do presídio nos quadros, para um futuro resgate", explicou Marlene.

O soldado respondeu com um sorriso maroto. No dia em que a tela estava finalizada e seca, ele simplesmente pegou a pintura e desapareceu por uma meia hora. Voltou todo animado e, ao retomar a ronda, avisou para a dentista: "Meu retrato já está lá fora!".[18] As regras nem sempre eram obedecidas no Tiradentes, como demonstrou o soldado. Já a palavra empenhada na cadeia costumava ter valor.

Não foi, porém, o que aconteceu com as promessas do diretor do Departamento dos Institutos Penais para acabar com a greve de fome. No dia seguinte à reunião que ele fez com os rapazes na Casa de Detenção, as seis meninas internadas no Hospital Militar foram reunidas às que já estavam na Penitenciária Feminina. Demoraram dias para voltar à Torre, o que gerou uma certa apreensão quanto ao cumprimento do acordo.

A descrença na palavra da autoridade aumentou no começo de junho, quando seis presos, entre eles três frades dominicanos, foram retirados às 4h30 da manhã da Casa de Detenção. Às nove horas da noite, depois de passarem o dia inteiro algemados, na traseira de dois camburões, eles chegaram ao destino que lhes reservaram: o presídio da cidade de Presidente Venceslau, a mais de seiscentos quilômetros da capital paulista. No dia seguinte, 9 de junho de 1972, os seis retomaram aquela que se tornaria a mais prolongada greve de fome do país.[19]

Do lado das meninas, apenas Marlene e Áurea Moretti aderiram à segunda etapa do movimento. Para não contaminar o ambiente na Torre, elas foram levadas para o Dops, onde Marlene escreveu a carta sobre o protesto frustrado e a sua disposição de seguir em frente. Jogadas em uma cela do fundão, as duas se surpreenderam por lá encontrar uma presa comum. A surpresa aumentou quando a moça decidiu também entrar em greve. Não deu certo. As três foram persuadidas a abandonar o movimento na base da porrada e de choques elétricos.

Marlene e Áurea não tiveram mais notícias da presa comum. E nenhuma das duas voltou para a Torre. Áurea foi mandada para a penitenciária feminina de Tremembé, a 150 quilômetros de São Paulo. Marlene ainda passou uma semana no Dops. Dessa vez, sozinha em uma cela. Naquele inverno fazia tanto frio que, para dormir, ela se cobria com o colchão de capim de uma cama desocupada.

Um dia avisaram que estava livre, que os dois anos de prisão aos quais havia sido condenada tinham se completado. Assinado o alvará de soltura, Marlene saiu às ruas com a roupa do corpo. Atravessou o largo General Osório acompanhada por sentimentos contraditórios: satisfação por estar fora das grades, tristeza por não ter ganhado despedida na escadaria. E mais tristeza por perder as telas que pintara na Torre. Já tinha perdido dezoito trabalhos na época da prisão, apreendidos pelo DOI-Codi e jamais devolvidos: "Eram telas que pintei em Santa Catarina, uma delas sobre a pesca de camarão na lagoa do Imaruí, em Laguna".

O improviso operava milagres na recuperação da professora Lenira Machado, que mal conseguia se movimentar quando chegou à Torre, em 16 de setembro de 1971. Instalada na cela à esquerda do térreo, ela começava a rotina de tratamento com um apetrecho montado a partir de uma casinha de cachorro de madeira. A obra era do arquiteto e artista plástico Sérgio Ferro, preso na ala masculina do Tiradentes.[20] Engenhoso, Ferro retirara o piso e a parede dos fundos da casinha de cachorro, que virou um meio cilindro, com as duas extremidades abertas. Com a parte interna revestida por resistências elétricas, a casinha fazia as vezes de um tradicional equipamento terapêutico, o forno de Bier.

Deitada na parte de baixo de um beliche, Lenira contava sempre com a assistência de Eliana Rolemberg para colocar o forno de Bier sobre seu corpo e ligar a tomada. O calor gerado pelas resistências amenizava a dor e preparava Lenira para a segunda etapa da fisioterapia: uma mesa de tração instalada na carceragem, a parte anterior do presídio. A entrada do equipamento no Tiradentes e a permissão para usá-lo eram mérito dos advogados Belisário dos Santos Júnior e Maria Regina Pasquale. A mesa de tração, que Lenira chamava de cama elástica, fora feita por encomenda por Elza Lobo, que tinha deixado a Torre no final de setembro de 1971.[21]

As duas se conheciam da militância política e de eventos culturais, antes mesmo do golpe de 1964. Dias antes de Elza sair em liberdade condicional, Lenira chegou, com uma lesão na coluna e dores lancinantes. Com a colaboração de sua rede de contatos, Elza acompanhou à distância a agonia da amiga, levada com certa regularidade para tratamento no Hospital das Clínicas, sempre acompanhada por uma escolta do Dops. Na instituição, Lenira era muito bem recebida: "Um médico judeu que tinha passado pelo nazismo e era responsável pela ala de crianças com paralisia me tratou com muito carinho. Um ser maravilhoso, que me fez andar de novo".

Só que um dia o Dops suspendeu a escolta encarregada de levar a professora para o hospital e o tratamento teve de ser interrompido. Elza entrou em ação. Conseguiu com o médico do Hospital das Clínicas um croqui da mesa de tração e encomendou a peça a um marceneiro. Como as mesas antigas que têm duas partes móveis e podem ser aumentadas ou diminuídas, o aparelho permitia ao médico-preso Rubens Bergel fazer pequenas manobras terapêuticas, como lembra Lenira: "Cada dia ele aumentava um pouquinho a abertura, afastando os dois lados, para a minha coluna voltar aos poucos para o lugar".

O problema é que a professora precisava ficar imóvel, com os braços, as pernas e o meio do corpo atados por correias de couro: "Eu morria de medo, por causa da tortura". Presa por militar no Partido Revolucionário dos Trabalhadores (PRT), organização criada no final de 1968 a partir de uma dissidência da AP, Lenira crescera sabendo dos riscos que corria devido às opções ideológicas. Filha de um antigo quadro do Partido Comunista que perfilou entre as lideranças das Ligas Camponesas, ela deveria inclusive chamar-se Lenina, em homenagem ao revolucionário russo Lênin.²² Virou Lenira porque nasceu em 1940 e o cartório se recusou a registrar Lenina, por temor ao Estado Novo implantado por Getúlio Vargas. Com essas raízes e uma trajetória coerente com a da família, não era de surpreender que ela tivesse passagens pelo Dops de São Paulo desde o começo da década de 1960. Nada tão arrasador quanto a última prisão, aos trinta anos, junto com o marido. Depois de dois dias nos domínios do delegado Fleury, Lenira foi mandada para o DOI-Codi. Um policial de cabelo comprido e crucifixo no peito, que se apresentava como J.C., avisou: "Eu sou Deus. Sou Jesus Cristo. Tenho o poder da vida e da morte". E mandou que ela tirasse a roupa. Lenira se recusou a cumprir a ordem e teve toda a roupa rasgada.

Na primeira sessão de choques, ela conseguiu liberar uma das mãos e tocou J.C., que estava encostado em um dos lados do cavalete do pau de arara. Ao receber um choque por tabela, o policial se desequilibrou, bateu o rosto no lado oposto do cavalete e foi parar no Hospital Militar. Medicado, o torturador voltou à ativa no mesmo dia. Com Lenira dependurada, ele pegou uma das extremidades do cano do pau de arara enquanto outro homem segurou o lado contrário. Eles suspenderam a barra, J.C. contou até três e os dois soltaram o cano em direção ao chão. A queda brusca lesionou a coluna de Lenira, que ficou com o lado direito do corpo quase todo paralisado.²³

"Esse torturador que usava o nome de Jesus Cristo me aleijou", diz Lenira. Apesar da lesão, ela continuou mais 45 dias na rua Tutoia, submetida a frequentes interrogatórios. Em uma madrugada, chegaram a levá-la para o Hospital Militar, onde aplicaram uma injeção de morfina e a carregaram de volta. Como suas roupas tinham sido rasgadas, Lenira vestia apenas o casaco de frio e o lenço de pescoço, que escaparam da selvageria.

No DOI-Codi, requintes de tortura também pesaram contra seu marido, Altino Dantas Júnior, militante do PRT, que chegou a testemunhar a morte sob tortura de um líder sindical, mais tarde incluído na lista de desaparecidos políticos do Brasil.²⁴ Acusado de participar de ações armadas, Altino estava na mira da repressão desde os tempos de líder estudantil, em 1965. Como se fosse pouco, era filho de um militar, o general reformado Altino Dantas.

O general bem que tentou aliviar a barra para o filho e a nora, mas não teve sucesso. No período em que Lenira se tratava no Hospital das Clínicas, ele procurou inclusive a equipe médica, pedindo que a mantivessem no Instituto de Ortopedia, também sem sucesso. A iniciativa foi detectada por arapongas do Dops e virou objeto de um informe difundido para toda a comunidade de informações, em fevereiro de 1972.[25] Pelo informe, o general teria classificado Lenira como "comunista convicta", que precisava ser afastada do "ambiente nocivo" do presídio, lugar "ideal para reuniões políticas".

Lenira não soube da espionagem nem do embuste em torno da tentativa do sogro de interná-la para tratamento no hospital. Informes com distorções da realidade não faltavam nos documentos oficiais. Mentiras também eram enviadas a integrantes da organização Anistia Internacional de diferentes partes do mundo que apelavam em favor de prisioneiros políticos no Brasil. Embora a censura fosse acirrada, denúncias com os nomes de pessoas torturadas, desaparecidas ou mortas pela repressão circulavam por caminhos tortuosos e acabavam chegando a instituições estrangeiras.

No caso de Lenira, pelo menos duas cartas enviadas pela Anistia Internacional na Alemanha foram respondidas. A primeira foi escrita em 23 de maio de 1972 por Ilse Prilop, integrante da organização em Hannover, que clamava pela libertação da presa política, porque "uma mulher que teve e tem de suportar tal sofrimento indescritível deve receber alívio". O diretor do Tiradentes encaminhou a carta para Romeu Tuma, delegado titular do Serviço de Informações do Dops. Sem considerar que Lenira jamais participou de ação armada, o diretor-geral de polícia do departamento, Lúcio Vieira, respondeu em 13 de junho de 1972: "Ela é culpada de participar de atividades subversivas e terroristas, assaltar bancos, matar e ferir cidadãos pacíficos".[26]

O tom foi ainda mais politizado em missiva do dia anterior, quando o mesmo delegado respondeu a E. Rohrer, da Anistia Internacional em Bielefeld.[27] Depois de dizer que respeitava a indignação de Rohrer, o delegado garantiu que ela se baseava em informações falsas. Na sequência, defendeu o direito de reagir a "terroristas" que "assassinem friamente" e questionou as motivações do integrante da Anistia Internacional: "Espero que sua dialética não seja comunista, pois para esta a verdade é mentira e a mentira é a verdade". Antes de se despedir, o delegado reiterou a versão de que havia um complô contra o país no exterior: "A propaganda contra o Brasil é fruto da inveja de nosso progresso, que maus brasileiros queriam impedir a qualquer custo, para sermos presas fáceis do comunismo internacional".

Pequenina e cheia de energia, a estudante Rioco Kayano levou para a Torre notícias de um combate que não existia para o resto do mundo. Acontecia muito longe, na região conhecida como Bico do Papagaio, na junção dos rios Tocantins e Araguaia. Desde 1966, o PCdoB vinha estabelecendo militantes na área, para que se misturassem à população. Somavam 69 mulheres e homens,[28] que circulavam por uma área de 6,5 mil quilômetros quadrados.[29] A meta do partido era preparar uma guerrilha em segredo, a partir de núcleos rurais, como na guerra popular da China.

Rioco tinha deixado para trás o curso de letras na USP e seguia rumo ao embrião da guerrilha quando foi presa, em 14 de abril de 1972, onze dias depois de completar 24 anos. Estava em Marabá, no Pará, bem próximo da área onde os militantes do PCdoB viviam em casas rústicas, distantes umas das outras, no meio da mata. Infiltrados no Araguaia, eles aprendiam sobrevivência na selva, prestavam serviços de saúde, promoviam cursos de alfabetização e participavam de mutirões de plantio e colheita.[30]

O projeto do PCdoB era tão secreto que a própria Rioco embarcou às cegas em um ônibus, em São Paulo, ao lado da dirigente Elza Monnerat, uma quase sexagenária de aparência insuspeita para os militares: "Ela estava me levando para o lugar. Eu nem sabia que era o Araguaia". As Forças Armadas também mantinham em segredo a ofensiva contra a guerrilha, iniciada dois dias antes de Rioco chegar a Marabá. Cinco meses depois, as manobras tinham mobilizado mais de 3 mil homens, rotativamente, sem que o Brasil tomasse conhecimento.[31]

Na imprensa censurada, saía o que interessava ao regime. Nos 150 anos da independência, o traslado dos restos mortais de dom Pedro I ajudou a exaltar o patriotismo. O general-presidente Médici esteve à frente da cerimônia, assim como os Dragões da Independência. O cortejo com o esquife atravessou a cidade de São Paulo até a cripta sob o Monumento à Independência, no bairro do Ipiranga, como destacaram os jornais da quinta-feira 7 de setembro de 1972. Vieram restos mortais, mas o coração ficou em Portugal, preservado em formol.[32]

Sempre antenada no noticiário, Cidinha, uma das meninas que recebeu Rioco na Torre, ficou impressionada com a eficiência dos militares em divulgar alguns fatos e sufocar outros: "Todas as organizações tinham planos de implantar uma guerrilha rural, mas não sabíamos que o PCdoB estava naquela área. Muito menos que estava sendo atacado pelo Exército". Rioco só conseguiu traçar o cenário para as colegas de cadeia porque reunira informações nos interrogatórios e em outras prisões por onde passara.

"Primeiro me mandaram para uma unidade militar da Marinha, em Belém do Pará. Depois, para um quartel do Exército em Brasília", lembra Rioco. "Demoraram para me mandar para São Paulo." Foram tempos brutais. O DOI-Codi comandado pelo major Brilhante Ustra chegou a liberá-la para interrogatório no Dops no dia 29 de agosto de 1972. Fez, porém, uma ressalva: "Informo-vos que Rioco, após ouvida, deverá retornar ao DOI. Para tanto a escolta que a conduz aguardará neste Departamento".[33]

Liberar o interrogatório de Rioco no Dops era a primeira fase da remoção de presas que Brilhante Ustra segurara por meses a fio na rua Tutoia. Na mesma sexta-feira em que Rioco foi transferida — 8 de setembro —, quatro outras mulheres associadas a ações armadas deixaram o DOI-Codi rumo à construção centenária. Tinham entre dezenove e 27 anos. Duas atuavam no Movimento de Libertação Popular (Molipo), uma dissidência da ALN: as estudantes Marcia Aparecida do Amaral e Mari Kamada. Da própria ALN foram Darci Toshiko Miyaki e Eliane Potiguara Macedo Simões, que havia sido baleada no momento da prisão.[34]

Três dias depois, chegou Linda Tayah, aumentando para 23 o número de meninas trancafiadas na Torre.[35] Trazia no colo o filho José Milton, de apenas quinze dias. A chegada do recém-nascido eletrizou a cadeia, deixando em segundo plano o desalento provocado pelo aniquilamento das organizações e pelas incertezas quanto ao futuro. "Todo mundo ficou emocionado", lembra Cidinha. "De alguma maneira, todas tentaram agradar mãe e filho, embora as condições materiais fossem precárias."

Das presas naquele momento, apenas quatro vivenciavam a experiência da maternidade. Fanny tinha criado quatro filhos, três deles presos como ela. O caçula, Irineu, ainda vivia com a tia, no Rio. Zoraide, aquela que resistiu com louvor na greve de fome, era mãe da pequena Beatriz, que a família conseguira resgatar da casa de um juiz, em Belo Horizonte. Lenira, que tentava amenizar as dores na coluna com o forno de Bier, pensava o tempo todo no filho, o menino Aritanã, entregue aos cuidados dos avós paternos.

A socióloga Eleonora Menicucci, na Torre havia dez meses, mantinha na cela uma coleção de desenhos da filha Maria.[36] A menina estava com um ano e dez meses quando foi capturada junto com a mãe, em julho de 1971, e passou mais de uma semana desaparecida. Depois de entregue pela repressão à avó e às tias maternas, Maria tomava o "ombus", como ela se referia ao transporte que a levava de Belo Horizonte para as visitas regulares à mãe, durante as quais às vezes costumava se distrair com papel e lápis de cor.[37]

Embalada pelas lembranças de Maria, Eleonora se encantou com a figura de José Milton: "Fizemos até um bercinho para ele". A mãe do bebê, Linda, não sabia que estava grávida quando levou um tiro e foi presa, junto com o companheiro José Milton Barbosa, no começo de dezembro de 1971, durante tentativa de escapar de uma blitz. Com uma bala alojada na fronte esquerda, passou por acareação no DOI-Codi e só depois foi encaminhada para cirurgia. Na volta do hospital, soube que o companheiro havia morrido.

Três semanas depois, ainda em dezembro, Linda se deu conta de que José Milton Barbosa morrera sem saber que seria pai: "Comecei a sentir os sintomas da gravidez". Um exame feito no próprio DOI-Codi confirmou a gestação, mas não aliviou a tortura.[38] Nas sessões, ameaçavam fazê-la abortar.[39] Depois que a fase de interrogatórios passou, quando a barriga de Linda já estava despontando, ela continuou na rua Tutoia. Em vez de mandá-la para o Dops, como ocorria em geral com os presos, Brilhante Ustra resolveu que ela continuaria sob sua guarda. Como senhor absoluto de destinos e com a cumplicidade da Justiça Militar, o major decidiu o mesmo em relação a Marcia, Mari, Eliane, Darci e Rioco, a última a ser incorporada ao grupo.

Na realidade, estavam todas sequestradas. E assim continuaram nos meses seguintes. O mandado de prisão de Linda só foi expedido pelo juiz Nelson Guimarães no dia 3 de agosto de 1972, quando ela entrava no nono mês de gravidez. Ainda assim, Linda seguiu no DOI-Codi outros 25 dias. Saiu direto para o Hospital das Clínicas, onde horas depois deu à luz o pequeno e saudável José Milton. Mais catorze dias internada no hospital e Linda foi mandada para a Torre, onde suas cinco companheiras tinham acabado de se instalar.

Pela velha construção já havia passado um bebê em outubro de 1970, em uma temporada que não durou mais do que uma semana. A mãe do pequeno Mauro Ernesto nem chegou a ser denunciada na Justiça. Com o filho de Linda a situação era outra: devido à acusação de participar de ações armadas e a um processo que tramitava no Rio, ela não deveria ser libertada tão cedo. Linda não sabia, mas no documento enviado à Justiça Militar comunicando a transferência para o Tiradentes, um coronel antecipou medidas futuras: "Torna-se necessário que criança e mãe permaneçam juntas por mais algum tempo para, posteriormente, serem separadas".[40]

A presença do recém-nascido mudou a rotina das presas, como comenta Nadja, aquela que tinha sido presa com dois coquetéis molotov na bolsa: "Todo mundo paparicava o bebezinho". Décadas depois, Rioco ainda se lembrava do monte de fraldas dependuradas em varal improvisado: "Achava normal, mas agora penso no absurdo da situação". Na época, a própria Rioco não demorou a se adaptar à Torre, até pela alegria de ter saído do DOI-Codi. Ajudou também o fato de ter reencontrado uma amiga dos tempos do movimento estudantil, de origem nipônica como ela: Nair Kobashi. Com a polícia política em sua cola desde 1967, Nair precisou submergir logo depois da decretação do AI-5, em 1968, mas continuou a militância no PCdoB.

"Eu dava sorte", diz. "Sempre que eles chegavam em algum lugar atrás de mim, eu tinha acabado de sair." Ela estava em São Paulo, vinda de uma viagem ao Paraná, quando a sorte falhou. Presa em abril de 1972, Nair chegou à Torre dois meses antes de Rioco. Acostumadas à disciplina desde pequenas, elas logo se encaixaram na escala de trabalho montada ainda nos primórdios do coletivo. Formavam uma eficiente dupla na cozinha e entrelaçavam muitas linhas.

Em relação aos fios, Nair deu os primeiros passos: "Não era muito boa, mas desenvolvi a habilidade de bordar, tricotar e fazer crochê". Rioco fez uma volta ao passado: "Resgatei minha história com o bordado, que tinha aprendido com minha mãe e na escola. Tinha uma cota diária para bordar camisetas, que eram vendidas para gerar renda para as famílias mais necessitadas. Eu fazia muito mais do que a cota, em um dia bordava uma camiseta. E fazia muito tricô".

Rioco também bordaria a bata que uma de suas irmãs, Yuko, usou para se casar: "Bordei flores, bem coloridas. Bata estava muito na moda". Yuko, conhecida fora da família Kayano como Rosa, e Noriko, a irmã mais velha de Rioco, não apenas compareciam nos dias de visita como uma vez arriscaram o pescoço, levando cachaça para dentro do presídio. Com seringas, esvaziaram garrafas de água mineral e substituíram o conteúdo por aguardente. Rioco nem bebia, mas adorou a surpresa: "Sensação de vitória, de driblar a repressão".

Quanto à guerrilha do Araguaia, persistia a falta de informações. Era como se os combates travados no Bico do Papagaio não acontecessem. Só no final do ano foi que chegou à Torre uma notícia: a enfermeira Crimeia Schmidt de Almeida, que vivera três anos e meio na região, infiltrada pelo PCdoB, tinha sido presa em São Paulo. Enviada para restabelecer a ligação com a direção do partido e tratar da saúde, estava grávida de sete meses. Torturada no DOI-Codi, seria mandada depois para o mesmo batalhão do Exército em Brasília onde ficara Rioco.[41]

Cidinha estava presa havia mais de três anos e dois meses quando uma carcereira chegou com a boa notícia: o advogado José Carlos Dias tinha telefonado, avisando que o alvará de soltura dela fora expedido pelo juiz Nelson Guimarães, da 2ª Auditoria da Justiça Militar. Era só uma questão de tempo para o diretor do presídio ser avisado e abrir-lhe o portão que dava para a avenida Tiradentes. Passou um dia, passaram dois, três dias e nada de a decisão judicial ser cumprida. Cidinha controlou a ansiedade até que, uma semana depois, chegou uma ordem inesperada:

— Arrume suas coisas porque você vai para a Operação Bandeirante — disse outra carcereira, usando a antiga terminologia para DOI-Codi, como era comum mesmo entre os presos políticos.[42]

O susto foi grande. Fazer o que no centro de torturas? Sem nenhuma margem para negociar, Cidinha conseguiu apenas deixar seus pertences na Torre. Se não voltasse para buscar, as meninas dariam um jeito de avisar o advogado. Quanto à ordem em si, não havia como questionar. Em vez de sair do presídio pelo portal da avenida Tiradentes, como imaginara, ela foi embora dentro de um camburão do Dops, pelo portão lateral do prédio, na rua Ribeiro de Lima, defronte ao Jardim da Luz.

Escurecia quando Cidinha entrou na construção de dois andares no bairro do Paraíso. Pensou na incoerência dos nomes. Saíra do Tiradentes, presídio batizado com o nome de um mártir da liberdade, e chegava ao inferno, instalado em um bairro chamado Paraíso. Olhou de relance a escada que levava às salas de interrogatório antes de entrar na salinha térrea para a qual era conduzida. O mesmo basculante, a mesma mesinha que estavam ali quando entrou pela primeira vez, em setembro de 1969.

Ficou em pé, em frente à mesa, do lado esquerdo de um militar em trajes civis, o mesmo que acompanhara as torturas infligidas contra ela. Só mais tarde o identificou como o capitão Maurício Lopes Lima. Outro militar sem farda sentou na ponta da mesa, meio na diagonal, balançando com a mão uma folha de papel. Contrariado, sacudia o papel em movimentos cadenciados, fortes. Era a primeira vez que Cidinha estava diante daquele homem, mas, pelas descrições feitas por companheiros em diferentes momentos, intuía de quem se tratava.

"Estou aqui com seu alvará de soltura. Por mim você ficaria presa para sempre, não sairia nunca", disse o militar, esticando o braço e balançando o papel na altura do rosto de Cidinha. "Vou assinar porque sou obrigado, veio do Superior Tribunal Militar. Mas não se esqueça. Se você cair na besteira de se ligar ao seu pessoal de novo, não vai ter uma segunda chance. Vai ficar caída na calçada, com a boca cheia de formiga."[43] Nesse momento Cidinha se imaginou caída, não em uma calçada, mas em um terreno baldio, como eram encontrados os corpos de vítimas do Esquadrão da Morte.

Sem parar de balançar o alvará, o militar ainda perguntou: "Entendeu bem?". Como resposta, Cidinha só olhou para o chão. Levantou o olhar a tempo de vê-lo virar o papel e assinar no verso: Carlos Alberto Brilhante Ustra. Logo abaixo da assinatura com caligrafia esparramada, estava datilografado o nome dele, a patente (major) e o cargo (comandante do DOI). Tratava-se do certificado de cumprimento do alvará de soltura, datado de 7 de dezembro de 1972.[44] "Depois de fazer as ameaças e assinar o papel, ele me mandou esperar do lado de fora", conta Cidinha.

Passados alguns minutos, o militar saiu da sala e perguntou à presa que ele libertava a contragosto se ela tinha para onde ir: "Quer dormir aqui e sair amanhã?". Ninguém normal deseja pernoitar em um centro de tortura, mas Cidinha não se atreveu a explicar isso para Ustra. Só respondeu que precisava pegar suas coisas na Torre. Depois, iria para a casa de uma tia materna, que morava em São Paulo. Seu pai, Patrocínio, havia sido libertado sete meses antes e voltado para a casa da família, em Ribeirão Preto. Era o que ela também pretendia fazer. Alvará não era sinônimo de liberdade?

Não foi tão simples. De viatura, ela foi levada ao presídio para pegar rapidamente a bagagem e retornar para o DOI-Codi. Sentada no banco de trás, entre dois homens, mas sem algemas, Cidinha perguntou a si mesma quando finalmente estaria livre. De volta à rua Tutoia, não foi liberada. Primeiro, o próprio Ustra se encarregou de telefonar para a casa da tia dela, a bioquímica Nezita. Soube que ela chegaria por volta das 22h, depois de encerrar o turno de trabalho em um laboratório de análises clínicas. Ustra avisou então que Cidinha teria de esperar pela tia no pátio, junto com um de seus homens.

Como escolta, apareceu "um senhor até simpático, bem vestido, com cabelos curtos", na lembrança de Cidinha. "Se não fosse o cabelo cortado à moda militar, poderia ser um policial federal." Várias vezes ele tentou puxar assunto, mas Cidinha se recusou a dialogar: "Eu não tinha assunto nenhum para conversar com ele". Sob o impacto da ameaça feita por Ustra, ela tentava entender por que não tinha sido solta direto para a rua. O procedimento habitual não envolvia escala no DOI-Codi.

Já não havia movimento no pátio quando Ustra saiu do prédio dizendo que ia receber alguns empresários, para uma reunião, e apontou para ela: "Você fique aí". Pouco depois, o portão da guarita se abriu e entrou um grupo de cinco, seis homens. Deviam ser quase 21 horas. Como circulavam entre a esquerda informações sobre empresários financiando o centro de tortura, Cidinha se esforçou para enxergar a fisionomia dos homens: "Só que o pátio era escuro e a luz que ficava em cima da guarita era muito forte, batia direto no meu rosto".

Alguns dos empresários estavam de terno, outros vestidos de forma casual. Cidinha conseguiu ver melhor um deles. "Tinha os cabelos brancos, usava uma gravata vermelha, um paletó escuro e calça jeans. Trazia uma pasta nas mãos", lembra. "Parecia ser o mais velho do grupo e tinha os cabelos curtos, assim como os outros, mas não era um corte militar. Era um curto que todo mundo usava." Ustra fez questão de mostrar Cidinha ao grupo, como ela registrou na memória: "Esta está saindo hoje. Já conversamos. Está preparada para não repetir as mesmas coisas, não é, Maria Aparecida?". Ninguém falou mais nada.

Nezita demorou para buscar a sobrinha. Antes de sair de casa, pediu que um vizinho a acompanhasse. Era um juiz classista, como são chamados os juízes não togados que os sindicatos indicam para mandatos temporários na Justiça do Trabalho. "Querendo ou não, dá um certo respeito", comentou Cidinha décadas depois. "Eles chegaram em torno da meia-noite." Avisado, Ustra apareceu no pátio e entregou Cidinha a Nezita, mas não repetiu nenhuma ameaça. Voltou em seguida para dentro do prédio.

Começava a madrugada, mas os empresários continuavam no centro de tortura. Embora intrigada com a presença deles naquele lugar, Cidinha respirou aliviada. Queria logo reencontrar a família. Sabia que o pai, libertado do Tiradentes em meados de maio, reassumira sem problemas o antigo ofício de raspar e passar sinteco em tacos de madeira, mas se atormentava com o fato de a filha ainda estar aprisionada. Assim que Ustra virou as costas, Cidinha pegou a velha malinha cinza com debrum azul que pegara na Torre, ajeitou no ombro a bolsa de barbante que tecera meses antes e saiu sem olhar para trás.

Não demorou uma semana para Eliane Potiguara, uma das que tinham sido baleadas no momento da prisão, escrever para Leane sobre a libertação de Cidinha, uma das presas que passaram mais tempo na Torre. Naquela altura, Leane tinha sido transferida para Porto Alegre, junto com Léia e Celeste, que também respondiam a processos na capital gaúcha. Durante o dia, as três até se encontravam no pátio da Penitenciária Feminina Madre Pelletier. Assim que escurecia, elas eram separadas e trancadas em solitárias. Leane não tinha entrado em detalhes sobre as novas condições carcerárias, mas mandara uma carta, pedindo notícias.

"O Mico foi pra rua", celebrou Eliane, referindo-se à Cidinha pelo apelido que ela ganhara ainda em novembro de 1969, por ficar agarrada às grades, tentando descobrir o que se passava do lado de fora. "E já escreveu pra Torre contando o que tem feito. Ela foi a um casamento de vestido longo e um sapato de salto de oito centímetros. Foi a uma boate e para dançar teve que botar dois uísques e duas cubas pra dentro." Cuba-libre, diga-se de passagem, era um drinque que elas só sonhavam em degustar.

Eliane contou ainda que escrevia ouvindo o compositor argentino Astor Piazzolla, na virada do dia 21 para o 22 de dezembro. Não havia perspectiva para a sua própria soltura, mas os beliches da Torre ficavam cada dia mais vazios. Zoraide tinha acabado de sair. Márcia Mafra e Robêni começavam a se preparar para o julgamento delas, marcado para 18 de janeiro de 1973. Precisavam estar com o moral elevado e boa aparência para encarar o juiz Nelson Guimarães. No mesmo dia, Linda teria uma audiência na Justiça Militar do Rio.

Do presídio em Porto Alegre, Leane também se correspondia com Mércia. Pouco depois de receber notícias da Torre, ela escreveu, contando que recebera liberdade condicional, em audiência acompanhada pelo companheiro, Otacílio.[45] Teria apenas que comparecer uma vez por mês

à Auditoria Militar da capital gaúcha. Quando pediu para cumprir a determinação em São Paulo, o juiz foi sucinto:
— Para estudar filosofia? Só se este rapaz casar com você.[46]

Enfim, na manhã do sábado 24 de fevereiro de 1973,[47] Leane e Otacílio saíram direto de um cartório paulistano, com a certidão de casamento em mãos, e se postaram em lugar previamente combinado. Leane usava um vestido de seda verde-bandeira de caimento perfeito, que o sogro alfaiate confeccionara às pressas. Na Torre, Mércia se emocionou: "Cena inesquecível". Tinha combinado observar o casal pela mesma fresta da janela que Ilda, esposa do primeiro desaparecido político brasileiro, usou em dezembro de 1969 para acenar com um canudo de jornal para os quatro filhos pequenos, posicionados pela família na esquina.

Mércia não se cansa de lembrar do Carnaval de fevereiro de 1972. O disco por pouco não furou. Quando a agulha da vitrola tinha rodado todas as duas faixas do lado A, alguém a colocava de novo no começo do compacto *O Carnaval de Caetano*. O frevo "Chuva, suor e cerveja" fazia sucesso na Torre, assim como no resto do país.[48] Todo gravado durante o exílio londrino de Caetano Veloso, o compacto contagiou tanto que as meninas resolveram promover uma festa no sábado de Carnaval, com direito a fantasia. A ideia era pegar o material que estivesse à mão e deixar a criatividade aflorar.[49]

Do alto de seu 1,72 metro,[50] Cristina, a Tupamara, arrasou com uma fantasia que remetia à sua origem estrangeira: "Gringa em Copacabana". Vestia um short bem curto, estampado, e uma blusa com estampa diferente. Calçou sandálias com meia soquete, colocou uns óculos escuros enormes e dependurou uma bolsa no ombro. "Ficou divertida e linda", diz Mércia. "Tupamara era bem latina. Tinha formas sensuais, bem diferentes da maioria de nós, brasileiras, magras e sem peito."

A própria Mércia se fantasiou de espantalho, embora não tivesse nenhuma experiência com plantações e vida no campo. A inspiração veio dos objetos que encontrou pela frente: "Aproveitei sacos de juta que estavam por lá e coloquei um cabo de vassoura na horizontal, atrás das costas". Saco de juta também foi a matéria-prima escolhida por Ana Bursztyn, que estava presa havia mais de dois anos, tinha outro tanto de condenação pela frente e ainda sofria com os rins estropiados na tortura. Batizou a fantasia como "De saco cheio".

Celeste apostou em "Sonho de uma solteirona". Vestindo uma camisola modesta e recatada, apareceu com o cabelo enrolado em bobes enormes, com um rolo de macarrão nas mãos. Carnavalesca desde criancinha, Mércia foi quem guardou maiores recordações da festa. Nascida em Maceió, tinha mudado com a família para São Paulo ainda pequena, aos quatro anos, quando o pai pediu transferência ao Banco do Brasil. Estava em busca de recursos médicos mais avançados para cuidar do primogênito, José como ele, acometido por uma distrofia muscular.

A mudança não rompeu os vínculos com Maceió, para onde a família viajava nas férias. Mércia aprendeu a dançar o frevo. Tocador de cuíca, seu José também passou para a filha o gosto pelo Carnaval. Em São Paulo, acompanhavam os desfiles das escolas de samba do Rio pela televisão: "Todo ano eu me fantasiava. Víamos o desfile e atribuíamos nota a cada escola". Continuou ligada à festa depois de presa, aos 24 anos, na condição de dirigente do POC: "Eu era de fato direção, mas pelas circunstâncias, pois os dirigentes tinham saído do país. Na prisão, decidi ser apenas Mércia".

Quando a trilha sonora da cadeia entrou em sintonia com a folia, dezenas de presas políticas já haviam passado pelo presídio. Naquele momento, elas eram 26 mulheres. Destas, nem todas entraram no clima. Maria de Lourdes Rego Melo, a Lurdinha, sequer comentou que tinha sido próxima do compositor que sacudia a Torre. Nem que estivera a ponto de conquistar o apoio logístico de Caetano Veloso para a ALN, como ele revelaria décadas depois, ao escrever em uma coluna de jornal que "esse esboço de participação era um segredo entre mim e Lurdinha, minha valente e íntegra colega de faculdade".[51]

Nascida em Salvador, Lurdinha estudou na mesma turma de Caetano no curso de filosofia da Universidade Federal da Bahia. "Várias vezes ela foi me buscar em casa, fazendo arrancarem-me da cama às pressas, para que eu não perdesse uma prova", registrou Caetano. "Ela era comunista e olhava com benevolência meu jeito boêmio." Se Lurdinha também olhou com benevolência a folia das companheiras, a lembrança se perdeu no tempo. Sua marca na Torre era a sobriedade.

Braço direito de Câmara Ferreira, que sucedeu Marighella no comando da organização, Lurdinha tinha sido presa aos 28 anos, em outubro de 1970, junto com o economista Maurício Segall, filho do pintor Lasar Segall e marido da atriz Beatriz Segall. Foram levados para um sítio que funcionava como centro clandestino de tortura do delegado Fleury, onde também estava sequestrado o líder da ALN. "Lurdinha falava pouco, mas contou que na tortura Toledo foi perguntado sobre a pressão arterial dele e respondeu que era baixa", lembra Cidinha, referindo-se a Câmara Ferreira pelo codinome.

Fleury só perguntara sobre as condições de saúde do dirigente, então com 57 anos, porque queria mantê-lo vivo para arrancar a maior quantidade possível de informações. Câmara Ferreira decidiu, porém, pela própria morte. Deu informação contrária sobre sua pressão. O coração não suportou quando aumentaram a voltagem dos eletrochoques.[52] Chegaram a levar um médico para o sítio, batizado de Fazenda 31 de Março em homenagem ao golpe de 1964, mas não havia o que fazer. Junto com Maurício Segall e outro preso, Lurdinha foi transferida para o DOI-Codi no dia seguinte.[53]

Um ano e quatro meses depois da morte de Câmara Ferreira, Lurdinha ocupava um beliche do celão, sem fazer alarde sobre a sua atuação na esquerda, primeiro no Partido Comunista, em Salvador, e depois na ALN, em São Paulo. Para as companheiras, não contou detalhes prosaicos, como a encomenda que Marighella lhe fizera no começo de 1969: uma peruca e um bigode postiço. Nem falou sobre missões de grande responsabilidade, cumpridas em viagens a Cuba, percorrendo a rota dos clandestinos, que passava por Praga, no Leste Europeu, para chegar à ilha caribenha. Também não revelou que o nome de Cidinha estava em uma lista de presos a serem trocados em um futuro sequestro de diplomata, apreendida pela polícia no aparelho que ela dividia com Câmara Ferreira.[54]

No Carnaval de 1972, portanto, Lurdinha manteve a discrição. Nos festejos do ano seguinte, ela já estava fora da Torre, em liberdade condicional. Quem ficou não teve muito como comemorar. Uma semana antes do sábado de Carnaval, a entrega dos jornais foi suspensa, assim como as visitas. Encomendas deixadas na portaria também não chegavam às destinatárias. Ficavam armazenadas, esperando que a direção do presídio desse uma segunda ordem. "Fechou tudo", diz Cida Costa. "A gente não sabia o que estava acontecendo, mas sentia que era algo pesado."

Uma noite, Márcia Mafra transmitiu à Cida Costa a notícia recebida da ala masculina: um comando guerrilheiro havia matado no Rio o delegado Octávio Gonçalves Moreira Júnior, o Otavinho, de 34 anos. Cida gelou. Eles tinham sido contemporâneos na Faculdade de Direito do Largo São Francisco. Nos embates ideológicos estudantis, ocupavam posições opostas. "Eu sabia que ele era de extrema direita, discutíamos sempre", diz Cida. Depois de formada, ela passou a levar vida dupla. No dia a dia, se desdobrava entre o trabalho como advogada e a atuação em um grupo armado da ALN.

Otavinho, que integrara o Comando de Caça aos Comunistas (CCC) na faculdade, se destacava em uma equipe de busca do DOI-Codi desde os tempos em que o centro de tortura se chamava Oban. Na manhã do domingo 25 de fevereiro, uma semana antes do Carnaval de 1973, ele estava a passeio no Rio, para onde viajava com frequência. De sandálias, bermuda e camisa clara, chegava com um amigo à esquina da avenida Atlântica com a rua República do Peru quando foi alvejado quatro vezes, a primeira delas pelas costas.

Mais de três anos antes, na quarta-feira 7 de janeiro de 1970,[55] Cida tinha encontrado Otavinho na mesma rua República do Peru. Ainda não existiam telefones públicos no Brasil.[56] Ela procurava um comércio do qual pudesse fazer uma chamada a cobrar e cumprimentar a mãe pelo aniversário, quando alguém a segurou por trás e deu voz de prisão. Com apenas 1,55 metro, ela se virou e reconheceu o antigo colega de faculdade, 25 centímetros mais alto. Pensou que fosse uma brincadeira de mau gosto. Entendeu que era para valer assim que Otavinho se referiu às Forças Armadas. "Ele não falou em Oban ou DOI-Codi. Disse que era do Exército", conta Cida.

A cena da prisão voltou-lhe à memória quando Cida recebeu a notícia do fuzilamento. Seria coincidência ter ocorrido na mesma rua em que ela fora presa? Não sabia, mas aquela era uma esquina familiar ao delegado, que se hospedava nas imediações, na casa de um tio. O lugar havia sido levantado pela guerrilha, na fase de planejamento do ataque, que causou enorme impacto entre os pares do delegado. De imediato, a repressão reforçou as medidas de segurança nos presídios, o que envolveu cortar todo contato entre a Torre e o resto do mundo.

Cida ficou extremamente preocupada: "Passei a noite conversando com a Márcia Mafra, imaginando que eles tomariam todas as medidas de represália. Entramos em um processo tão intenso que uma determinada hora decidimos parar, pois estávamos enlouquecendo". As conjeturas das duas faziam sentido. O fuzilamento de Otavinho desencadeou uma caçada a integrantes de organizações clandestinas. A partir da semana seguinte, dezenas de guerrilheiros e simpatizantes foram presos. Onze morreram em emboscadas ou sob tortura.[57]

Notícias das prisões e baixas de guerrilheiros demoraram para chegar à Torre. No Carnaval, que naquele ano caiu na primeira semana de março, tudo o que se soube dizia respeito à morte de Otavinho. Não havia clima para festa, mas Mércia decidiu acompanhar pela televisão os desfiles do Rio, ao lado de Eliane Potiguara: "Muita gente tinha sido libertada. Nós duas morávamos sozinhas numa cela para quatro pessoas, a menor do térreo". Para ver as escolas, elas requisitaram a televisão que circulava em rodízio pelas celas desde a Copa do Mundo.

Eliane bem que precisava de um alento. Baleada na cabeça enquanto tentava pular um muro para escapar do cerco ao aparelho em que vivia, ela chegara aos 23 anos com sequelas do impacto. As pernas teimavam em não obedecer a seus comandos. Esforçava-se para recobrar a mobilidade perdida desde o dia 18 de janeiro de 1972, quando fora capturada. Na cela, se encostava na parede e fazia exercícios sobre um caixote em desnível.[58] Tentava apoiar toda a planta dos pés na madeira, colocando as mãos em uma cadeira à sua frente.

Nascida no Rio, Eliane estava prestes a entrar na faculdade quando seu marido foi preso, em agosto de 1970. Por segurança, ela se mudou para São Paulo, onde atuava na clandestinidade, morando em aparelhos da ALN. Estava sozinha no último endereço que teve na cidade, no Bosque da Saúde, quando homens do DOI-Codi cercaram a casa.[59] O marido fazia parte do passado. Vivia no exílio, depois de integrar o grupo de setenta presos políticos banidos do país em troca do embaixador suíço Giovanni Bucher, sequestrado pela guerrilha.

Na Torre tensionada pelas medidas extras de segurança e o temor de represálias devido ao fuzilamento de Otavinho, Eliane e Mércia se desligaram da realidade intramuros por algumas horas, ao acompanhar os desfiles das escolas de samba pela televisão. "Eu já gostava de samba-enredo, mas aprendi a apreciar ainda mais com a Eliane", diz Mércia. "Ela conhecia tudo. E era Portela doente."

No Carnaval de 1973, a campeã do desfile na avenida Presidente Vargas foi a Mangueira, com o enredo "Lendas do Abaeté".[60] Repleta de referências às culturas indígenas e africanas, a escola retratou os mitos e seres encantados das águas do Abaeté, na Bahia.[61] Um bálsamo para quem está trancado em uma construção centenária, sem perspectiva de se integrar tão cedo à natureza. O enredo da Portela também deu asas à imaginação das duas companheiras de cela. Inspirado no poema de Manuel Bandeira "Vou-me embora pra Pasárgada", tinha como cenário um lugar que não se pode identificar.[62] É mais um estado de espírito, conquistado à base de sonhos e fantasias.

A comunicação entre as diferentes partes do presídio continuava acontecendo por meio de teresas, batidas na parede, papéis que atravessavam o buraco chamado Josefina, mensagens camufladas em lombadas de livros e onde mais fosse possível. Cartas despachadas pelos Correios também costumavam atingir o destino, depois de passar pela censura do Dops. Outro canal de comunicação formal eram as carcereiras e os carcereiros que circulavam de um lado a outro. Apostando na última opção, a socióloga Eleonora Menicucci escreveu um bilhete, dobrou a folha pautada e endereçou no verso: Laurindo Junqueira — X3 P2.[63]

Preso no Pavilhão 2, o físico nuclear Laurindo Junqueira dividia o xadrez 3 com o engenheiro Ceici Kameyama, o metalúrgico Diógenes Sobrosa, o cineasta Renato Tapajós e o estudante de física Clodoaldo Rodrigues Nunes. Capaz de inventar as mais diferentes engenhocas e criar gambiarras, Clodoaldo fazia jus ao apelido de Professor Pardal.[64] Além de montar o alambique onde produziam cachaça às escondidas, com laranjas, Clodoaldo consertava qualquer aparelho que lhe caísse nas mãos.

Um dos motivos do bilhete de Eleonora para Laurindo era avisar que mandaria dois rádios para o conserto, mas queria que Clodoaldo cobrasse pelo serviço, pois "a gasolina está em alta". O bilhete jamais chegou ao xadrez 3, situado no primeiro andar do Pavilhão 2, com vista para a avenida Tiradentes. Naquele começo de maio de 1973, a ala estava quase vazia, devido à contínua transferência de presos políticos para outros cárceres. Os presos comuns haviam partido no ano anterior, ficando só os encarregados dos serviços gerais e da distribuição de comida.

Os moradores da cela de Laurindo conviviam com um emaranhado de cobertores, panos, panelas, papéis, objetos particulares e de trabalho deixados para trás pelos transferidos. O regime dos outros presídios permitia apenas a posse de uns poucos produtos de higiene e uso pessoal. Eles sabiam das restrições, mas tinham uma dúvida: o Tiradentes estava mesmo para ser demolido? Para Laurindo, a pergunta começou a ser respondida em uma madrugada, quando ele acordou com um barulho surdo, vindo de longe, talvez de debaixo da terra.

Do alto do beliche que ocupava, o físico percebeu através das grades da janela de ferro que o barulho também colocara em alerta o guarda da muralha: "Com o fuzil calado, ele parou defronte de nossa cela, como se tentasse descobrir se a origem do barulho era a escavação de uma parede ou de um túnel". Não dava para conferir, mas o barulho surdo vinha das máquinas que rasgavam a avenida Tiradentes, para a construção da linha norte-sul do metrô, que começara com festa e foguetório em dezembro de 1968.[65]

Na Torre, situada mais ao fundo do presídio, não se ouviu nenhum ruído. Eleonora também não teve nenhum retorno do bilhete de dezenove linhas enviado a Laurindo no dia 4 de maio de 1973. O diretor Felipe Carone suspeitou da mensagem e mandou direto para o delegado Romeu Tuma, chefe do serviço de informações do Dops. Isso porque em um dos trechos, relativo à condenação recebida na Justiça Militar, ela comentou que "a história há de cobrar daqueles que a gente conhece". Em outro, disse que "a gente dinamiza a cadeia como pode" e avisou que pretendia terminar seu "último plano" até outubro daquele ano.

Eleonora precisou se explicar no Dops. Em depoimento, ela disse que não se referia a nenhuma pessoa em especial ao falar em cobrança da história. No futuro, declarou, seu idealismo poderia ser reconhecido. O mesmo valia para os ideais de Laurindo e do marido dela, Ricardo Prata Soares, que havia sido transferido para a Casa de Detenção. Esclareceu ainda que suspendera as visitas da filha Maria, para que a garotinha não visse os pais separados. Quanto a "dinamizar a cadeia", significava estudar. Para isso, estabelecera um plano de estudos com várias fases. Pretendia concluir a última etapa em outubro.

Ao rever o bilhete, encontrado pela autora nos arquivos da polícia política, Eleonora dá maiores detalhes do interrogatório: "Eles achavam que dinamizar a cadeia era levar o POC para dentro do presídio e fazer motim. Na verdade, era fazer leituras e discussões coletivas, preparar jantares, comemorar o Natal, o Carnaval". Quase cinquenta anos antes, o depoimento ao delegado Alcides Singillo seguia nessa linha quando o policial mais temido do Dops entrou na sala.

"Foi a primeira vez que vi Fleury", conta Eleonora. "Achavam que eu estava contando uma história da carochinha e chamaram o Fleury. Ele me deu um tapa tão forte que fiquei com as marcas dele no rosto." O significado do bilhete, porém, não tinha como ser mudado. Só quando se convenceu de que não existia nenhuma mensagem subliminar o delegado Singillo devolveu a missivista para o presídio.

Na Torre cada vez mais esvaziada pela concessão de liberdade provisória, o imbróglio com a mensagem virou motivo de troça. Eleonora lembra que, vira e mexe, alguma das meninas dava o alerta: "Cuidado, a Eleonora vai mandar um bilhete". Sinal de que tentativas de superar adversidades com algum humor continuavam, como nos tempos em que as celas estavam abarrotadas. O hábito de assistir televisão à noite, adquirido depois da Copa do Mundo, também persistia.

Quando chegou ao presídio, Rioco Kayano ficou impressionada em encontrar guerrilheiras assistindo novela: "Logo depois entrei nessa também, porque era uma forma de me distrair, um momento em que as pessoas ficavam juntas". Por aqueles dias assistia à novela *O Bem-Amado*, cuja trama girava em torno do prefeito Odorico Paraguaçu, um político demagogo e corrupto interpretado pelo ator Paulo Gracindo. Era o programa de tevê preferido de Nair Kobashi: "Tinha as irmãs Cajazeiras, apoiadoras de Odorico. Muito interessante. A gente dava risada".

O costume de virar a noite de sábado assistindo a filmes e à série *Jornada nas estrelas* também persistia na cela de Cida Costa e Márcia Mafra. Antigas espectadoras das viagens da nave estelar *Enterprise*, como Dilma Rousseff e Leslie Denise Beloque, já haviam descido a escadaria rumo ao Mundão. Leslie Denise em setembro de 1972.[66] Dilma três meses depois.

O bebê de Linda Tayah também não se encontrava mais entre as meninas: "Meu filho permaneceu comigo até quase o terceiro mês, quando fui chamada para 'responder' a um inquérito na Polícia do Exército, na rua Barão de Mesquita, no Rio de Janeiro, onde não permitiram que Miltinho ficasse comigo".[67] A família dela acolheu o garotinho. Depoimento prestado, Linda voltou para São Paulo. Ficou pouco tempo. Três dias depois de Eleonora despachar o bilhete para Laurindo, Linda foi removida para novo interrogatório no Rio.[68]

Quem continuou na Torre convivia com a expectativa da mudança iminente. Na hora do banho de sol já não se ouvia nenhum sinal de vida no corredor antes destinado às corrós. A pedagoga Walderês Nunes Fonseca, de 27 anos, chegara no final de 1972 e ficava incomodada com a situação: "Era como se a gente estivesse atrapalhando projetos importantes a serem feitos com o prédio. Éramos um empecilho. Tínhamos que desocupar para que derrubassem ou restaurassem, não sabíamos ao certo".

Walderês se apegava à leitura para desanuviar a mente. "Primeiro porque eu gostava de ler, depois porque tinha tempo para isso." Passou uma boa temporada decifrando as tramas de Guimarães Rosa em *Grande sertão: veredas*, um dos muitos livros herdados das meninas que haviam partido. Walderês precisava mesmo liberar a imaginação e abrandar dores do passado recente: "Eu tinha vivido situações terríveis. A Torre era um alívio. Permitia garantir a saúde, a lucidez".

Mineira de Nanuque, ela era viúva do guerrilheiro Eduardo Antônio da Fonseca, morto em uma emboscada em setembro de 1971. Eduardo estava entre quatro integrantes da ALN que tentaram tomar armas de soldados em torno de um jipe do Exército parado na rua, com aparente problema mecânico. Quando o grupo se aproximou, foi recebido a tiros por agentes do DOI-Codi escondidos em um caminhão tipo baú de uma empresa jornalística, estacionado nas imediações.[69]

Só a única mulher do grupo conseguiu escapar do cerco. Ana Maria Nacinovic não sobreviveu, porém, a outra emboscada preparada pelo DOI-Codi dez meses depois. Walderês, que era próxima de Ana Maria, submergiu ainda mais na clandestinidade, mas também acabou presa pelo DOI-Codi. No final de uma manhã, ela tomava água em um bar da Vila Mariana, ao lado do companheiro José Júlio de Araújo, quando ambos foram capturados e levados para o centro de tortura. José Júlio foi morto no mesmo dia, 18 de agosto de 1972.

Walderês passou mais de três meses entre o DOI-Codi e o Dops, antes de entrar na construção centenária que abrigava presas políticas desde maio de 1969: "Não conhecia ninguém, mas tínhamos muito em comum. Algumas estavam lá há muito tempo. Contavam histórias que tinham acontecido naquele lugar". Uma dessas histórias dizia respeito à paixão da professora Marily da Cunha Bezerra pela obra de Guimarães Rosa no período em que ficou na Torre, entre agosto de 1970 e abril de 1971.

Na verdade, Marily já tinha chegado encantada com Guimarães Rosa. Começara a ler *Grande sertão: veredas* no mês que passou escondida com o marido e os dois filhos pequenos em uma fazenda no Paraná. O retiro não tirou Marily e o marido, Regis, do foco da polícia política. Mal voltaram a São Paulo e foram presos, devido à atuação junto ao POC. As crianças ficaram com a família materna e não perdiam nenhum dia de visita. O mais velho tinha completado oito anos. A caçula era três anos mais nova.

No presídio superlotado da época, os dois encontravam os pais no pátio masculino. Marily sempre recebia os filhos com presentes, preparados no decorrer da semana, como o artista plástico Rodrigo Andrade se lembraria 52 anos depois: "Ela costurava bichos de feltro para nós. Ganhamos macaco, cachorro, leão, gato, vários bichos. Apesar de já ser grandinho, eu adorava. Minha irmã então, nem se fala".

Para o Natal de 1970, Marily passou semanas preparando um presente especial — uma versão para crianças, ilustrada, de *Grande sertão: veredas*, que Rodrigo recorda em detalhes: "Um livro com capa de couro, escrito à mão em papel grosso, com aquarelas. Um luxo". Uma das aquarelas traçava os caminhos percorridos pelo protagonista Riobaldo em meio a combates entre bandos de jagunços no sertão de Minas Gerais, Bahia e Goiás.

Rodrigo chegou a folhear o livro no pátio, com todo o cuidado. O garoto se encantou tanto com a obra que naquela visita o jogo de bola com filhos de outros presos políticos ficou em segundo plano. Planejava ler para a irmã assim que chegassem em casa. Foi barrado na vistoria da saída: "Apreenderam o livro. Os carcereiros eram grossos, estúpidos. Encanaram que o mapa poderia ser uma rota de fuga do presídio".

Rota de fuga só existia na imaginação daqueles que tinham o poder de trancar e destrancar celas. Com os amigos presos, exilados ou mortos e o cerco da repressão cada vez mais articulado, virar fugitiva não estava nos planos de ninguém. Naquele momento, os pensamentos se voltavam para a mudança de presídio. Para onde seriam levadas? Seriam reunidas a Guiomar e Angela, no presídio feminino da capital, administrado pelas freiras do Bom Pastor? Ou estariam com beliche reservado na penitenciária de Tremembé, onde ficara madre Maurina?

De vez em quando alguma carcereira avisava que era para arrumar "as tralhas", sem adiantar o destino. A transferência não tinha hora nem data para acontecer. Mércia chegou a participar de vários preparativos, mas a mudança só se concretizou depois que ela saiu, na sexta-feira 27 de abril de 1973,[70] em meio a sobressaltos, como se lembraria para sempre: "Sair implicou uma passagem pelo Dops, para novo interrogatório. Deu medo".

Quando chegou a hora, a remoção se deu em duas etapas. Primeiro, tiveram que trocar a Torre por uma cela antes habitada por corrós. O espaço estava imundo, mas fizeram uma boa limpeza antes de ocupá-lo. Cida

Costa deu duro: "Passamos o dia fazendo faxina". Além da advogada, a cela abrigou outras presas políticas:[71] Eleonora Menicucci, Darci Miyaki, Eliane Potiguara, Joana D'Arc, Márcia Mafra, Marcia Aparecida, Mari Kamada, Marli Carvalheiro, Nair Kobashi, Rioco Kayano e Walderês Nunes Fonseca.

Se Linda Tayah não tivesse sido levada com escolta para depoimento no Rio, seriam treze, mesmo número da turma que chegou de micro-ônibus em 1969.[72] A incerteza sobre o que encontrariam pela frente era comum aos dois grupos. Quanto às posses, haja diferença! Entre as treze mulheres da primeira turma, só Cidinha Santos tinha uma pequena mala, pois fora capturada prestes a embarcar para Cuba. Naquela época, a maioria acomodou os poucos pertences que possuía em sacolas de papel.

Quatro anos depois, pelo menos 132 mulheres haviam passado pela construção centenária.[73] Além das lembranças e lições de vida, deixaram uma quantidade absurda de objetos: livros, discos de vinil, utensílios de cozinha, roupas, linhas para bordado, material de artesanato e panos que faziam as vezes de cortina divisória. Isso para não falar nas caixas dos mais diversos tamanhos, usadas como se fossem gavetas de armário. Ninguém sabe que fim levaram esses pertences.

Nos estertores da Torre, as meninas tiveram que largar quase tudo para trás. A ordem era carregar apenas o essencial. Por isso mesmo, Nair Kobashi se agarrou ao tabuleiro e às peças de xadrez, imprescindíveis para afiar o raciocínio e amenizar o tédio da cadeia. Carregou também o jogo de estrategia War, para as batalhas por territórios que costumava disputar com Mari Kamada.[74] Eleonora não teve dúvidas: o importante eram as fotos da filha Maria, agora com mais de três anos.[75]

O comboio de viaturas deixou o Presídio Tiradentes pelo portão lateral na quinta-feira 17 de maio de 1973.[76] No complexo enorme ainda ficaram trinta presos políticos, entre eles os rapazes do X-3, o xadrez de Laurindo Junqueira. Eles sairiam no dia seguinte. Só então a Corregedoria dos Presídios e da Polícia Judiciária de São Paulo soltou uma nota lacônica: "Este Juízo comunica que, nesta data, foram evacuados do Recolhimento Tiradentes os últimos presos, encerrando-se, finalmente, a triste história desse presídio".[77]

Na véspera, as meninas tinham circulado pouco mais de três quilômetros e desceram em frente ao número 600 da rua do Hipódromo, no Brás, onde constataram que história triste não era uma exclusividade do Tiradentes. Na verdade, ficaram chocadas, como lembra Eleonora: "Quando entramos, quase caímos duras. Lá era o horror do horror". Cida Costa se impressionou com as celas: "Pareciam jaulas para bicho, uma de frente para outra, com grades de cima a baixo. Trancadas o tempo todo. Um lugar sombrio, horrível".

O Presídio do Hipódromo mais parecia uma concentração de excluídos. O edifício de três andares com fachada para a rua abrigava no térreo uma movimentada delegacia de polícia. Atrás dele se enfileiravam outros três prédios, também de três andares. Os dois últimos destinavam-se aos homens. À frente deles, ficavam as mulheres. O primeiro pavimento abrigava presas sem julgamento, como as corrós do Tiradentes. O segundo piso, as condenadas pela Justiça.[78]

Coube às antigas moradoras da Torre inaugurar a ala das presas políticas, no terceiro andar. Com paredes pintadas de grafite, as celas tinham janelas basculantes minúsculas, instaladas quase no teto. De lá, subindo em algum beliche, se via apenas uma nesga do chão de um pequeno pátio. Pela porta gradeada dava para contemplar um corredor estreito e a cela da frente. Um portão trancado a cadeado isolava o corredor das celas do resto da cadeia.

Sem entrar em detalhes sobre a arquitetura nem fazer referência à comida intragável, Walderês escreveu para Mércia sobre o novo cotidiano: "Leitura aqui é o que vai pior. O barulho é enorme e constante. A alternativa é ficar acordada à noite para ler de madrugada ou levantar bem cedo para ler de manhã". Na carta, ela reclamou sem fazer drama: "Apesar de as condições objetivas serem péssimas, tudo bem. Agora é como se fosse uma cela única. Um dos fatores que ajudou foi a chegada de novas companheiras".[79]

As recém-chegadas eram do PCdoB. A ofensiva militar continuava no Araguaia. Ao mesmo tempo, o DOI-Codi perseguia os militantes urbanos. Uma das novas companheiras citadas por Walderês era Maria Amélia Teles, a Amelinha. Com o marido, ela respondia pela imprensa clandestina do partido. O casal tinha sido capturado junto com o dirigente Carlos

Nicolau Danielli, morto dois dias depois sob tortura, em 30 de dezembro de 1972.[80] Estavam na rua Tutoia quando chegaram os filhos pequenos, Edson e Janaína, além de Crimeia, a enfermeira que tinha deixado a área da guerrilha, irmã de Amelinha.

As outras novatas eram as estudantes Leopoldina Braz Duarte e Walquíria Queiroz da Costa. Aliviadas por terem deixado o DOI-Codi e o Dops, elas arrancaram risadas das companheiras ao relatar um protesto que organizaram na Semana da Pátria de 1971: soltaram macaquinhos fardados como militares em lugares de grande fluxo de pessoas. Não sabiam quanto sofrimento ainda enfrentariam nem o tempo de cana que pagariam pela afronta às Forças Armadas, mas não se arrependiam.

Leopoldina esclareceu que a inspiração tinha vindo do Vietnã: "Lemos que os vietcongues escreviam dizeres antiamericanos em porcos, passavam vaselina nos bichos e soltavam no meio do povo. Pensamos nos gorilas do Exército, decidimos usar um macaco, mas, com o dinheiro arrecadado, deu para comprar quatro saguis". Os direitos dos animais ainda não estavam em pauta na época e diferentes espécies eram vendidas no entorno do Mercado Municipal de São Paulo.

Uma amiga de Leopoldina confeccionou os uniformes à máquina: "Ela fez quatro fardinhas verde-oliva. O galão era de cortina, com pequenas franjas. No casaquinho, que tinha botões e tudo, escrevemos 'Abaixo a ditadura'". Decidiram soltar os saguis fardados no dia 8 de setembro de 1971 no largo de Santo Amaro e na Estação Roosevelt, atual Estação Brás, na hora do rush. A ideia era chamar a atenção da opinião pública para os descalabros do governo e, de alguma forma, desmoralizar os militares.

Não dava para ser na festa oficial de Sete de Setembro pois uma multidão acompanhara o desfile de 10 mil militares na avenida Dom Pedro I, maravilhada com o sobrevoo de dois aviões Xavante, os primeiros jatos construídos no Brasil.[81] Qualquer protesto naquele momento representaria prisão imediata. Marcaram para o dia seguinte. Nem tudo correu como planejado. A dupla de macaquinhos solta no largo de Santo Amaro simplesmente fugiu, em direção contrária à do povo.

Na Estação Roosevelt o protesto provocou algum efeito. O estudante de economia Ricardo Campolim e um companheiro entraram na estação de trem em horário de grande movimento de passageiros: "Levamos os macaquinhos dentro de uma caixa de papelão. Abrimos a caixa dentro da estação, no meio das pessoas. Ouvimos o alvoroço, a gritaria, mas saímos logo, por uma questão de segurança". De um orelhão das proximidades, Walquíria ligou para a redação da *Folha de S.Paulo* avisando da "ação".

"Não saiu nem uma linha no outro dia", disse Walquíria para as colegas de cela. Amelinha comentou que era assim mesmo, que os censores não davam folga às redações. Acreditava até que parte dos jornalistas tinha introjetado a censura. Contou que uma vez também ligara para o jornal depois de dependurar uma bandeira do PCdoB na ponte do Socorro, sobre o rio Pinheiros: "Me mandaram chamar a polícia. Não entenderam que eu estava comunicando um protesto".

Nas conversas de cela, Amelinha gostava de ouvir relatos sobre a vida das presas políticas no Tiradentes: "Quando estava no DOI-Codi e no Dops, meu sonho era ir para a Torre". Cadeia não é bom em lugar nenhum, mas na Torre elas conseguiram criar um ambiente tolerável. A diferença para o Hipódromo ficou ainda mais patente quando os irritantes barulhos da delegacia foram superados por outro pior: gritos de um homem sendo torturado.

Tiveram a impressão de que ele se recusava a assinar um flagrante. Pouco depois, elas ouviram uma algazarra permeada por berros: "Carne fresca! Carne fresca!". Embora não pudessem ver nada, deduziram que o homem, cujos gritos se tornaram ainda mais lancinantes, estava sendo currado. Com os objetos que tinham à mão, as presas políticas começaram a bater nas grades, movimento que se espalhou por todo o Hipódromo. Era o protesto possível, como nos tempos em que o Esquadrão da Morte tirava presos do Tiradentes.

Foram interrompidas por jatos d'água fortíssimos, vindos de mangueiras de incêndio manejadas por policiais.[82] Com as roupas ensopadas e a cela toda molhada, reagiram cantando "A Internacional", mas o choque de realidade estava dado. Agora era cana dura. Naquele momento, a antiga prisão, com suas contradições, mas imensas possibilidades, caía ao chão, tijolo por tijolo. Só o portal de pedra que dava acesso ao presídio escaparia da demolição. A Torre passaria a existir apenas na memória daquelas que nela foram encarceradas.

EPÍLOGO
UM PORTAL PARA A MEMÓRIA

O PORTAL DE PEDRA CONTINUA IMPONENTE e firme, na altura do número 451 da avenida Tiradentes, tombado como bem cultural de interesse histórico desde outubro de 1985.[1] Nem todas aquelas que cruzaram o pórtico rumo à Torre tiveram a possibilidade de passar de novo diante dele. Foi o caso da diretora de teatro Heleny Guariba, que se deslocara de São Paulo para o Rio em julho de 1971, ao saber que havia uma nova ordem de prisão contra ela.

José Olavo, o companheiro de Heleny que continuou preso no Tiradentes, ainda cultivava uma certa expectativa de reencontrá-la ao ser libertado, em março de 1972: "Como não tinha testemunha nem corpo, sempre fica uma esperança". O sentimento foi esmorecendo com o passar do tempo e desapareceu por completo em setembro de 1979, quando ele soube da existência da Casa da Morte, um centro de tortura clandestino instalado em Petrópolis, na região serrana do Rio.

Única sobrevivente da Casa da Morte, a dirigente da VPR Inês Etienne Romeu denunciara a trágica passagem de uma moça com as características de Heleny pela residência transformada em lugar de extermínio. Capturada em São Paulo pelo delegado Fleury em maio de 1971, Inês tinha inventado um ponto falso no bairro de Cascadura, no Rio, e acabou conduzida, encapuzada, para a Casa. Foram 96 dias de martírio, durante os quais memorizou informações esparsas sobre a diretora de teatro e outros nove militantes que desapareceram.

Após escapar do centro de tortura, simulando ter concordado em atuar como infiltrada da repressão nas organizações de esquerda, a dirigente da VPR foi presa oficialmente, devido a uma manobra orquestrada pelo advogado Augusto Sussekind e pela própria família, para preservar a sua vida. Em setembro de 1979, uma semana depois de ser libertada do Instituto Talavera Bruce, ela prestou um detalhado depoimento na sede da Ordem dos Advogados do Brasil, no Rio, sobre as barbáries que sofrera e testemunhara.[2] "Inês não viu a Heleny, mas por tudo o que ouviu, era ela", conta José Olavo.

Como Heleny, cujos restos mortais jamais apareceram, a costureira Gerosina Silva Pereira, a Zizinha, também não teve a possibilidade de passar de novo diante do portal que levava ao Presídio Tiradentes. Tampouco conseguiu reunir toda a família, como tanto desejava. Logo depois de deixar o presídio, em julho de 1971, ela viajou para o Chile, onde o marido, o ferramenteiro Ubaldino, a filha Laura e o genro Aristenes estavam exilados.

Em Santiago, Zizinha entrou em contato com outros brasileiros da resistência à ditadura e voltou a costurar, no mesmo esquema de antes da prisão: o capricho era igual para todas, mas o preço variava de acordo com o material. Freguesas que se vestiam com tecidos nobres, como seda, pagavam mais caro. As atividades foram interrompidas depois que a casa dela, no bairro de Villa Macul, foi invadida por elementos da direita chilena, nas primeiras horas do golpe militar que derrubou o presidente Salvador Allende, em setembro de 1973.

Refugiados em diferentes embaixadas, Zizinha, Ubaldino, Laura e Aristenes conseguiram se reencontrar ainda em 1973, na cidade de Lund, na Suécia, graças à atuação de um comissário da Organização das Nações Unidas. No ano seguinte, ela começou a trabalhar na restauração de peças têxteis do Museu da Universidade de Lund. O reconhecimento por suas habilidades em tecer, tingir e restaurar tapeçarias e vestuários dos séculos XIII a XVIII não arrefeceu o desejo de voltar para São Paulo, onde estavam os dois outros filhos — Ubaldino e Ivan.

Para concretizar o sonho, Zizinha chegou a presidir o Comitê Brasileiro de Mulheres Democráticas, fundado em Lund, mas sua batalha pela redemocratização do Brasil foi interrompida por um câncer. Zizinha morreu em 9 de setembro de 1978. O piloto da Scandinavian Airlines que desembarcou com suas cinzas no aeroporto de Viracopos, em Campinas, queria entregar a urna nas mãos do filho dela, Ubaldino. No saguão do aeroporto, foi interceptado pela Polícia Federal, como relata Ubaldino: "Tinham violado o corpo dela na tortura. Violaram também as cinzas. Abriram a urna e reviraram o conteúdo, para ver se eram cinzas mesmo".[3]

Menos de um ano depois, em 28 de agosto de 1979, o general-presidente João Baptista Figueiredo assinou a Lei da Anistia, ao final de uma campanha iniciada em março de 1975 pela advogada Therezinha Zerbini. Chamada de burguesona na Torre, ela continuava pensando no coletivo. Sensibilizada com a situação dos que seguiam atrás das grades ou estavam exilados em diferentes países, fundou o Movimento Feminino pela Anistia e não parou de percorrer o Brasil em busca de adesões.

A jornalista Iza Salles, que conhecera Therezinha na Torre, se surpreendeu quando a antiga colega de cadeia entrou na redação do jornal *Opinião*, no Rio, onde ela editava a seção de Política, com a assinatura Iza Freaza, para driblar a censura: "Foi uma alegria. Therezinha estava em plena campanha pela Anistia. Na Torre, nós achávamos que mudaríamos o mundo. Não supúnhamos que Therezinha se encontrava muito mais à frente".

A ousadia da advogada, somada ao empenho e à mobilização de milhares de pessoas, resultou em festa nos aeroportos brasileiros a partir do dia 31 de agosto de 1979, quando os exilados começaram a voltar. A primeira banida a desembarcar no Brasil foi Dulce Maia, aquela que os presos comuns chamavam de Bonifácio, para confundir os carcereiros.[4] Muito fragilizada, Dulce tinha sido a primeira presa política a chegar à Torre, em maio de 1969. Onze meses depois, entrou na troca por um embaixador sequestrado pela guerrilha e foi banida do território nacional. No retorno ao país, exibia o cabelo longo preso por uma tiara, e um enorme sorriso no rosto.

AGRADECIMENTOS

RECONSTRUIR O DIA A DIA DA TORRE só foi possível porque mulheres e homens de muita fibra aceitaram revisitar o passado, mesmo com a memória permeada por emoções conflitantes. Lágrimas, risos, rancores, tristezas e alegrias se alternavam à medida que relembravam episódios, lamentavam a perda de detalhes que o tempo levou e se deparavam com documentos que encontrei nos arquivos da ditadura. A eles, o meu profundo agradecimento.

O editor Ricardo Teperman e a historiadora Heloisa M. Starling apostaram no projeto e fizeram recomendações valiosas. Sou muito grata a eles, assim como à equipe da Companhia das Letras. O mesmo vale para meu filho, Bruno Villaméa Santos, e para uma amiga querida, Jamyle Hassan Rkain, que acompanharam o processo antes do envio dos originais à editora e levantaram questões essenciais para aprimorar o trabalho.

Devo agradecer ainda a Ricardo Santos, do Arquivo Público do Estado de São Paulo, e a Dinomar Miranda, do Superior Tribunal Militar, sempre solícitos na busca que empreendi por documentação do período. O resultado final é de minha exclusiva responsabilidade, mas amigos de longa data e até pessoas que não me conheciam também contribuíram muito para este livro. Construíram pontes, dirimiram dúvidas, apoiaram de forma incondicional. Agradeço imensamente a Adriana Marmo, Albertina Costa, Briba Castro, Carlos Spilak, Cássia Land, Celso Antunes, Celso Frateschi, Dagoberto Bordin, Eliane Zanin Kamada, Emiliano José, Fabiana Guedes, Giles Azevedo, Heidi Kaori Sato Pertile, Hélio Campos Mello, Jair Krischke, Jandira Maria Cesar, Jane Miklasevicius, José

Simões, Letícia Salles, Ludmila Yajgunovitch, Marcelo Godoy, Maria Regina Nothen, Mário Magalhães, Olímpio Cruz, Paula Zagotta, Patrícia Campos Mello, Rui Xavier e Wagner William.

Luiza Villaméa
São Paulo, fevereiro de 2023

NOTAS

PRÓLOGO [PP. 9-12]

1   Dulce Pandolfi, Lilia Gondim, Sara Brito e Vera Durão; Flávia Maria Franchini Ribeiro, *A subida do monte purgatório: Estudo da experiência dos presos políticos da Penitenciária Regional de Linhares*. Juiz de Fora: Instituto de Ciências Humanas, Universidade Federal de Juiz de Fora, 2017. Dissertação (Mestrado em História); Maria Eduarda Magro, *A Penitenciária Feminina Madre Pelletier no mapa da repressão: Mulheres militantes de esquerda e prisão política na ditadura civil-militar brasileira (Porto Alegre, 1970)*. Porto Alegre: Instituto de Filosofia e Ciências Humanas, Universidade Federal do Rio Grande do Sul, 2019. Trabalho de Conclusão de Curso (Licenciatura em História).
2   Levantamento da autora. Fichas OS-SNN 0077, OS-SNV 1185, OS-SNA 2327 e OS-SNM 2652; Dossiês OS 0195, OS 0196 e OS 1323; Dossiê 50-Z-009, pastas 062 e 063; Dossiê 50-Z-030, pastas 010, 011, 013, 014, 022, 026, 028, 032, 033, 036, 037 e 042; Dossiê 50-Z-141, pasta 001, Apesp.
3   Apelação 41728, Apenso 3 e Apelação 41728, Volume 8, STM; Dossiê 50-Z-009, pasta 079, Apesp.

1. ALGEMAS NOS PULSOS [PP. 13-55]

1   Elza Lobo e Rose Nogueira.
2   Dulce Maia.

3   Rose Nogueira.
4   Marcia M. de R. Camargos e Vladimir Sacchetta, "A história do Presídio Tiradentes: um mergulho na iniquidade". In: Alipio Freire, Izaías Almada e J. A. de Granville Ponce (Org.), *Tiradentes, um presídio da ditadura: Memórias de presos políticos*. São Paulo: Scipione, 1997.
5   Fernando Salla, *As prisões em São Paulo: 1822-1940*. 2. ed. São Paulo: Annablume; Fapesp, 2004.
6   Carmen Lucia de Azevedo, Marcia Camargos e Vladimir Sacchetta, *Monteiro Lobato: Furacão na Botocúndia*. São Paulo: Senac, 2000.
7   Processo de Tombamento 23 345/85, Condephaat.
8   Dulce Maia e Dossiê os-0001, Apesp.
9   José Araújo de Nóbrega. Sargento à época do episódio, ele chegou ao sítio na manhã seguinte, soube das prisões e avisou ao grupo do quartel de Quitaúna.
10 Carlos Roberto Pittoli, "A fortaleza e o queijo". In: Alipio Freire, Izaías Almada e J. A. de Granville Ponce (Org.), op. cit.
11 Levantamento realizado pelo sociólogo Marcelo Ridenti, em "Companheiras de armas", *IstoÉ*, 29 jun. 2005.
12 Dulce Maia.
13 Dulce Maia e Dossiê os-1392, Apesp.
14 Dulce Maia; Alipio Freire, Izaías Almada e J. A. de Granville Ponce (Org.), op. cit.
15 Maria Aparecida dos Santos.
16 Jacob Gorender, *Combate nas trevas*. São Paulo: Ática, 1999.
17 Paulo Ribeiro da Cunha, *Aconteceu longe demais: A luta pela terra dos posseiros em Formoso e Trombas e a revolução brasileira (1950--1964)*. São Paulo: Editora Unesp, 2007.
18 Jacob Gorender, op. cit.
19 Cleuzer de Barros, Elza Lobo e Nair Benedicto.
20 Nair Benedicto.
21 Maria Aparecida dos Santos.
22 Trata-se de uma perseguição policial iniciada na avenida Ipiranga aos estudantes José Wilson Sabbag e Antenor Meyer, em 3 de setembro de 1969. Cercado no apartamento onde se refugiaram, Meyer

tentou fugir e caiu do quarto andar. Sabbag foi baleado e morto, assim como o soldado João de Brito, da Força Pública: *Dossiê ditadura: mortos e desaparecidos políticos no Brasil (1964-1985)*. São Paulo: Instituto de Estudos sobre a Violência no Estado (IEVE) e Imprensa Oficial, 2009.
23 Apelação 39756, Volume 1, STM.
24 "Morto o chefe terrorista Marighela", *Folha de S.Paulo*, 5 nov. 1969.
25 Elio Gaspari, *A ditadura escancarada*. São Paulo: Companhia das Letras, 2002.
26 Nair Benedicto e Paulo de Tarso Venceslau.
27 Mário Magalhães, *Marighella: O guerrilheiro que incendiou o mundo*. São Paulo: Companhia das Letras, 2012.
28 Nair Benedicto.
29 Sirlene Bendazzoli.
30 Zilda Almeida Junqueira.
31 Sirlene Bendazzoli.
32 Maria Aparecida dos Santos.
33 Rose Nogueira.
34 Zilda Almeida Junqueira, Ana Gomes e Léia Schacher Abramovich.
35 "Arcebispo excomunga delegados", *O Estado de S. Paulo*, 14 nov. 1969.
36 Apelação 39 132, Volume 10, STM.
37 Dossiê 50-Z-009, pasta 172, Apesp.
38 Tomada de depoimento, Áurea Moretti Pires, 25 fev. 2014, CNV.
39 Marcelo Botosso, *A guerrilha ribeirão-pretana: História de uma organização armada revolucionária*. Franca: Faculdade de História, Direito e Serviço Social, Universidade Estadual Paulista, 2001. Dissertação (Mestrado em História).
40 Maria Aparecida dos Santos e "A freira na prisão", *Folha de S.Paulo*, 7 jun. 1998.
41 Ibid.
42 Mário Magalhães, op. cit.
43 *Dossiê ditadura: Mortos e desaparecidos políticos no Brasil (1964--1985)*. São Paulo: Instituto de Estudos sobre a Violência no Estado (IEVE) e Imprensa Oficial, 2009.

44 Ilda Martins da Silva.
45 Edileuza Pimenta e Edson Teixeira, *Virgilio Gomes da Silva: De retirante a guerrilheiro*. São Paulo: Plena, 2009.
46 Vlademir Gomes da Silva.
47 Dossiê 50-Z-009, pasta 102.
48 Ficha OS-SNL 2075 e Margarida do Amaral Lopes.
49 Laís Tapajós.
50 Rose Nogueira.
51 Nair Benedicto.
52 Cleuzer de Barros.
53 Ficha OS-SNN 0647, Apesp.
54 Maria Cláudia Badan Ribeiro, *Mulheres na luta armada: Protagonismo feminino na ALN*. São Paulo: Alameda, 2018.
55 Para vínculos da jornalista Edith Negraes com as agências Associated Press e France-Presse: Dossiê 50-Z-009, pasta 067, Apesp.
56 Ana Wilma Oliveira Morais, Eliana Rolemberg e Nair Benedicto.
57 Apelação 39 789, Volume 13, STM.
58 Rose Nogueira.
59 Alipio Freire, Carlos Eduardo Carvalho e Rose Nogueira, "Memória: Entrevista — Idealina Fernandes Gorender". *Teoria e Debate*, n. 22, maio, set.-out. 1993.
60 Jacob Gorender, op. cit.
61 Alipio Freire, Carlos Eduardo Carvalho e Rose Nogueira, op. cit.

2. CELAS ABERTAS [PP. 56-103]

1 Carta-patente do general de brigada Euryale Zerbini, Ministério da Guerra, Acervo de Eugenia Zerbini.
2 Apelação 39 093, Volume 9, STM.
3 Therezinha Zerbini e Eugenia Zerbini.
4 *Brasil: Nunca mais*. Petrópolis: Vozes, 1991.
5 Therezinha Zerbini e Dossiê 50-Z-009, pasta 068, Apesp.

6   Frei Betto, *Diário de Fernando: Nos cárceres da ditadura militar brasileira*. Rio de Janeiro: Rocco, 2009.
7   Therezinha Zerbini.
8   Therezinha Zerbini e Iza Salles.
9   Apelação 39 093, volume 8, STM.
10 Ficha OS-SNS 3623, Apesp.
11 Dossiê 50-Z-009, pasta 042, Apesp.
12 Luiza Villaméa, "O paraquedista que evitou um banho de sangue". *Brasileiros*, mar. 2014.
13 Elza Lobo e Nilda Maria Toniolo.
14 Dener Pamplona de Abreu, *Dener — O luxo*. Rio de Janeiro: Laudes, 1972.
15 Leslie Denise Beloque.
16 As histórias sobre os apelidos foram contadas por Ana Gomes, Ana Maria Ramos Estevão, Eliana Rolemberg, Dilma Rousseff, Elza Lobo, Leslie Denise Beloque, Maria Aparecida Costa, Maria Aparecida dos Santos, Maria Lúcia Urban, Maria Nadja Leite de Oliveira, Rita Sipahi e Robêni Baptista da Costa.
17 Maria Nadja Leite de Oliveira e Dossiê 50-Z-009, pasta 127, Apesp.
18 Maria Lúcia Urban.
19 Guiomar Silva Lopes.
20 Dossiê 50-Z-030, pasta 010, Apesp.
21 Emiliano José e Oldack Miranda, *Lamarca, o capitão da guerrilha*. São Paulo: Global, 2000.
22 Rosalba Almeida Moledo.
23 Apelação 38 031, Volume 1, STM.
24 Rosalba Almeida Moledo.
25 Apelação 38 031, Volume 1, STM.
26 Autos Findos 2509/1973, STM.
27 Ficha OS-SNS 3048, Apesp.
28 Rosalba Almeida Moledo.
29 Apelação 41 728, Apenso 3, STM.
30 Ibid.
31 Apelação 41 729, volume 8, STM.

32 Dossiê 50-Z-009, pasta 079, Apesp.
33 "Jean Genet não fala na chegada", *O Estado de S. Paulo*, 27 maio 1970.
34 Nilda Maria Toniolo; Rofran Fernandes, *Teatro Ruth Escobar: 20 anos de resistência*. São Paulo: Global, 1985.
35 Rofran Fernandes, op. cit.
36 Ruth Escobar, em prefácio a Jean Genet, *Diário de um ladrão*. Ed. comemorativa. Rio de Janeiro: Nova Fronteira, 2005.
37 Jovelina Tonello Mantovani e Apelação 39 789, Volume 3, STM.
38 Luiza Villaméa,"Quando meninos são fichados como terroristas", *Brasileiros*, mar. 2013.
39 Emiliano José e Oldack Miranda, op. cit.
40 "Manifesto encontrado numa igreja", *O Globo*, 13 jun. 1970.
41 Alfredo Sirkis, *Os carbonários*. Rio de Janeiro: Record, 1988.
42 Dossiê 50-Z-030, pasta 010, Apesp.
43 Dulce Maia.
44 Elza Lobo.
45 Jovelina Tonello Mantovani.
46 Apelação 39 093, Volume 11, STM.
47 João Roberto Laque, *Pedro e os lobos: Os anos de chumbo na trajetória de um guerrilheiro urbano*. São Paulo: Ava, 2010.
48 Dossiê 50-Z-009, pasta 113, Apesp.
49 Luiza Villaméa. "Quando meninos são fichados como terroristas", op. cit.
50 Dulce Maia.
51 Rosalba Almeida Moledo.
52 José Machado, "Teses em xeque: começa a revisão". In: Alipio Freire, Izaías Almada e J. A. de Granville Ponce (Org.), op. cit.
53 Raul Milliet Filho (Org.), *Vida que segue: João Saldanha e as Copas de 1966 e 1970*. Rio de Janeiro: Nova Fronteira, 2006.
54 Ibid.
55 "No 2º tempo, a vitória que não foi ameaçada", *O Estado de S. Paulo*, 23 jun. 1970.
56 Jovelina Tonello Mantovani.
57 Maria Aparecida dos Santos.

58 Dossiê 50-Z-009, pasta 069, Apesp.
59 Dossiê OS 0197, Apesp.
60 Emiliano José e Oldack Miranda, op. cit.
61 Luiza Villaméa. "Quando meninos são fichados como terroristas", op.cit.
62 Antonio Roberto Espinosa.
63 Dossiê OS 0196, Apesp.
64 Ibid.
65 Ficha OS-NSL 0744, Apesp.
66 Bernardo Kucinski e Ítalo Tronca, *Pau de arara: A violência militar no Brasil*. São Paulo: Fundação Perseu Abramo, 2013.
67 Ana Bursztyn Miranda e Maria Aparecida Costa.
68 Reinaldo Morano, que guardou a peça depois que saiu do Presídio Tiradentes e mostrou-a à autora quase cinquenta anos depois.
69 Frei Betto, *Diário de Fernando: Nos cárceres da ditadura militar brasileira*, op. cit.
70 "Bicudo promete esclarecer tudo", *O Estado de S. Paulo*, 28 jul. 1970.
71 Eliana Rolemberg e Elza Lobo.
72 Carmen Lucia de Azevedo, Marcia Camargos e Vladimir Sacchetta, op. cit.
73 Olga Crispim Bardawil e Denise Crispim.
74 Denise Crispim.
75 Memórias registradas por escrito por Encarnación Lopes Peres, acervo de Denise Crispim.
76 Eliana Rolemberg e Anivaldo Padilha.

3. TERRITÓRIO (QUASE) DOMINADO [PP. 104-50]

1 Idinaura Aparecida Marques e Dossiê OS 0169, Apesp.
2 Elza Lobo e Jovelina Tonello Mantovani.
3 Edileuza Pimenta e Edson Teixeira, op. cit.
4 Elza Lobo.
5 Apelação 41 728, Volume 8, STM.

6. Dossiê 50-Z-030, pasta 19A, Apesp.
7. Ana Wilma Oliveira Morais.
8. Apelação 40 503, Volume 1, STM.
9. Dossiês 50-Z-030, pasta 012, e os 0195, Apesp.
10. Eliana Rolemberg, Elza Lobo, Iza Salles e Ligia Cardieri.
11. Apelação 39 789, Volume 12, STM.
12. Ibid.
13. Ficha OS-NOO 3588, Apesp.
14. Elza Lobo; Frei Betto, *Diário de Fernando: Nos cárceres da ditadura militar brasileira*, op. cit.
15. "Médici implanta na selva marco inicial da Transamazônica", *Folha de S.Paulo*, 10 out. 1970.
16. Dilma Rousseff.
17. Leslie Denise Beloque.
18. Sílvio Rego Rangel, "Um maravilhoso mundo novo", In: Alipio Freire, Izaías Almada e J. A. de Granville Ponce (Org.), op. cit.
19. Ficha OS-SNS 3623, Apesp.
20. Eva Skazufka e Iara Prado.
21. Iara Prado.
22. Ficha OS-SNC 0643 e Dossiê OS 0195, Apesp.
23. Iara Prado.
24. Dossiê 50-Z-009, pasta 019, Apesp.
25. Dilma Rousseff.
26. Dilma Rousseff.
27. Iara Prado.
28. Acervo de Eugenia Zerbini.
29. Vera Valdez.
30. "Vera Valdez, l'ultime coup de froude de Coco Chanel", *Vanity Fair*, set. 2014.
31. Dossiê 50-Z-009, pasta 072, Apesp.
32. Apelação 39 093, volume 10, STM.
33. Luiz Alberto Barreto Leite Sanz e Luiz Alberto Ravaglio.
34. Dossiê 50-Z-009, pasta 072, Apesp.
35. Depoimento gravado em março de 2017 na casa de Duddu Barreto Leite

em Lorena (SP), por Luiz Alberto Barreto Leite Sanz, professor titular aposentado do Departamento de Comunicação Social da Universidade Federal Fluminense, Acervo de Luiz Alberto Barreto Leite Sanz.

36 Dossiê 50-Z-009, pasta 085, Apesp.
37 Vera Valdez.
38 Eva Skazufka.
39 Eva Skazufka e tomada de depoimento, Eva Skazufka, 14 jul. 2014, CNV.
40 Dossiê 50-Z-009, pasta 078, Apesp.
41 Apelação 39 789, Volume 14, STM.
42 Ibid., Volume 13, STM.
43 Apelação 40 221, Volume 1, STM.
44 Dossiê 50-Z-180, pasta 016, Apesp.
45 "Terceiro dia de agitação: 1 morto, 97 feridos", *O Globo*, 22 jun. 1968.
46 "Quem é a môça prêsa no Mappin", *O Estado de S. Paulo*, 18 jul. 1970.
47 Tomada de depoimento, Ana de Miranda Batista, que Ana Bursztyn passou a assinar, 7 de maio de 2014, CNV.
48 Dossiê 50-Z-030, pasta 012, Apesp.
49 Reinaldo Morano.
50 Denise Crispim e Carlos Eugênio Paz, *Viagem à luta armada: Memórias romanceadas*. Rio de Janeiro: Civilização Brasileira, 1996.
51 Apelação 39 847, Volume 1, STM.
52 Denise Crispim.
53 Getúlio Bittencourt e Paulo Sérgio Markun, *D. Paulo Evaristo Arns: O cardeal do povo*. São Paulo: Alfa-Ômega, 1979.
54 D. Paulo Evaristo Arns, *Da esperança à utopia: Testemunho de uma vida*. Rio de Janeiro: Sextante, 2001.
55 "O papa quis sua fala vertida em cinco línguas", *O Estado de S. Paulo*, 23 out. 1970.
56 "O arcebispo faz denúncia", *O Estado de S. Paulo*, 6 fev. 1971.
57 Tomada de testemunho, Iara Spadini Vicini, 13 nov. 2013, CNV.
58 Robêni Baptista da Costa.
59 Luiza Villaméa e Claudio Dantas Sequeira, "A Torre das Donzelas", *IstoÉ*, 30 jun. 2010.
60 Celia da Rocha Paes.

61 Celia da Rocha Paes; Roque Aparecido da Silva; Dossiê 50-Z-009, pasta 080, Apesp; Apelação 40 503, Volume 2, STM.
62 Apelação 40.503, Volume 1, STM.
63 "Líder terrorista resiste e morre", *O Estado de S. Paulo*, 8 dez. 1970.
64 Alfredo Sirkis, op. cit.
65 Jovelina Tonello Mantovani e Dossiê OS 1035, Apesp.
66 Denise Crispim.
67 Antonio Ubaldino Pereira Filho.
68 Jeffrey Lesser, *Uma diáspora descontente: Os nipo-brasileiros e os significados da militância étnica 1960-1980*. São Paulo: Paz e Terra. 2008.
69 Dossiê 50-Z-009, pasta 076, Apesp.
70 Ibid., pasta 172.
71 José Olavo Leite Ribeiro.
72 Frei Betto, *Batismo de sangue*. Rio de Janeiro: Rocco, 2006.
73 Dossiê OS 0195, Apesp.
74 Dossiê OS 0196, Apesp.
75 Rita Sipahi.
76 Renato Lombardi, "Os bons tempos do Paribar", *O Estado de S. Paulo*, 3 fev. 1997.
77 Dossiê 50-Z-030, pasta 026, Apesp.
78 Alipio Freire.
79 "Terror usado para extorsão", *O Estado de S. Paulo*, 13 ago. 1971.
80 Sonia Hypolito, que tinha visto Boilesen no DOI-Codi. Depois de libertada da Torre, ela avisou à ALN que identificou o executivo dinamarquês na capa da *Banas*, uma das revistas do setor de mecânica pesada que o pai, funcionário das Indústrias Romi, levava para casa.
81 Ivan Seixas.
82 Dossiê 50-Z-009, pasta 136, Apesp.

4. ECOS DA DERROTA [PP. 151-88]

1 Ieda Akselrud de Seixas.

2   Ieda e Iara Akselrud de Seixas.
3   Ficha OS-SNS 3172, Apesp.
4   Iara Akselrud de Seixas.
5   Camila Sipahi Pires e Paulo de Miranda Sipahi Pires.
6   Rita Sipahi.
7   Iêda Britto.
8   Elza Lobo.
9   Laurindo Junqueira.
10 Dossiê 50-Z-030, pasta 022, Apesp.
11 Leane Almeida e Dossiê 50-Z-009, pasta 130, Apesp.
12 Emiliano José e Oldack Miranda, op. cit.
13 Dossiê OS 0120, Apesp.
14 *Brasil: Nunca mais*, op. cit.
15 *Dossiê ditadura: Mortos e desaparecidos políticos no Brasil (1964--1985)*, op. cit.
16 Dossiê 50-Z-009, pasta 087, Apesp.
17 Dossiê 50-Z-030, pasta 022, Apesp.
18 Márcia Mafra, "O mundinho, o mundão e seus (des)encontros". In: Alipio Freire, Izaías Almada e J. A. de Granville Ponce (Org.), op. cit.
19 Rita Sipahi.
20 Ieda e Iara Akselrud de Seixas.
21 Apelação 40 233, Volume 6, STM.
22 Ieda e Iara Akselrud de Seixas.
23 Aytan Sipahi.
24 Dossiê OS 0001, Apesp.
25 Nilmário Miranda e Carlos Tibúrcio, *Dos filhos deste solo: Mortos e desaparecidos políticos durante a ditadura militar: A responsabilidade do Estado*. São Paulo: Editora Fundação Perseu Abramo; Boitempo, 1999.
26 Ieda e Iara Akselrud de Seixas.
27 Apelação 40 233, Volume 6, STM.
28 Marlene Soccas.
29 Frei Betto, *Diário de Fernando: Nos cárceres da ditadura militar brasileira*, op. cit.

30 Marlene Soccas.
31 Ana Bursztyn Miranda, Maria Nadja Leite de Oliveira, Marlene Soccas e Vicente Roig.
32 Frei Betto, *Diário de Fernando: Nos cárceres da ditadura militar brasileira*, op. cit.
33 Guilherme Simões Gomes, "A longa viagem". In: Alipio Freire, Izaías Almada e J. A. de Granville Ponce (Org.), op. cit.
34 Daniel Aarão Reis Filho e Jair Ferreira de Sá, *Imagens da revolução: Documentos políticos das organizações clandestinas de esquerda dos anos 1961-1971*. Rio de Janeiro: Marco Zero, 1985.
35 Marlene Soccas.
36 Dan Griffin, "Brazilian Political Prisoners Are Mistreated, Letters Say", *The Washington Post*, 14 abr. 1972.
37 Dossiê OS 0195, Apesp.
38 "IPM apura fuga de Tarzan de Castro", *O Globo*, 25 nov. 1966.
39 Maria Nadja Leite de Oliveira.
40 Robêni Baptista da Costa, Maria Aparecida dos Santos e Rita Sipahi.
41 Dossiê OS 0197, Apesp.
42 Tomada de testemunho de Guiomar Silva Lopes, 26 ago. 2013, CNV.
43 Apelação 41 728, Volume 16, STM.

5. CONSTRUÇÃO CONDENADA [PP. 189-228]

1 Frei Betto, *Diário de Fernando: Nos cárceres da ditadura militar brasileira*, op. cit.
2 "É decretada a prisão do diretor de presídio", *O Estado de S. Paulo*, 9 maio 1972.
3 "Esquadrão quer vingar policial", *O Estado de S. Paulo*, 19 jul. 1970.
4 Hélio Pereira Bicudo, *Minhas memórias*. São Paulo: Martins Fontes, 2006.
5 "Nova denúncia contra esquadrão", *O Estado de S. Paulo*, 24 abr. 1971.
6 Hélio Pereira Bicudo, op. cit.

7   Frei Betto, *Diário de Fernando*, op. cit.
8   50-Z-030, pasta 030, Apesp.
9   Dossiê OS 0189, Apesp.
10 Dossiê 50-Z-030, pasta 030, Apesp.
11 Ibid., pastas 29 e 30, Apesp.
12 Ana Bursztyn Miranda, Gilseone Westin Cosenza, Iara Akselrud de Seixas, Ieda Akselrud de Seixas, Joana D'Arc Gontijo, Maria Aparecida Costa, Maria Aparecida dos Santos, Marlene Soccas, Robêni Baptista da Costa e Zoraide Gomes de Oliveira.
13 Acervo de Ludmila Yajgunovitch.
14 Maurice Politi, *Resistência atrás das grades*. São Paulo: Plena, 2009.
15 Dossiê OS 0189, Apesp.
16 "Tiradentes, uma história em busca de suas origens", *Folha de S.Paulo*, 28 ago. 1971.
17 Iara Akselrud de Seixas, Ieda Akselrud de Seixas, Maria Lúcia Urban e Marlene Soccas.
18 Marlene Soccas.
19 Maurice Politi, op. cit.
20 Lenira Machado.
21 Dossiê 50-Z-030, pasta 026, Apesp.
22 OS 1375 e OS-NSM 0147, Apesp.
23 Ação 0018372-59.2010.4.03.6100, Ministério Público Federal, São Paulo.
24 *Dossiê ditadura: Mortos e desaparecidos políticos no Brasil (1964--1985)*, op. cit.
25 Dossiê 50-Z-009, pasta 121, Apesp.
26 Dossiê 50-Z-030, pasta 031, Apesp.
27 Ibid.
28 Adriana Barsotti, Aziz Filho e Consuelo Dieguez, "Fotos identificam guerrilheiros mortos no Araguaia", *O Globo*, 28 abr. 1996.
29 Elio Gaspari, op. cit.
30 Luiza Villaméa. "Órfãos da guerra que não existiu", *Brasileiros*, nov. 2013.
31 Elio Gaspari, op. cit.

32 "A cidade vive a grande festa", *O Estado de S. Paulo*, 7 set. 1972.
33 Dossiê 50-Z-009, pasta 147, Apesp.
34 Apelação 40 510, Anexo, STM.
35 Dossiê 50-Z-030, pasta 034, Apesp.
36 Luiza Villaméa. "O desafio de Eleonora", *Brasileiros*, mar. 2012.
37 Eleonora Menicucci de Oliveira, "Reconstruindo práticas de liberdade" ". In: Alipio Freire, Izaías Almada e J. A. de Granville Ponce (Org.), op. cit.
38 Declaração manuscrita, sem data, de Linda Tayah, Comissão Estadual da Memória e Verdade Dom Helder Câmara, Recife (PE); Francisco Soriano, *A grande partida: Anos de chumbo*. Rio de Janeiro: Plena, 2010.
39 Apelação 40 577, Volume 7, STM.
40 Apelação 40 577, Volume 6, STM.
41 Luiza Villaméa. "Órfãos da guerra que não existiu", *Brasileiros*, nov. 2013; Tomada de depoimento, Crimeia Schmidt de Almeida, 12 ago. 2014, CNV.
42 Maria Aparecida dos Santos.
43 Maria Aparecida dos Santos.
44 Maria Aparecida dos Santos; Dossiê OS 0119, Apesp.
45 Acervo de Leane Almeida.
46 Leane Almeida.
47 Apelação 40 185, Volume 8, STM.
48 Ana Mércia Silva Roberts; Caetano Veloso, *Verdade tropical*. 3. ed. São Paulo: Companhia das Letras, 2017.
49 Ana Mércia Silva Roberts.
50 Ficha de identificação de Maria Cristina Uslenghi Rizzi, anexada à Apelação 39 397, Volume 1, STM.
51 "Papo Furado", *O Globo*, 28 ago. 2011.
52 Mário Magalhães, op. cit.
53 Aton Fon, "Descendo aos porões", *Veja*, 21 fev. 1979.
54 Apelação 39 069, Volume 1, STM.
55 Ficha OS-SNC 5094, Apesp.
56 "As contas da Telefônica", *O Globo*, 15 jan. 1973.

57 Marcelo Godoy, *A casa da vovó*. São Paulo: Alameda, 2014.
58 Maria Aparecida dos Santos.
59 Ficha OS-NSE 0631, Apesp.
60 "O Rio é cor-de-rosa outra vez: Mangueira foi a grande campeã", *O Globo*, 10 mar. 1973.
61 "Mangueira conta as lendas do Abaeté e espera vencer", *O Globo*, 3 mar. 1973.
62 "Portela, de sonhos e alegrias: Pasárgada", *O Globo*, 2 mar. 1973.
63 Dossiê os 0188, Apesp.
64 Laurindo Junqueira.
65 "Foguetes, discursos, é o metrô", *O Estado de S. Paulo*, 15 dez. 1968.
66 Márcia Mafra, "O mundinho, o mundão e seus (des)encontros". In: Alipio Freire, Izaías Almada e J. A. de Granville Ponce (Org.), op. cit.
67 Francisco Soriano, op. cit.
68 Apelação 40 577, Volume 7, STM.
69 *Dossiê ditadura: Mortos e desaparecidos políticos no Brasil (1964--1985)*, op. cit.
70 Ficha OS-SNS 3624, Apesp.
71 Dossiê 50-Z-030, pasta 42, Apesp.
72 Apelação 40 577, Volume 7, STM.
73 Levantamento da autora. Fichas OS-SNN 0077, OS-SNV 1185, OS-SNA 2327 e OS-SNM 2652; Dossiês OS 0195, OS 0196 e OS 1323; Dossiê 50-Z--009, pastas 062 e 063; Dossiê 50-Z-030, pastas 010, 011, 013, 014, 022, 026, 028, 032, 033, 036, 037 e 042; Dossiê 50-Z-141, pasta 001, Apesp.
74 Nair Kobashi.
75 Eleonora Menicucci.
76 Apelação 41 776, Volume 12, STM; OS 1814, Apesp.
77 "Presídio Tiradentes fechado para sempre", *Folha de S.Paulo*, 19 maio 1973.
78 Ivan Seixas.
79 Acervo de Ana Mércia Silva Roberts.
80 *Dossiê ditadura*, op. cit.

81 "Na parada em São Paulo, presença maciça do povo", *Folha de S.Paulo*, 8 set. 1971.
82 Eleonora Meniccuci e Maria Amélia Teles.

EPÍLOGO: UM PORTAL PARA A MEMÓRIA [PP. 229-31]

1 Processo de Tombamento 23 345/ 85, Condephaat.
2 Cristina Chacel, *Seu amigo esteve aqui: A história do desaparecido político Carlos Alberto Soares de Freitas, assassinado na Casa da Morte*. Rio de Janeiro: Zahar, 2012.
3 Antonio Ubaldino Pereira Filho; Nilmário Miranda e Carlos Tibúrcio, *Dos filhos deste solo: Mortos e desaparecidos políticos durante a ditadura militar: A responsabilidade do Estado*, op. cit.
4 "Banida retorna e mais 4 presos são libertados", *O Globo*, 1º set. 1979.

ENTREVISTAS

Alipio Freire
Ana Bursztyn Miranda
Ana Gomes
Ana Maria Ramos Estevão
Ana Mércia Silva Roberts
Ana Wilma Oliveira Morais
Angela Rocha
Anivaldo Padilha
Antonio Roberto Espinosa
Antonio Ubaldino Pereira Filho
Aytan Sipahi
Belisário dos Santos Júnior
Camila Sipahi Pires
Célia da Rocha Paz
Clair da Flora Martins
Cleuzer de Barros
Danielle Ardaillon
Darcy Rodrigues
Denise Peres Crispim
Dilma Rousseff
Dulce Maia
Dulce Muniz
Dulce Pandolfi
Edméa Rafaela Davini Marinello
Eleonora Menicucci

Eliana Rolemberg
Elza Lobo
Eugenia Zerbini
Eva Teresa Skazufka
Gilberto Belloque
Gilseone Westin Cosenza
Guiomar Silva Lopes
Iara Akselrud de Seixas
Iara Areias Prado
Idinaura Aparecida Marques
Ieda Akselrud de Seixas
Iêda Britto
Ilda Martins da Silva
Ivan Seixas
Ivone Macedo Arantes
Iza Salles
Janice Theodoro da Silva
Joana D'Arc Gontijo
José Araújo de Nóbrega
José Olavo Leite Ribeiro
Jovelina Tonello Mantovani
Ladislau Dowbor
Laís Tapajós
Laurindo Junqueira
Leane Almeida

Léia Schacher Abramovich
Lenira Machado
Leopoldina Braz Duarte
Leslie Denise Beloque
Ligia Cardieri
Lilia Gondim
Lúcia Carvalho
Lúcia Maria Salvia Coelho
Luiz Alberto Barreto Leite Sanz
Luiz Alberto Ravaglio
Luiz Carlos Cintra
Margarida do Amaral Lopes
Maria Amélia Teles
Maria Aparecida Costa
Maria Aparecida dos Santos
Maria Celeste Martins
Maria Cristina Uslenghi Rizzi
Maria Lúcia Urban
Maria Nadja Leite de Oliveira
Maristela Scofield Pimenta
Marlene de Souza Soccas
Martinho Leal Campos
Nair Benedicto
Nair Kobashi
Nilda Maria Toniolo
Olga Crispim Bardawil
Paulo Cannabrava
Paulo de Miranda Sipahi Pires
Paulo de Tarso Venceslau
Reinaldo Morano Filho
Ricardo Campolim
Rioco Kayano
Rita Sipahi
Robêni Baptista da Costa
Rodrigo Andrade
Roque Aparecido da Silva
Rosalba Almeida Moledo
Rose Nogueira
Sara Brito
Sirlene Bendazzoli
Sonia Hypolito Lichtsztejn
Therezinha Zerbini
Vera Durão
Vera Valdez
Vicente Roig
Vilma Aparecida Barban
Vlademir Gomes da Silva
Walderês Nunes Loureiro
Zilda Almeida Junqueira
Zoraide Gomes de Oliveira

SIGLAS

ALN — Ação Libertadora Nacional
AP — Ação Popular
CBD — Confederação Brasileira de Desportos
CCC — Comando de Caça aos Comunistas
Cebrap — Centro Brasileiro de Análise e Planejamento
Colina — Comandos de Libertação Nacional
Crusp — Conjunto Residencial da Universidade de São Paulo
Deic — Departamento Estadual de Investigações Criminais
DOI-Codi — Destacamento de Operações de Informações/Centro de Operações de Defesa Interna
Dops — Departamento de Ordem Política e Social
FALN — Forças Armadas de Libertação Nacional
GTA — Grupo Tático Armado
MEJ — Movimento Ecumênico de Jovens
MNR — Movimento Nacionalista Revolucionário
MRM — Movimento Revolucionário Marxista
MRT — Movimento Revolucionário Tiradentes
Oban — Operação Bandeirante
ONU — Organização das Nações Unidas
PCB — Partido Comunista Brasileiro
PCdoB — Partido Comunista do Brasil
POC — Partido Operário Comunista
Polop — Política Operária
PORT — Partido Operário Revolucionário Trotskista
PRT — Partido Revolucionário dos Trabalhadores
Rede — Resistência Democrática

SNI — Serviço Nacional de Informações
USP — Universidade de São Paulo
VAR-Palmares — Vanguarda Armada Revolucionária Palmares
VPR — Vanguarda Popular Revolucionária

REFERÊNCIAS BIBLIOGRÁFICAS

ABREU, Dener Pamplona de. *Dener: O luxo.* São Paulo: Cosac Naify, 2007.

AMARAL, Ricardo Batista. *A vida quer é coragem: A trajetória de Dilma Rousseff, a primeira presidenta do Brasil.* Rio de Janeiro: Sextante, 2011.

ARNS, Dom Paulo Evaristo. *Da esperança à utopia: Testemunho de uma vida.* Rio de Janeiro: Sextante, 2001.

AZEVEDO, Carmen Lucia de; CAMARGOS, Marcia; SACCHETTA, Vladimir. *Monteiro Lobato: Furacão na Botocúndia.* São Paulo: Senac, 2000.

BETTO, Frei. *Batismo de sangue.* Rio de Janeiro: Rocco, 2006.

_____. *Cartas da prisão, 1969-1973.* Rio de Janeiro: Agir, 2008.

_____. *Diário de Fernando: Nos cárceres da ditadura militar brasileira.* Rio de Janeiro: Rocco, 2009.

BICUDO, Hélio Pereira. *Minhas memórias.* São Paulo: Martins Fontes, 2006.

BITTENCOURT, Getúlio; MARKUN, Paulo Sérgio. *D. Paulo Evaristo Arns: O cardeal do povo.* São Paulo: Alfa-Ômega, 1979.

BOTOSSO, Marcelo. *A guerrilha ribeirão-pretana: História de uma organização armada revolucionária.* Franca: Faculdade de História, Direito e Serviço Social, Universidade Estadual Paulista, 2001. Dissertação (Mestrado em História).

BRASIL: Nunca mais. Petrópolis: Vozes, 1991.

CARVALHO, Luiz Maklouf. *Mulheres que foram à luta armada.* São Paulo: Globo, 1998.

CHACEL, Cristina. *Seu amigo esteve aqui: A história do desaparecido político Carlos Alberto Soares de Freitas, assassinado na Casa da Morte.* Rio de Janeiro: Zahar, 2012.

COSTA, Albertina de Oliveira et al. *Memórias das mulheres do exílio*. Rio de Janeiro: Paz e Terra, 1980.

CUNHA, Paulo Ribeiro da. *Aconteceu longe demais: A luta pela terra dos posseiros em Formoso e Trombas e a revolução brasileira (1950-1964)*. São Paulo: Editora Unesp, 2007.

DOSSIÊ DITADURA: Mortos e desaparecidos políticos no Brasil (1964-1985). São Paulo: Instituto de Estudos sobre a Violência no Estado (IEVE) e Imprensa Oficial, 2009.

ESTEVÃO, Ana Maria Ramos. *Torre das Guerreiras e outras memórias*. São Paulo: Editora 106 e Fundação Rosa Luxemburgo, 2021.

FERNANDES, Rofran. *Teatro Ruth Escobar: 20 anos de resistência*. São Paulo: Global, 1985.

FREIRE, Alipio; ALMADA, Izaías; PONCE, J. A. de Granville (Org.). *Tiradentes, um presídio da ditadura: Memórias de presos políticos*. São Paulo: Scipione, 1997.

GASPARI, Elio. *A ditadura escancarada*. São Paulo: Companhia das Letras, 2002.

GENET, Jean. *Diário de um ladrão*. Ed. comemorativa. Rio de Janeiro: Nova Fronteira, 2005.

GODOY, Marcelo. *A casa da vovó*. São Paulo: Alameda, 2014.

GORENDER, Jacob. *Combate nas trevas*. São Paulo: Ática, 1999.

INFÂNCIA roubada: Crianças atingidas pela ditadura militar no Brasil. São Paulo: Comissão da Verdade do Estado de São Paulo/Assembleia Legislativa de São Paulo, 2014.

JOSÉ, Emiliano; MIRANDA, Oldack. *Lamarca, o capitão da guerrilha*. São Paulo: Global, 2000.

KUCINSKI, Bernardo; TRONCA, Ítalo. *Pau de arara: A violência militar no Brasil*. São Paulo: Fundação Perseu Abramo, 2013.

LAQUE, João Roberto. *Pedro e os lobos: Os anos de chumbo na trajetória de um guerrilheiro urbano*. São Paulo: Ava, 2010.

LESSER, Jeffrey. *Uma diáspora descontente: Os nipo-brasileiros e os significados da militância étnica 1960-1980*. São Paulo: Paz e Terra, 2008.

MAGALHÃES, Mário. *Marighella: O guerrilheiro que incendiou o mundo*. São Paulo: Companhia das Letras, 2012.

MAGRO, Maria Eduarda. *A Penitenciária Feminina Madre Pelletier no mapa da repressão: Mulheres militantes de esquerda e prisão política na ditadura civil-militar brasileira (Porto Alegre, 1970)*. Porto Alegre: Instituto de Filosofia e Ciências Humanas, Universidade Federal do Rio Grande do Sul, 2019. Trabalho de Conclusão de Curso (Licenciatura em História).

MILLIET, Raul (Org.). *Vida que segue: João Saldanha e as Copas de 1966 e 1970*. Rio de Janeiro: Nova Fronteira, 2006.

MIRANDA, Nilmário; TIBÚRCIO, Carlos. *Dos filhos deste solo: Mortos e desaparecidos políticos durante a ditadura militar: A responsabilidade do Estado*. São Paulo: Editora Fundação Perseu Abramo; Boitempo, 1999.

OKUCHI, Nobuo. *O sequestro do diplomata: Memórias*. São Paulo: Estação Liberdade, 1991.

PAZ, Carlos Eugênio. *Viagem à luta armada: Memórias romanceadas*. Rio de Janeiro: Civilização Brasileira, 1996.

PIMENTA, Edileuza; TEIXEIRA, Edson. *Virgilio Gomes da Silva: De retirante a guerrilheiro*. São Paulo: Plena, 2009.

POLITI, Maurice. *Resistência atrás das grades*. São Paulo: Plena, 2009.

REIS FILHO, Daniel Aarão; SÁ, Jair Ferreira de. *Imagens da revolução: Documentos políticos das organizações clandestinas de esquerda dos anos 1961-1971*. Rio de Janeiro: Marco Zero, 1985.

RIBEIRO, Flávia Maria Franchini. *A subida do monte purgatório: Estudo da experiência dos presos políticos da Penitenciária Regional de Linhares*. Juiz de Fora: Instituto de Ciências Humanas, Universidade Federal de Juiz de Fora, 2007. Dissertação (Mestrado em História).

RIBEIRO, Maria Cláudia Badan. *Mulheres na luta armada: Protagonismo feminino na ALN*. São Paulo: Alameda, 2018.

RIDENTI, Marcelo. *O fantasma da revolução brasileira*. São Paulo: Editora Unesp, 1993.

ROBERTS, Ana Mércia Silva. *Diálogo para uma só personagem*. São Paulo: Terceira Margem, 2011.

SALLA, Fernando. *As prisões em São Paulo: 1822-1940*. 2. ed. São Paulo: Annablume; Fapesp, 2004.

SIRKIS, Alfredo. *Os carbonários*. 14. ed. Rio de Janeiro: Record, 1988.

SOCCAS, Marlene. *Meu querido Paulo*. Criciúma: Edição da Autora, 2014.

SORIANO, Francisco. *A grande partida: Anos de chumbo*. Rio de Janeiro: Plena, 2010.

VELOSO, Caetano. *Verdade tropical*. 3. ed. São Paulo: Companhia das Letras, 2017.

FONTES

ARQUIVOS

Arquivo Histórico de São Paulo
Arquivo Público do Estado de São Paulo (Apesp)
Brasil: Nunca Mais (BNM)
Comissão Nacional da Verdade (CNV)
Comissão Estadual da Memória e Verdade Dom Helder Câmara
Comissão da Verdade do Estado de São Paulo — Rubens Paiva
Conselho de Defesa do Patrimônio Histórico, Arqueológico, Artístico e Turístico (Condephaat)
Memorial da Resistência de São Paulo
Ministério Público Federal em São Paulo
Museu Penitenciário Paulista
Superior Tribunal Militar (STM)

JORNAIS

Folha de S.Paulo
O Estado de S. Paulo
O Globo
The Washington Post

REVISTAS

Brasileiros
IstoÉ
Teoria e Debate
Vanity Fair
Veja

ACERVOS PARTICULARES

Ana Mércia Silva Roberts
Denise Crispim
Eugenia Zerbini
Leane Almeida
Ludmila Yajgunovitch
Luiz Alberto Barreto Leite Sanz

1
A Torre é a construção redonda, encravada no Presídio Tiradentes, demolido em 1973. Do outro lado da avenida Tiradentes, no bairro paulistano da Luz, encontra-se até hoje a sede das Rondas Ostensivas Tobias de Aguiar (Rota).

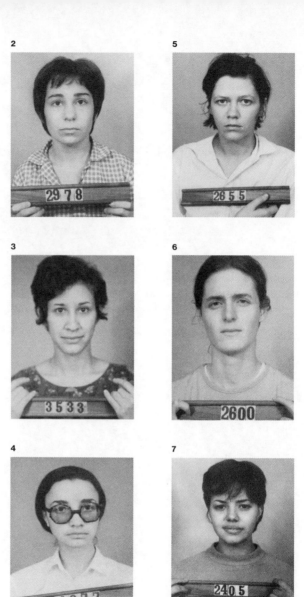

2
Ana Gomes
3
Ana Maria Rodrigues Ramos
4
Ana Mércia Marques Silva
5
Ana Wilma Oliveira Morais
6
Arlete Bendazzoli
7
Cleuzer de Barros

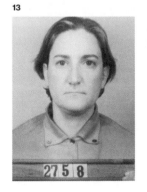

8
Danielle Ardaillon
9
Dilma Rousseff
10
Diva Burnier

11
Dulce Maia
12
Eliana Rolemberg
13
Elza Lobo

14
Encarnación Lopes Peres
15
Eva Skazufka
16
Fanny Akselrud de Seixas
17
Gerosina Silva Pereira
18
Guiomar Silva Lopes
19
Heleny Guariba

20

23

21

24

22

25

20
Iara Akselrud de Seixas
21
Iara Prado
22
Idinaura Aparecida Marques
23
Ieda Akselrud de Seixas
24
Ilda Martins da Silva
25
Iza Salles

26

29

27

30

28
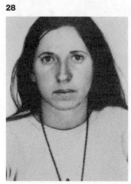
31

26
Janice Theodoro
27
Joana D'Arc Gontijo
28
Jovelina Tonelo do Nascimento

29
Laís Tapajós
30
Leane Almeida
31
Léia Schacher

32
Leslie Denise Beloque
33
Luiza Helena Barreto Valdez
34
Margarida do Amaral Lopes
35
Maria Aparecida Costa
36
Maria Aparecida dos Santos
37
Maria Barreto Leite Valdez

38

41

39

42

40

43

38
Maria Luiza Locatelli Belloque
39
Maria Lúcia Urban
40
Maria Nadja Leite de Oliveira

41
Marily da Cunha Bezerra
42
Márcia Mafra
43
Nair Benedicto

44
Nilda Maria Toniolo
45
Rioco Kayano
46
Rita Sipahi
47
Robêni Baptista da Costa
48
Rosalba Almeida Moledo
49
Rose Nogueira

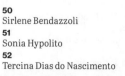

50
Sirlene Bendazzoli
51
Sonia Hypolito
52
Tercina Dias do Nascimento

53
Therezinha Zerbini
54
Vilma Barban
55
Zilda Almeida Junqueira

ÍNDICE REMISSIVO

IV Internacional (organização trotskista), 165
XIII Congresso Nacional de Jornalistas Profissionais (Salvador, 1970), 97

ABC paulista, 195
Abreu, Dener Pamplona de, 69-70
abusos sexuais, 38, 154
Ação Libertadora Nacional (ALN), 18, 23-4, 27-9, 31, 43-4, 49, 53, 65-6, 70, 76, 89, 104-5, 107, 121-2, 128, 137, 154, 165-7, 172, 182, 184, 186, 193-4, 206, 215-8, 223, 244n
Ação Popular (AP), 67, 100-1, 146, 151, 165, 174, 194-5, 198, 202
Adriana (filha de Lúcia), 163
Aeronáutica, 66
África, 109
AI-5 (Ato Institucional número 5), 17, 32, 88, 208
Ala Vermelha (dissidência do Partido Comunista Brasileiro), 25-6, 32, 46, 50, 153, 180, 193
Aleixo, Pedro, 17
Alemanha, 97, 204
Allende, Salvador, 108, 115, 230
Almeida, Aristenes Nogueira de, 139, 230
Almeida, Crimeia Schmidt de, 209, 227
Almeida, Leane, 164-6, 169, 213-4
alta-costura no Brasil, 69, 149
Altamira (PA), 112
Althusser, Louis, 114-5
Amaral, Marcia Aparecida do, 206, 208, 225
Amazônia, 112
Amélia, dona (mãe de Marlene), 179
Amelinha ver Teles, Maria Amélia
América Latina, 108-9
Amigo da Onça (personagem), 68
Ana (mãe de Zlata), 148
Ana, dona (mãe de Elza), 159-61
Andrade, Regis Stephan de Castro, 223
Andrade, Rodrigo, 223-4
Andrade Junior, Manoel Arriaga de Castro (Maneco), 169
Anistia, Lei da (1979), 231

Anistia Internacional, 179, 204-5
Anita (irmã de Fanny), 152, 173
Anselmo, cabo, 60
Antonio Edson (companheiro de Maria Lúcia), 199
apelidos usados na Torre, 70-2
"Apelo" (canção), 144
Araguaia, guerrilha do, 205, 209, 226
Arantes, Ivone, 162, 166
Araraquara (SP), 37
Araújo, José Júlio de, 223
Ardaillon, Danielle *ver* Simões, Danielle
Argélia, 62, 86, 90, 116
Argentina, 87
Ariane (filha de Nair e Jacques), 29-30
Aritanã (filho de Lenira), 207
Arminda, dona (mãe de Therezinha Zerbini), 57, 63
Arns, d. Paulo Evaristo, 132-5, 196
"arrependidos", presos, 187
Arruda, Marcos, 178-9
artesanatos feitos na Torre, 160-2, 199-200, 209, 223-5
assalto à relojoaria Majô (São Paulo, 1969), 66
assalto ao carro pagador da Cooperativa de Consumo da Lapa (1970), 128
Associação Brasileira de Imprensa, 179
Associated Press (agência de notícias), 53
Auditoria Militar, 131, 149-50, 177, 214
Aventuras do sr. Pickwick, As (Dickens), 117

Bacuri *ver* Leite, Eduardo Collen
Bahia, 215, 219, 224
Bairão, Gil Soares, 124
Balboni, Luiz Fogaça, 24
Balcão, O (Genet), 77-8
balinhas (bilhetes dobrados e revestidos por durex), 176, 179-80
Banco do Brasil, 166, 215
Bandeira, Manuel, 219
Bangu, bairro de (Rio de Janeiro), 9
banheiros e precariedade sanitária na Torre, 10, 35, 51, 76, 123-4, 126, 141
banho de sol, 9-10, 21, 33-5, 47, 74, 126, 130, 144, 149, 176, 200, 222
Barban, Vilma, 25, 49, 88, 94-6
Barbie, Klaus (O Carniceiro de Lyon), 29
Barbosa, José Milton, 207
Bardi, Lina Bo, 19
Barros, Cleuzer de, 25, 49-51
Bastide, Roger, 114
Beatles, 54
Beatriz (filha de Zoraide), 195, 207
Beaumarchais, Pierre-Augustin Caron de, 145
Beauvoir, Simone de, 117
Beco do Batman (Vila Madalena, São Paulo), 131

Belchior (cantor), 29
Belo Horizonte (MG), 10, 56, 72, 194-5, 199, 207
Belloque, Maria Luiza Locatelli, 62, 65, 71, 105, 137
Beloque, Leslie Denise, 62, 65-6, 69-70, 117, 173, 179, 194, 196, 222
Bem-Amado, O (telenovela), 222
Bendazzoli, Arlete, 25, 32, 47, 50-1, 65, 105, 149, 159, 161
Bendazzoli, Sirlene, 25, 32-3, 50
Benedicto, Maria, 30
Benedicto, Nair, 25, 28-31, 34, 47-8, 49, 62
Benelli, d. Giovanni, 135
Bergel, Rubens, 124, 170-1, 176, 183, 188, 202
Berquó, Elza, 73
Berro, O (jornal mimeografado), 37, 39
Bessarábia, 152
Betto, Frei, 107
Bezerra, Marily da Cunha, 223-4
Bico do Papagaio, região do (TO), 205, 209
Bicudo, Hélio, 98, 190, 192
Bielefeld (Alemanha), 204
Bodas de Fígaro, As (Beaumarchais), 145
Bohadana, Estrella Dalva, 10
Boilesen, Henning Albert, 147-8, 154, 244n
Bolívia, 109
Bonifácio (codinome de Dulce Maia), 20-1, 85, 231; *ver também* Maia, Dulce
Bonn (Alemanha), 97
Botazzo, Carlos, 177
Brás, bairro do (São Paulo), 226
Breyton, Jacques, 28-31
Brito, Fernando de, frei, 175-6, 182, 191
Brito, João de, 237n
Brito, Maria do Carmo, 81
Britto, Iêda, 159-61
Buarque de Holanda, Chico, 108
Bucher, Giovanni, 138, 219
buraco de comunicação entre o celão e a ala masculina (Josefina), 96-7, 219
Burnier, Diva, 66
Burnier, João Paulo Moreira, 66-7
Bursztyn, Ana, 70, 127-32, 144, 194, 196, 215
Buzaid, Alfredo, 70, 97

cachaça levada para a Torre, 209
cadeira do dragão (instrumento de tortura), 154, 178
Caixe, Vanderley, 39
Calabouço (conjunto de celas do presídio Tiradentes), 16; *ver também* Presídio de Recolhimento Tiradentes (São Paulo)
Caldeira Filho, Carlos, 107
Câmara Ferreira, Joaquim, 23, 29, 53, 85, 107, 128, 216

Camila (filha de Rita e Othon), 155-9
Campinas (SP), 24, 49, 137, 230
Campolim, Ricardo, 227
Campos, Maria do Socorro Cunha, 174
Campos, Martinho, 174
Canadá, 35
Canal de Suez, 80
Canard Enchaîné, Le (jornal), 117
"Canción del hombre nuevo" (canção revolucionária), 111
Cannabrava, Paulo, 62
Caparaó, serra do (ES-MG), 20
Capital, O (Marx), 113
Carandiru (Casa de Detenção de São Paulo), 53, 172, 175, 190, 194, 196-8, 200-1
carcereiras e carcereiros, 13-5, 19-20, 26-8, 33-4, 39-40, 47, 50-3, 57, 61, 64, 68, 74, 82, 85, 89, 102, 107, 110, 113, 151, 154-7, 170-1, 175, 177, 183, 186, 188, 191-3, 209-10, 219, 224, 231
Cardieri, Ligia, 85, 111, 117
Cardoso, Elizeth, 144
Cardoso, Fernando Henrique, 116
Carlos Alberto (jogador), 88
Carlos Ernesto (neto de Tercina), 90
Carlos Magno, imperador, 59
Carmute (Maria do Carmo Campello de Souza), 54, 71-2, 113-5, 143-4, 186
Carnaval, 52, 214, 215-9, 221
Carnaval de Caetano, O (disco), 214

Carone, Felipe, 220
carta de Marlene (denúncia contra os crimes da ditadura, 1971), 178-9
Carvalheiro, Marli Gomes, 194, 196, 225
Carvalho, Sérgio, 67
Casa da Morte (centro clandestino de tortura em Petrópolis, RJ), 229
Casa de Vidro (residência de Lina Bo Bardi no Morumbi, SP), 19
Castro, Fidel, 23, 109
Castro, Josué de, 115
Castro, Tarzan de, 180
catolicismo *ver* Igreja católica
Caymmi, Dorival, 83
Ceará, 71, 181
Ceasa (central de abastecimento de São Paulo), 140
Cebrap (Centro Brasileiro de Análise e Planejamento), 73
Cecchini, Otacílio Guimarães, 164-5, 213-4
celão da Torre, 41, 50, 57, 64-5, 76, 87-8, 93, 95-7, 110-1, 117, 141, 151, 154, 162, 173, 183, 186, 195, 216
censura, 52, 67, 112-3, 192, 204, 219, 228, 231
Central do Brasil, 155-7
Chandler, Charles, 18
Chanel, Coco, 119
Chantal (personagem), 77-8
Chile, 87, 108, 114, 139-40, 168, 230
China, 47, 205

Chinesa, A (filme), 115
choques elétricos, torturas com, 19, 24, 38, 99, 148, 154, 164, 185, 201, 216
"Chuva, suor e cerveja" (canção), 214
cianureto de potássio, morte por, 125
Cidinha *ver* Santos, Maria Aparecida dos
Cintra, Luiz Carlos, 95-6
classe média, 11, 115, 140
Código Canônico, 36
Código Morse, 94
Coelho, Lúcia, 162-4, 166
Coelho, Ruy Galvão de Andrada, 162-3
Coelho, Waldyr, 46, 166
Colina (Comandos de Libertação Nacional), 56, 147
Comando de Caça aos Comunistas (CCC), 217
comida do sistema penitenciário e da Torre, 31, 52, 55-6, 67, 140
Comitê Brasileiro de Mulheres Democráticas, 230
comunismo, 148, 205
Confederação Brasileira de Desportos (CBD), 87
Congo, 109
Congresso da UNE em Ibiúna (SP, 1968), 60, 74, 132
Congresso Nacional, 17
Conselho Nacional do Petróleo (Estado Novo), 17

Copa do Mundo (1970), 72, 83-8, 109-10, 191, 218, 221
cor da pele das encarceradas na Torre, 11-2, 76
coração de d. Pedro I, 206
Corregedoria dos Presídios e da Polícia Judiciária de São Paulo, 225
Correios, 58, 164, 198, 219
corrós (presas e presos correcionais), 13-5, 19, 25-7, 34, 47, 52, 69, 98, 129, 134, 164, 190-1, 222, 224, 226
Cortez, Raul, 77, 79
Cosenza, Gilseone Westin, 194, 196
Costa, Maria Aparecida (Cida), 61, 65-6, 70, 136, 194, 196, 217, 222, 224-6
Costa, Robêni Baptista da, 70, 136-7, 140, 183-4, 186, 193-4, 197, 213
Costa, Walquíria Queiroz da, 227-8
Costa e Silva, Artur da, 17
Cousin, Neide Regina, 25, 31-2
Creuza (irmã de Virgílio), 45-6
Crispim, Denise, 99-100, 130-1, 139
Crispim, José Maria, 98, 109
Croce, Plínio, 59
Crusp (alojamento estudantil da USP), 32, 49
Cuba, 19, 23, 44, 109, 139, 213, 216, 225
Cubas, Maria Joana Telles, 61
Cyrillo, Manoel, 44

D'Andrea, Renato, 93

Dadá Maravilha (jogador), 87
Danielle (filha de Nair e Jacques), 29-30
Danielli, Carlos Nicolau, 226-7
Dantas, Altino (pai), 203-4
Dantas Júnior, Altino, 203
Deic (Departamento Estadual de Investigações Criminais, SP), 175, 177
Delfim Netto, 187
democracia racial, mito da, 11, 76
Denardi, Olyntho, 33, 57-8, 82, 111, 132-3, 171, 189-93
Denise (filha de Encarnación) *ver* Crispim, Denise
Departamento dos Institutos Penais de São Paulo, 196-7, 200
desativação e demolição do presídio Tiradentes (1973), 197, 220, 224, 228
Dias, José Carlos, 145, 209-10
Dickens, Charles, 117
direita política, 152, 217, 230
ditadura militar (1964-85), 10-1, 15, 17-8, 23, 36, 39-40, 62-3, 73, 75, 79, 81-2, 85, 87, 102, 104, 108-9, 119-21, 133, 147, 159, 162, 178, 180, 182, 187, 192, 194, 227, 230
DOI-Codi (Destacamento de Operações de Informações — Centro de Operações de Defesa Interna), 60, 71, 76, 81, 89-90, 111, 114, 116, 119, 125, 127, 129-31, 135, 139, 143, 146, 149, 151-2, 154-5, 159, 162, 164-7, 172-4, 178, 184-5, 193, 199, 201, 203, 206-12, 216-7, 219, 223, 226-8, 244n
dominicanos, 19, 23, 60, 97, 107-8, 132-3, 176, 182, 200
Dops (Departamento de Ordem Política e Social), 14-5, 17, 20, 22-3, 26, 28, 30-2, 42, 44-6, 50-6, 60, 73, 81, 83-5, 88-9, 93, 102, 106, 114, 116-7, 119, 125-7, 129, 131, 135, 139-40, 147, 149-52, 154, 162, 170-2, 174, 178, 181, 186, 193, 196, 200-4, 206, 208, 210, 219-21, 223-4, 227-8
Dowbor, Ladislau, 142
drogas, 25, 123, 190
Duarte, Leopoldina Braz, 227
Duddu *ver* Valdez, Luiza Helena
Dulcora (fábrica de doces), 147-8, 150

Edson (filho de Amelinha), 227
Eduarda (neta de Encarnación), 139
Elbrick, Charles Burke, 44, 106
Elle (revista), 117
empresários financiando a repressão, 24, 29, 60, 212
epiléptica, caso da, 163
Ernesto, Mauro, 110, 112, 208
Ernesto Carlos (neto de Tercina), 81, 83-4, 90-2, 125, 139
Escobar, Ruth, 76-9, 81
Escola de Arte Dramática (EAD-USP), 144
Escola Politécnica (USP), 24, 42

escravidão africana, 16, 117
Espanha, 182
espelho, comunicação com (no presídio), 21, 95
Espinosa, Antonio Roberto (Bento), 91-2
Espírito Santo, estado do, 20
Esquadrão da Morte, 98, 189-93, 211, 228
esquerda política, 18, 24, 55, 67-9, 104, 119, 147, 149, 152, 164, 166, 169, 172, 186, 192, 194, 212, 216, 229
Estação da Luz (São Paulo), 137, 157-8
Estado de S. Paulo, O (jornal), 128-9, 138, 148, 189, 192
Estado Novo (1937-45), 16, 203
Estados Unidos, 47
Estera e Szlama (pais de Sabina), 86
estudantes e movimento estudantil, 28-9, 32, 65, 72-3, 89, 105, 128, 146, 203, 208, 217
estupros, 19, 36
Europa, 11, 29, 99, 128, 192
execução de Che Guevara pelo Exército boliviano (1967), 109
Exército, 9, 14-5, 17-9, 32, 49, 58-61, 80, 90-1, 110, 131, 166, 174, 178, 206, 209, 217, 222-3, 227
exilados, 85, 109, 113-4, 125, 142, 168, 182, 191, 214, 219, 224, 230-1

Faculdade de Direito do Largo São Francisco (USP), 192, 217

Fagner (cantor), 29
Falco, Rafael de, 32, 65, 105
Fazenda 31 de Março (centro clandestino de tortura), 216
Fernandes, Hermogênio da Silva, 54
Ferraz, Dyarsi, 180
Festival Internacional de Teatro Universitário (Nancy, França), 108
Figueiredo, João Baptista, 231
fisioterapia improvisada na Torre, 202
Fleury, Sérgio Paranhos, 22, 24, 28, 30-1, 36, 38-9, 55, 89, 98, 102, 127, 129, 131, 181, 189-91, 203, 216, 221, 229
Folha da Tarde (jornal), 107
Folha de S.Paulo (jornal), 28, 107, 228
Fon Filho, Aton, 24
Fonseca, Eduardo Antônio da, 223
Fonseca, Walderês Nunes, 222-3, 225-6
Força Aérea Canadense, 35
Forças Armadas, 17, 205, 217, 227
Forças Armadas de Libertação Nacional (FALN), 39
Formoso, revolta de Trombas e (GO, anos 1950), 23
forno de Bier (equipamento terapêutico), 201-2, 207
Fortaleza (CE), 71, 146, 181
França, 28-9, 33, 40, 77, 100-1, 108-9, 114, 116, 165-6, 182
France-Presse (agência de notícias), 53

Franco, Francisco, 182
Freaza, Iza (codinome de Iza Salles), 231
Frederic (filho de Nair e Jacques), 29-30
freiras, 46, 48, 224
Freire, Alipio, 149, 236n, 240n, 242n, 244n, 245-6n, 248-9n,
Freire, Paulo, 49
Frias de Oliveira, Octavio, 107
Frida e Aaron (pais de Eva), 125
fuga da Torre, tentativas de, 164, 169
Fujimori, Yoshitane, 138-9
Função do orgasmo, A (Reich), 118

Galeria Ouro Fino (São Paulo), 161
Garcia, Marco Aurélio, 168
Garcia, Ozenilda Alice, 61, 76, 106
García, Victor, 78
Gardano, Ezio, 147-8
Genet, Jean, 76-9, 81-3
Geografia da fome (Castro), 115
George Dandin (Molière), 143
Gérson (jogador), 88
Giannotti, José Arthur, 116
ginástica em ambientes fechados, prática de, 35
Giro, Lurdes, 33
Glória, outeiro da (Rio de Janeiro), 159
Godard, Jean-Luc, 115
Goiás, 23, 181, 224
golpe militar (1964), 17, 19, 29, 56, 98, 202, 216

Gomes, Ana, 63-5, 68, 71, 88-9, 114
Gomes, Guilherme Simões, 177
Gontijo, Joana D'Arc, 71, 170, 173, 196, 225
Gorender, Jacob, 54-5, 117
Goulart, João, 113
Gracindo, Paulo, 222
Gramsci, Antonio, 126, 143
Grande sertão: veredas (Guimarães Rosa), 117, 222-4
grávidas e mães com bebês na Torre, 110, 199, 206-8, 222
Gregório (filho de Ilda e Virgílio), 41, 44-5
greve de fome no presídio Tiradentes (1972), 193-6, 200, 207
greves, 43, 63, 79, 91, 138, 193-4, 196, 198, 201
Grupo Tático Armado da ALN, 24, 186; *ver também* Ação Libertadora Nacional (ALN)
Guadalajara (México), 87
Guariba, Chico, 143, 145-6
Guariba, Heleny, 71-2, 108, 115-6, 126, 141-6, 165, 186, 229-30
Guariba, João, 143, 145-6
Guariba, Ulysses, 143
Guarulhos (SP), 33
Guerra Civil Espanhola (1936-9), 182
guerrilha rural, 23-4, 55, 72, 205-6; *ver também* Araguaia, guerrilha do
guerrilha urbana, 18, 44, 82, 106, 187, 218

guerrilheiras e guerrilheiros, 18, 20, 29, 36, 39, 48, 77, 80, 91, 110, 120, 125, 129, 131, 137, 142, 148, 180, 189, 217-8, 221, 223
Guevara, Ernesto Che, 91, 108-12, 120
Guida *ver* Lopes, Margarida do Amaral
Guimarães, capitão, 59
Guimarães, Nelson, 111, 131, 187, 208, 210, 213
Guiné-Bissau, 119
Gustavo, Miguel, 86

Halbe, Hans Wolfgang, 126
Hannover (Alemanha), 204
Havelange, João, 87
hegemonia cultural, teoria de, 143
Holleben, Ehrenfried von, 82
"Hora e vez de Augusto Matraga, A" (Guimarães Rosa), 117
Hospital das Clínicas (São Paulo), 124, 127, 132, 163, 183-4, 186-7, 194, 202, 204, 208
Hospital Militar (São Paulo), 126, 143, 185, 196-7, 200, 203
Hypolito, Sonia, 89, 115, 184, 244n

Iba, Noemia, 110
Ibiúna (SP), 14, 60, 74, 132
Ibrahim, José, 64
Idealina, 54-5
Igreja católica, 36, 40, 133, 135, 192
igreja da Glória (Rio de Janeiro), 159
igreja de Saint-Germain-des-Prés (Paris), 192
Igreja metodista, 100, 102-4, 143
iídiche, 152
Indústrias de Papel Simão, 58
Inglaterra, 160
insegurança alimentar, 115
Instituto Metodista, 104
Instituto Penal Talavera Bruce (Rio de Janeiro), 9-10, 230
"Internacional, A" (hino), 83, 103, 228
inverno na Torre, 85, 146
Ipiranga, bairro do (São Paulo), 100, 206
Irineu (filho de Fanny), 152-3, 172-3, 207
Irma (tia de Heleny), 78, 145
Irmãos Coragem (telenovela), 153-4
Irmãs do Bom Pastor de Angers (congregação), 40, 224
Irmãs Franciscanas da Imaculada Conceição (congregação), 37
Isabel (filha de Ilda e Virgílio), 41, 45
Isabel, dona (sogra de Ilda), 43-4
Itália, 62, 87-8
Itapecerica da Serra (SP), 18
Ivana (filha de Zlata), 148
Ivone (babá da família Benedicto/ Breyton), 30

J.C. (policial torturador), 203
Jackson do Pandeiro, 52
Jairzinho (jogador), 88

Janaína (filha de Amelinha), 227
Jandira (mãe de Guiomar), 187
Jane Mansfield (travesti presa em pavilhão masculino do Presídio Tiradentes), 20
Jeremias, o Bom (personagem), 68
Joelson (Jô, filho de Encarnación), 99
Jornada nas estrelas (série de TV), 222
Jornal da Tarde, 192
Jornal Nacional (telejornal), 127
José, seu (pai de Mércia), 166-7, 215
José Milton (filho de Linda Tayah), 206-8, 222
Josefina (buraco de comunicação entre o celão e a ala masculina), 96-7, 219
judeus, 125, 128, 152, 174, 202
Judith (codinome de Dulce Maia), 20, 85; *ver também* Maia, Dulce
Juiz de Fora (MG), 10
Juizado de Menores, 45-6, 81, 83, 163
Junqueira, Laurindo, 219-22, 225
Junqueira, Zilda Almeida, 25, 31-2, 35, 40, 44-5
Justiça Militar, 10-1, 21, 37, 50, 57, 73, 75, 96, 107-8, 111, 132, 142, 145, 159-60, 165, 171, 176-8, 194, 208, 210, 213, 220

Kadlecova, Zlata, 147-50
Kamada, Mari, 206, 208, 225
Kameyama, Ceici, 219
Kátia (filha de Eva), 127
Kautsky, Karl, 113
Kayano, Rioco, 205-6, 208-9, 221, 225
Kobashi, Nair, 208-9, 222, 225
Kubitschek, Juscelino, 67

La Licorne (boate paulistana), 153
Lamarca, Carlos, 18-9, 56, 72, 78, 80, 84, 90-2, 120, 142-3, 147, 165
Lar Santana (orfanato em Ribeirão Preto, SP), 36-9
Larangeira (detento), 21-2
Laura (filha de Zizinha), 230
Laura (mãe de Cidinha), 94
Laura (tia de Camila e Paulo), 155, 157-9
Lavecchia, José, 80
Lei da Anistia (1979), 231
Lei de Segurança Nacional, 53, 178
Leite, Eduardo Collen (Bacuri), 99-100, 128, 130-1
Leite, Maria Barreto, 77, 118-20, 129
Leme, Luzia Flora, 76
"Lendas do Abaeté" (samba-enredo da Mangueira, 1973), 219
Lênin, Vladímir, 152, 202-3
Lévi-Strauss, Claude, 114
Libman, Rosa de, 149
Lica (empregada da família Zerbini), 59
Liceu Pasteur (São Paulo), 30
Liga Comunista (seção francesa da IV Internacional), 165

Ligas Camponesas, 202
Lima, Maurício Lopes, 31-2, 67, 121, 185, 210
linguagem de sinais, 36, 40, 95, 191
Lírio Branco (relações públicas do Esquadrão da Morte), 189-90
livros e revistas lidos na Torre, 52, 67, 101-2, 112-8, 222
Lobato, Monteiro, 16-7, 98
Lobo, Elza, 61-2, 67, 74-5, 83, 86, 97-8, 106, 108-12, 115, 122, 124, 126-7, 134, 140, 155, 159, 202
Lobo, Pedro, 18, 21, 85-6
Londres (Inglaterra), 160
Lopes, Guiomar Silva (codinome Maria), 121-2, 155, 183-8, 224
Lopes, Margarida do Amaral (Guida), 22, 25, 32-3, 46-8, 50, 182
Lorenzato, Mario, 37
Lucrécio, Francisco, 30
Lund (Suécia), 230
Lurdinha *ver* Melo, Maria de Lourdes Rego
luta armada, 15, 23, 39, 61, 66, 75, 79, 85, 101, 147, 166, 168, 180-1
Luz, bairro da (São Paulo), 11, 16
Lyon (França), 28-9, 143

macaquinhos na Semana da Pátria (protesto de 1971), 227-8
Machado, Lenira, 201-4, 207
maconha, 123
Madame Rosita (oficina de alta-costura), 148-9, 161

Mães Paulistas contra a Violência (movimento), 57
Mafra, Márcia, 149, 167, 184, 194-7, 213, 217-8, 222, 225
Magnotti, Edsel, 89
Maia, Dulce, 14-5, 17-22, 35-6, 65, 82, 85-6, 190-1, 231; *ver também* Bonifácio (codinome); Judith (codinome)
mais-valia, conceito de, 63
Majô (relojoaria), 66
Malle, Louis, 121
Mamberti, Sérgio, 79
Mamizuka, Alcides, 137, 193
Mamizuka, Casimiro, 140
Mangueira (escola de samba), 219
manual da técnica de preparo físico da Força Aérea Canadense, 35
Manz, Hans Rudolf, 76
Manzon, Jean, 120
Mao Tsé-tung, 171
mapa da fome no Brasil, 115
Mappin, 127-8, 164
Marabá (PA), 205
Maranhão, Péricles, 68
Marconi Júnior, José, 176, 193
Maria (codinome de Guiomar), 185-6; *ver também* Lopes, Guiomar Silva
Maria (filha de Eleonora Menicucci), 207, 221, 225
Maria Antônia (carcereira), 107
Marighella, Carlos, 19, 23-4, 27-30, 41, 44, 51, 53, 60, 62, 65-6, 104, 107-8, 133, 137, 186, 216

Marinello, Edméa, 61
Marinha, 131, 206
Mário Japa, 142
Marques, Idinaura Aparecida, 104-7
Martins, Clair, 174
Martins, Maria Celeste, 71, 114-5, 155, 170, 213, 215
Marx, Karl, 113
marxismo/marxistas, 54, 63, 112-4, 117, 126, 131, 143
Maurina, Madre *ver* Silveira, Maurina Borges da
Mauzeroll, Geraldo, padre, 189
Médici, Emílio Garrastazu, 17, 87, 112, 187, 206
Melo, Maria de Lourdes Rego (Lurdinha), 215-6
Melo Neto, João Cabral de, 108
Menicucci, Eleonora, 207, 219-21, 225
Mercado Municipal de São Paulo, 227
Mércia *ver* Silva, Ana Mércia Marques
Merlino, Luiz Eduardo da Rocha, 165-6, 168-9
Mesquita, Alfredo, 144
Mesquita, família, 192
metodistas *ver* Igreja metodista
Metrô de São Paulo, 11, 197, 220
Mettray, colônia agrícola de (França), 77
México, 87, 110, 142
Meyer, Antenor, 236-7*n*
Minas Gerais, 20, 136, 224

Minimanual do guerrilheiro urbano (Marighella), 29, 137
Ministério Público, 190
Miyaki, Darci Toshiko, 206, 208, 225
Mnitentag, Sabina, 72-4, 86
Moldávia, 152
Moledo, Rosalba Almeida, 72-5, 118
Molière, 143
Moló *ver* Oliveira, Maria Nadja Leite de
Mongaguá (SP), 90, 92
Monnerat, Elza, 205
Montevidéu (Uruguai), 180
Monumento à Independência (Ipiranga, São Paulo), 206
Moraes, Vinicius de, 144
Morais, Ana Wilma Oliveira, 107-8
Morano, Reinaldo, 97, 122
Moreira Júnior, Octávio Gonçalves (Otavinho), 164, 217-9
Moretti, Áurea (codinome Maria), 39, 196, 200-1
Morse, Samuel, 94
Morte e vida Severina (Cabral de Melo Neto), 108
Motta, Ana Matilde Tenório da, 92
Movimento Ecumênico de Jovens (MEJ), 37
movimento estudantil *ver* estudantes e movimento estudantil
Movimento Feminino pela Anistia, 231
Movimento Nacionalista Revolucionário (MNR), 20

Movimento Revolucionário Marxista (MRM), 171
Movimento Revolucionário Tiradentes (MRT), 153-4, 172, 194
mulheres vitimadas pela ditadura, número de, 19
Mundão versus Mundinho (na realidade da Torre), 82, 88, 98, 102, 108, 122, 165, 222
Muniz, Dulce, 145
Museu da Universidade de Lund (Suécia), 230

Nacinovic, Ana Maria, 130, 223
Nádia Zanzini (codinome de Ana Bursztyn), 127; *ver também* Bursztyn, Ana
Nakano, Marilena, 72-4
Nancy, Festival Internacional de Teatro Universitário de (França), 108
Nascimento, Jovelina Tonello do, 79, 81, 84, 90-3, 122, 125, 139, 186
Nascimento, Manoel Dias do, 79, 90-1
nazismo, 28, 30, 202
Nego Sete (bandido), 189
Negraes, Edith, 53-5
netos de Tercina, desaparecimento dos, 79-81, 83-5, 120-1
Nezita (tia de Cidinha Santos), 211-2
Niedja (irmã de Nadja), 183
Nitro Química (indústria), 43, 106
Nogueira, Rose, 13-4, 41-3, 48, 51-2, 88, 130, 167, 191
Noriko (irmã de Rioco), 209
Novaes, Lúcia, 22, 25, 27, 34
Novo Homem (conceito de Che Guevara), 111-2
Nunes, Clodoaldo Rodrigues, 219-20

Oban (Operação Bandeirante), 19, 24-5, 31-2, 35, 42, 44-6, 49, 51, 53, 60, 84, 90, 93, 129, 210, 217
Obra poética (Pessoa), 85, 117
oficinas de trabalho no presídio Tiradentes, 16
Okuchi, Nobuo, 142
Olga (filha de Encarnación), 99
Oliveira, Maria Nadja Leite de (Moló), 71, 180-83, 208
Oliveira, Tercina Dias de, 61, 79-81, 83-5, 90-1, 120-1, 125, 139
Oliveira, Zoraide de, 195-6, 207, 213
Operação Bandeirante *ver* Oban
Operação Condor, 172
Opinião (jornal), 231
Ordem dos Advogados do Brasil (OAB), 179, 230
Organização das Nações Unidas (ONU), 80, 230
Oriana (loja de Iêda Britto em São Paulo), 161
Osasco (SP), 18, 63, 79, 91, 138
Osni (irmão de Ana), 63
Otavinho (delegado) *ver* Moreira Júnior, Octávio Gonçalves
Othon (pai de Camila e Paulo), 155-6

Padilha, Anivaldo, 102, 104
Paes, Celia da Rocha, 138
Palácio dos Bandeirantes (São Paulo), 79, 81
palmatórias, torturas com, 16, 99, 131
Pandolfi, Dulce, 9-10
papagaios (mensagens trocadas no presídio), 21
Pará, 69, 205-6
Paraíba, 174
Paribar (bar paulistano), 147, 149
Paris (França), 76, 100, 108-10, 114, 116, 119, 121, 123, 165, 168, 192, 199
Paris Match (revista), 117
Pasquale, Maria Regina, 202
pau-de-arara, 154, 203
Paulo (filho de Rita e Othon), 155-9
Paulo VI, papa, 133
Paz, Carlos Eugênio (Clemente), 104-5, 130
PCB (Partido Comunista Brasileiro, o "Partidão"), 11, 23, 25, 53-5, 68, 79, 88, 98, 104, 118, 152, 165, 173-4, 202, 216
PCBR (Partido Comunista Brasileiro Revolucionário), 55
PCdoB (Partido Comunista do Brasil), 205-6, 208-9, 226, 228
Pedro I, d., 206
Penafiel, Carlos Guilherme, 107-8
Penitenciária Feminina (São Paulo), 15, 22, 35, 196-8, 200
Penitenciária Feminina Madre Pelletier (Porto Alegre), 213
Penitenciária Masculina (São Paulo), 196
Perdizes, bairro de (São Paulo), 23, 54, 99
Pereio, Paulo César, 79
Pereira, Antonio Ubaldino, 137, 139-40, 230
Pereira, Gerosina Silva (Zizinha), 136-41, 230
Pereira, Ivan, 230
Pereira, Ubaldino (filho), 140, 230-1
Peres, Encarnación Lopes, 68, 97-101, 109, 115, 118, 130, 139
Peruíbe (SP), 80-1
Pessoa, Fernando, 85, 117
Petrópolis (RJ), 229
Piazzolla, Astor, 213
pílula anticoncepcional, 48
Pinacoteca do Estado (SP), 144
Pinheiro, Adão, 29
Pinto, Onofre, 20, 125, 127
POC (Partido Operário Comunista), 165-6, 168-9, 215, 221, 223
Poços de Caldas (MG), 143
Poder político e classes sociais (Poulantzas), 115
Polícia Civil, 14, 175
Polícia Federal, 231
Polícia Militar, 19, 73, 97, 180
polícia secreta portuguesa no Brasil, 150
Política e desenvolvimento em sociedades dependentes: Ideologias do

empresariado industrial argentino e brasileiro (Cardoso), 116
Polop (Organização Revolucionária Marxista Política Operária), 165
poor boy (suéter londrino), 160
PORT (Partido Operário Revolucionário Trotskista), 174
portal de pedra do presídio Tiradentes (tombado em 1985), 12, 228-9
Portela (escola de samba), 219
Porto Alegre (RS), 10, 17, 71-2, 87, 152-3, 164, 166, 168, 171-2, 213
Portugal, 206
Potiguara, Eliane *ver* Simões, Eliane Potiguara Macedo
Poulantzas, Nicos, 114-5
Powell, Baden, 144
"Pra frente, Brasil" (canção), 86-7
Prado, Iara, 72, 115, 117
Prado Júnior, Antonio de Pádua, 72
Prado Júnior, Caio, 113
Praga (Tchecoslováquia), 23, 216
Presídio de Recolhimento Tiradentes (São Paulo), 11-2, 14, 16-7, 19, 22, 25, 31-3, 50, 61, 72, 74, 76-7, 82-3, 90, 93, 97-8, 102, 107-8, 111, 113, 116, 118, 126, 129, 131-3, 137-8, 142, 145, 148-9, 152, 155, 162-3, 165, 174-6, 180, 182, 186, 188, 190-4, 196-8, 200-2, 204, 208, 210, 212, 220, 225-6, 228-30; *ver também* Torre (parte do presídio Tiradentes destinada a presas políticas)

Presídio do Hipódromo (São Paulo), 226, 228
Presídio Feminino de Tremembé (SP), 40, 142, 201, 224
Prilop, Ilse, 204
Primeiras estórias (Guimarães Rosa), 117
primeiro desaparecido político brasileiro *ver* Silva, Virgílio Gomes da
Programa Flávio Cavalcanti (TV Tupi), 70
prostituição, 13, 153, 190
PRT (Partido Revolucionário dos Trabalhadores), 146, 202-3

Quarezemin, Ana, 25, 51
Quatrochi, Leonor, 99
Quedograma (documento de presos políticos), 28
Questão agrária, A (Kautsky), 113

Rádio Havana, 62, 98
Rádio Sueca (codinome da central de informações da Torre), 97-8, 100, 102
Ramos, Ana Maria, 71, 76, 104
Ravaglio, Luiz Alberto, 122-3
Recife (PE), 10, 29, 146, 155, 180, 194
Reich, Wilhelm, 118
Resistência Democrática (Rede), 177
Revolta Comunista (1935), 98
Revolução Chinesa (1949), 171
Revolução Cubana (1959), 23, 109

Reyes, Lauriberto José (Lauri), 29
Ribeirão das Lajes, represa de (RJ), 67
Ribeirão Preto (SP), 23, 36, 39-40, 44, 94, 177, 211
Ribeiro, Darcy, 113
Ribeiro, José Olavo Leite, 141-5, 229-30
Rio de Janeiro (RJ), 9-10, 56, 66, 69, 82, 84, 120, 127-8, 131, 138, 146, 155, 159, 208, 215, 222, 229-31
Rita Pavone (travesti presa em pavilhão masculino do Presídio Tiradentes), 20
Rocha, Angela, 167-69, 224
Rodrigues, Darcy, 19, 80
Rodrigues, Werner, 196-7
Rohrer, E., 204
Roig, Vicente, 46, 181-3
Rolemberg, Eliana, 98, 100-2, 110, 115, 124, 141, 201
Romeu, Inês Etienne, 229-30
Rosa, João Guimarães, 117, 222-3
Rossi, d. Agnelo, 133
Rousseff, Dilma, 56-7, 62, 64-5, 68, 70-2, 93, 98, 113, 117, 136, 151, 154-5, 167, 170, 173, 177, 199, 222
Rousseff, Pedro, 62
Rússia, 47

sábados de visita na Torre, 164, 167, 169
Sabbag, José Wilson, 236-7n
Saldanha, João, 87-8
Salles, Iza, 109, 112, 231

Salvador (BA), 10, 97, 215-6
samba, 215, 219
Sandra (esposa do capitão Maurício), 32, 185
Santa Catarina, 133, 198, 201
Santa Clara (Cuba), 109
Santa Maria (RS), 152
Santiago (Chile), 139, 168, 230
Santo André (SP), 72-4, 118, 143, 195
Santos (SP), 125
Santos, Maria Aparecida dos (Cidinha), 22-5, 28, 34, 36, 39-40, 50, 76, 87-8, 93-7, 183-4, 194-5, 206-7, 209-13, 216, 225
Santos, Patrocínio dos, 23-4, 94, 211-2
Santos Júnior, Belisário dos, 202
Sanz, Luiz Alberto Barreto Leite (Neném), 120, 122-3
São Bernardo do Campo (SP), 147, 198
São Paulo (SP), 11, 14, 18, 22-4, 27-9, 32, 39-40, 42-4, 46, 49, 56, 60-2, 64-5, 69-73, 77, 79, 81, 85, 89-91, 98-9, 102, 104, 106, 110-1, 116, 120, 123, 127, 129, 131-2, 137, 139-42, 146-7, 152-3, 155-7, 164, 166-8, 172, 174, 177-81, 189-90, 194, 196-9, 201, 203, 205-6, 209, 211, 214-6, 218, 222-3, 225, 227, 229-30
São Sebastião (SP), 44
Sartre, Jean-Paul, 117
Schacher, Léia, 166-7, 213
Schuster, Ruth, 73-4

Scofield, Maristela, 162
"Sebastiana" (canção), 52
Secretaria da Fazenda (SP), 62, 67, 159
Segall, Beatriz, 216
Segall, Lasar, 216
Segall, Maurício, 216
Segunda Guerra Mundial, 28, 148, 160
Seixas, Fanny Akselrud de, 151-2, 154-5, 170-5, 186, 195, 199, 207
Seixas, Iara Akselrud de, 151-4, 170, 172, 174, 195
Seixas, Ieda Akselrud de, 151-5, 170-1, 173, 195-6
Seixas, Ivan, 153-5, 172, 174-5
Seixas, Joaquim Alencar de, 152-4
Senegal, 119
Sérgio (filho de Lúcia), 163
sexo e vida sexual, 48-9, 117-8
show para recepcionar novas presas na Torre, 52, 54
Sierra Maestra, guerrilha de (Cuba), 109
Silva, Ana Mércia Marques, 166, 213-5, 218-9, 224, 226
Silva, Ilda Martins da, 25, 34, 41-5, 51, 75, 106, 214
Silva, Janice Theodoro da, 165
Silva, Roque Aparecido da, 63-4, 138
Silva, Virgílio Gomes da, 24-5, 34, 42-4, 76, 106, 186, 214
Silveira, Maurina Borges da (Madre Maurina), 36-41, 50-1, 133, 142, 224

Simões, Danielle, 115-7
Simões, Eliane Potiguara Macedo, 206, 208, 213, 218-9, 225
sindicatos e movimento sindical, 64, 79, 91, 106-7, 180, 212
Singillo, Alcides, 221
Sipahi, Aytan, 171
Sipahi, Huseyin, 155
Sipahi, Rita, 71, 146, 149-50, 155-8, 169, 171, 183
Skazufka, Eva, 105, 123-7, 187-8
Soares, Ricardo Prata, 221
Sobrosa, Diógenes, 219
Soccas, Marlene, 144, 151, 173-9, 183, 196-201
Socorro *ver* Campos, Maria do Socorro Cunha
Sodré, Maria do Carmo, 79, 81, 84
Sodré, Roberto de Abreu, 79, 85
Sorbonne, Universidade (Paris), 114, 116
Souza, Jessie Jane Vieira de, 10
Souza, Maria do Carmo Campello de (Carmute), 54, 71-2, 113-5, 143-4, 186
Spadini, Yara, 135
Splendore, Didy, 69-70
Splendore, Maria Stella, 69
"Subversão e o terrorismo em São Paulo, A" (Waldyr Coelho), 166
Suécia, 230
Suíça, 138
"Suíte do pescador" (canção), 83
Superior Tribunal Militar, 179, 211

Sussekind, Augusto, 230
Suyama, Celso, 45
Swinging London, 160

Takaoka, Carlos, 142, 156
Takaoka, Luiz, 125, 156
Takaoka, Yoshiya, 156-7
Tapajós, Laís, 25-7, 47, 51
Tapajós, Renato, 26, 219
Tatiana (filha de Eliana), 100-1
Tatuapé, bairro do (São Paulo), 45, 167
Tayah, Linda, 206-8, 213, 222, 225
Tchecoslováquia, 23, 148
Teatro de Arena (São Paulo), 145
Telem (empresa de equipamentos de iluminação), 29
Teles, Maria Amélia (Amelinha), 226-8
Telles, Celso, 60, 82
Temps Modernes, Les (revista), 117
teresa (cordinha de trapos), 21
Território Livre (porão na casa de Breyton), 29
Tesouraria dos Correios e Telégrafos, 58
Tiradentes (presídio da Torre) *ver* Presídio de Recolhimento Tiradentes (São Paulo)
Tito, frei, 60
Tocantins, rio, 205
Toniolo, Nilda Maria, 77-9, 81-2, 102, 112
Torre (parte do Presídio Tiradentes destinada a presas políticas, chamada de Torre das Donzelas pelos presos políticos da ala masculina), 11, 15-7, 20-1, 31, 33, 39, 64, 131-2, 168, 197, 220-2, 225, 228-31; *ver também* Presídio de Recolhimento Tiradentes (São Paulo)
tortura, 9-11, 17-9, 23, 30-1, 42, 48, 57, 60, 81, 85, 87, 89, 93, 97, 99-100, 102, 105-6, 116, 121, 129-30, 133, 135, 139, 142, 144, 148, 154, 164-6, 168, 173-4, 177-80, 184-5, 190-1, 198, 202-3, 207, 210-2, 215-8, 223, 227, 229, 231
torturadores, 14, 19, 30, 35, 89, 99, 148, 175, 177-8, 184-5, 203
Transamazônica (rodovia), 112
Transglobe (rádio), 62, 98
traslado dos restos mortais de d. Pedro I (1972), 206
travestis, 20-1
Tremembé (SP) *ver* Presídio Feminino de Tremembé (SP)
Tribunal Regional Eleitoral (TRE), 22, 27-8
Trótski, Leon, 165, 174
trotskistas, 165, 174
Tuma, Romeu, 204, 220
Tupamaros (guerrilheiros uruguaios), 180
Týn (Tchecoslováquia), 148

Ultragaz, 148
umidade excessiva na Torre, 26, 77, 123, 146, 197

UNE (União Nacional dos Estudantes), 60, 74, 132
União Soviética, 47, 53-4, 113
Universidade de Brasília, 89, 113
Universidade de São Paulo (USP), 14, 24, 28, 30-2, 35, 42, 49-50, 54, 60-1, 72-3, 113, 115-6, 124, 137, 144, 162, 174, 177, 186, 198, 205
Universidade Federal da Bahia, 215
Urban, Maria Lúcia, 71, 199-200
Uruguai, 180
Uslenghi Rizzi, Maria Cristina, 180-1, 214
Ustra, Carlos Alberto Brilhante, 172, 206, 208, 211-3

Valdez, Antônio, 119
Valdez, Luiza Helena (Duddu), 119-23
Valdez, Vera, 119, 121, 123
Vale do Ribeira (SP), 72, 79-80, 83, 91, 120, 186
Valença, Jurema, 71
Valência (Espanha), 182
Vanguarda Armada Revolucionária Palmares (VAR-Palmares), 56, 64-5, 114, 147, 165-6
Vanguarda Popular Revolucionária (VPR), 18, 20-1, 28, 54, 56, 63-5, 78-9, 81, 91-2, 99, 109, 120, 125, 137-8, 141-3, 145, 147, 165-6, 177, 186, 229
Vargas, Getúlio, 16, 85, 152, 203
Vasconcelos, d. Felício (arcebispo de Ribeirão Preto), 36

Vaticano, 133, 135
Veloso, Caetano, 214-5
Venceslau, Paulo de Tarso, 29
véu de noiva tecido por Arlete na Torre, 161
Vicini, Giulio, padre, 135
Victor (primo de Camila e Paulo), 155
Vieira, Lúcio, 204
vietcongues, 227
Vietnã, Guerra do (1955-75), 18, 227
Viglietti, Daniel, 111-2
Vila Madalena, bairro da (São Paulo), 130
Virgílio (filho de Ilda e Virgílio), 41, 45-6
Vlademir (filho de Ilda e Virgílio), 41, 43, 45-6, 106
"Vou-me embora pra Pasárgada" (Bandeira), 219

Washington Post, The (jornal), 179
Wenceslau (investigador do Deic), 175, 177
Wright, Paulo Stuart, 198-9

Yuko (irmã de Rioco), 209

Zagallo, Mário, 88
Zerbini, Eugenia, 59, 61, 118
Zerbini, Euryale, 56, 58-9, 118
Zerbini, Euryale Jorge (filho), 59
Zerbini, Euryclides, 59

Zerbini, Therezinha, 55-63, 66, 98, 101, 108, 118-9, 129, 231
Zezinho (carcereiro), 176
Ziraldo, 68
Zizinha *ver* Pereira, Gerosina Silva
Zoológico de São Paulo, 131
Zôrba (poodle da família Zerbini), 59, 118-9